基于证据的新课程教学改进丛书

丛书主编　刘　坚　姬文广

基于叙事的
初中历史教学改进

陈德运　张汉林　主编

北京师范大学出版集团
BEIJING NORMAL UNIVERSITY PUBLISHING GROUP
北京师范大学出版社

图书在版编目（CIP）数据

基于叙事的初中历史教学改进 / 陈德运，张汉林主
编. -- 北京 ：北京师范大学出版社，2025.4.
（基于证据的新课程教学改进丛书）. -- ISBN 978-7-303-
30271-0

Ⅰ. G633.512

中国国家版本馆 CIP 数据核字第 20242SP999 号

出版发行：北京师范大学出版社 https://www.bnupg.com
　　　　　北京市西城区新街口外大街 12-3 号
　　　　　邮政编码：100088
印　　刷：北京同文印刷有限责任公司
经　　销：全国新华书店
开　　本：710 mm×1000 mm　1/16
印　　张：15.5
字　　数：220 千字
版　　次：2025 年 4 月第 1 版
印　　次：2025 年 4 月第 1 次印刷
定　　价：58.00 元

策划编辑：邓丽平　　　　　　　　责任编辑：齐文媛
美术编辑：胡美慧　王　蕊　　　　装帧设计：李尘工作室
责任校对：陈　荟　宋　星　　　　责任印制：孙文凯

本书编委会

主　　编　陈德运　张汉林

编　　委　（按姓氏笔画排序）

丁　丁　　王小琼　　王红兵　　王雅倩　　朱雷雷

乔二虎　　刘　波　　刘梦莹　　孙　鹏　　孙玲玲

孙思铭　　李百栋　　李嘉雯　　邱朴智　　何一帆

张友军　　张汉林　　陈　雨　　陈化锋　　陈德运

季禾子　　段立群　　贺笑笑　　程　璨

循证改进教学　发展核心素养

（代序）

　　教育乃国家发展、民族复兴的基石。在世界格局复杂多变的 21 世纪，如何通过发展高质量教育，提升青少年的综合素质及解决实际问题的能力，从而提升整个国家的国际竞争力，是教育工作者需要不断思考的问题。教学改进是提高教育质量的有效途径之一，教师是教学改进和教育改革的关键力量。"基于证据的新课程教学改进"丛书，在顺应发展学生核心素养的新课程改革趋势的同时，借鉴国内外改进科学研究的经验，以提升教师教研水平、提高教师教学实践能力为抓手，通过数据驱动促进区域教育高质量发展，激发学生学习兴趣，发展学生高阶能力。

　　我们开展的教学改进，缘起于郑州市义务教育质量健康体检项目，依托于郑州市义务教育质量提升项目。自 2012 年以来，北京师范大学区域教育质量健康体检项目团队用持续 8 年的时间，在郑州市共实施了 7 次全域范围的大规模教育质量监测与数据分析反馈活动。数据全面、直观地反映出不同学校或地区、不同年份义务教育质量发展图谱，构建了迄今为止全国范围内历时最长、规模最大的区域教育综合质量数据库。郑州市义务教育质量提升项目作为"郑州市义务教育质量健康体检"项目的延续和深化，充分整合和利用项目体检数据，将教育评价过程中发现的重大问题、普遍规律与郑州市中小学教育实践相结合，服务于郑州市义务教育质量提升。郑州市义务教育质量提升项目于 2020 年启动，共涉及 9 个学科，分别依托郑州市的 5 个城区、20 多所中小学样本学校、300 多名骨干教师，开展了持续 2 年的探索与实践。项目组织以高校教授为首席专家的小学语文、小学数学、小学科学、初中语文、初中数学、初中英语、初中科学、初中历史、初中道德与法治 9 大学科团队，协同郑州市教育局及教研室、学科所依托的区教育局和教研室、教研员和广大骨干教师，开启区域教学改进之路。

本套丛书的编写，既关注国家义务教育新一轮课程标准关于发展学生核心素养的改革需求，也注重将教学改进过程中的理论与实际相结合，更注重基于证据的精准教育引领。丛书的编写遵循以下四个理念。

(1)关注发展学生核心素养，有助于落实国家义务教育课程标准(2022 年版)精神。第一，各学科均基于连续多年的区域义务教育质量监测数据，挖掘数据中隐含的规律，选择与学生核心素养发展密切相关的教学改进主题，关注学生的高阶能力与综合素质发展。第二，各学科通过呈现内容丰富、形式多样的教学改进课程设计，启发读者深刻理解新课程理念如何在实际教学中体现与运用，如何基于学生的成长和发展设计与改进教学，从而有效推动新课程标准在日常课堂落地落实。

(2)教育理论与教学实践有机融合，呈现真实发生的教学改进故事。第一，各学科通过呈现教学案例如何随着教学改进的深入不断迭代的过程，通过分析教学案例带来的有关教育理念与课堂教学的深刻启发等，达成了教育理论与教学实践相融合的目标。第二，通过关注教学改进过程中教研共同体的建设及教师的个案研究，呈现学员教师如何通过课堂展示、观点分享、交流研讨将所学的教育理论运用到实际的课堂教学中，充分体现了教学改进促进学员教师自我成长、促进学生主动学习，有效推动了教学改进真实发生。

(3)注重定量与质性数据相结合，基于证据开展教学改进。从数据驱动下的教学改进主题选择、数据驱动下的样本学校选择、数据驱动下的改进课程效果追踪、数据驱动下的课程效果呈现四个方面，全方位、多视角地展示如何运用定量与质性多种数据开展基于证据的教学改进。第一，在数据驱动下的教学改进主题选择方面，各学科均结合郑州市连续多年的义务教育质量监测数据，分析学生能力表现及学习中较为普遍的问题，挖掘数据背后的教育教学规律，继而选择与确定教学改进主题。第二，在数据驱动下的样本学校选择方面，各学科结合参测学校在教学改进主题对应维度上的能力表现水平，重点关注普通学校、普通教师和普通学生的成长，促进教育公平发展。第三，在数据驱动下的改进课程效果追踪方面，通过教学改进过程中的访谈与问卷等多种调研数据，实时了解学员教师的实际需求与课程效果，及时调整教学改进活动规划。第四，在数据驱动下的课程效果呈现方面，通过课堂观察、访谈、问卷调查、学业测试等多种方式，收集与分析定量数据或质性数据，充分揭示数据背后的变化规律，全面呈现教师教学与学生学习的变化。

（4）教学改进成果可复制、可推广，具有面向全国的辐射力与影响力。第一，教学改进成果中的教学案例具有典型性与代表性，反映了许多学科教师在一线教学时遇到的共性问题，对新一轮课程标准实施过程中全国范围内相关中小学各学科教师面临的教学设计能力提升、教研能力发展等问题具有重要的借鉴与启发作用。第二，教学改进的整体思路、工作机制与改进模型等内容，也是教学改进的一大成果。对于学科教育研究者了解当下最新教育研究课题及研究进展的学术发展需求有积极的启发价值；对于教师教育研究者、教育行政与管理人员开展教师研修工作具有积极的参考与启发价值。

由北京师范大学出版社出版的"基于证据的新课程教学改进"丛书，系统反映了上述四个理念。在上述理念指导下，丛书遵循教学改进基本规律，围绕教学改进设计、教学改进实践、教学改进效果三个方面阐述基于证据的新课程教学改进。在书稿中体现为上篇（教学改进设计）、中篇（教学改进实践）、下篇（教学改进效果）。各册书稿围绕本学科的改进主题呈现出一定的学科特色，上篇、中篇、下篇的标题虽不完全相同，但其本质均分别对应教学改进设计、教学改进实践、教学改进效果，具有总体逻辑架构的统一性。丛书包括 8 个学科分册，分别由各学科的首席专家及执行负责人，即语文学科的郑国民教授、吴欣歆教授，小学数学学科的张丹教授，小学科学学科的刘晟副教授，初中数学学科的綦春霞教授，初中英语学科的罗少茜教授，初中科学学科的张殷教授，初中历史学科的张汉林教授担任各分册主著，各分册的主要作者都是研究团队的核心成员。郑州市义务教育质量提升项目的研究与探索得到了郑州市教育局、郑州市教研室等区域协同合作单位，以及多所参加教学改进项目的学校的大力支持，在此一并表示感谢！感谢北京师范大学出版社对本套丛书出版的大力支持！

丛书所选取的素材主要来源于郑州市义务教育质量提升项目，丛书主体内容兼具学术性与实践性，面向广大一线教师及教研员、学科教育研究者、教师教育工作者，受众群体广泛。无论学生核心素养的发展还是基于证据的教学改进，研究与实践都才刚刚开始。路虽远，行则将至；事虽难，做则必成。在实现高质量教育的征途上，让我们携手同行！

刘坚

2024 年 9 月于北京师范大学

讲述不一样的历史故事

北京师范大学中国基础教育质量监测协同创新中心"郑州市中小学教育质量健康体检与改进提升项目"，充分整合和利用教育质量健康体检的大数据，将教育评价过程中发现的重大问题、重要经验和普遍规律与郑州市中小学教育实践相结合，服务于郑州市义务教育质量改进与提升。在对大数据分析的基础上，郑州市义务教育质量改进与提升历史项目聚焦"基于叙事的历史教学"，希望打破常规、传统的历史故事讲述模式，将叙事主义历史哲学运用到历史教学之中，探寻一条讲述不一样的历史故事的道路。

作为本书的前言部分，有必要对该项目做简要介绍，以作为读者了解本书的背景。我们将从"我们是谁""我们在做什么""我们为何去做""我们如何去做""我们怎样做得更好"5个问题入手。

我们的团队由3部分人组成：大学专业研究人员、中学历史教研员、中学历史教师。除此之外，我们还根据项目推进的需要，不定期延请具有特定专长的学者进行指导，如全国中学生历史写作大赛创始人李远江老师，以及国家二级导演、浙江大学公众史学研究中心青少年核心素养研究室副主任张彬老师。专家团队成员是"70后"或"80后"，学员团队成员主体是"90后"。应该说，我们的团队是一个知识结构和年龄结构都非常合理的学术共同体。

我们这个团队在做的事情是基于叙事的历史教学改进。这个主题又可以分为两个子课题：基于叙事的历史教授、基于叙事的历史学习。基于叙事的历史教授是指教师如何通过历史叙事去教，包括如何选用历史故事、如何解构历史叙事、如何建构历史叙事等；基于叙事的历史学习是指学生如何通过历史叙事去学，包括如何撰写家族史、如何做口述史、如何编演历史剧等。这种历史教学的指导思想是大历史教育观，我们力图将历史与过去、历史与史料、认知与情感、校内与校外、个人与社会、学科与育人有机地结合起来，通过历史叙事，转变教师的教育观念，转变学生的学习方式。

我们为何要聚焦历史叙事来做教学改进呢？首先，这是培育学生核心素养的需要。在当前教育改革中，一个有待深入回答的重要问题是，核心素养时代的学科教学应该是什么样子的？素养是指学生在真实情境中赖以解决复杂问题的知识、技能和态度的综合体。显然，将核心素养割裂开来的做法是不可取的。每个学科都迫切需要若干支点，以便撬动沉甸甸的核心素养。在历史学科中，历史叙事就是这样的一个支点。在历史教育中，核心素养包括时空观念、史料实证、历史解释等，历史叙事以时空为叙事的结构，以史料为叙事的依据，以解释为叙事的功能。也就是说，基于叙事的历史教学是培育学生核心素养的有效途径。

其次，这是激发学生兴趣与自信心的需要。2020 年，中国教育创新研究院基于大数据分析，得出以下结论：其一，我国学生兴趣相对匮乏，学习自信心严重不足；其二，个体层面，学习兴趣、减压和学习自信心对学生达到"优秀"贡献最大；其三，学校层面，先进的、合适的教学方式对学生达到"优秀"贡献最大。由此可见，对于教师来讲，关键在于转变教学方式；对于学生来讲，关键在于提升学习兴趣和自信心。而在历史教学中，历史叙事恰好可以解决这些问题。

历史叙事对于历史教师来讲，是个"熟悉的陌生人"。历史教师每节课都在讲故事，自然感到熟悉；历史教师往往不太理解叙事背后的历史哲学，当然感觉陌生。因此，对于历史教师而言，历史叙事不仅关乎教学技巧，而且关乎理论素养。围绕历史叙事做教学改进，不会增加历史教师的负担，反而会提升其历史教学的质量。对于学生而言，历史叙事包括叙事的话语、叙事的内容、叙事的形式、叙事的意义等，都会成为令他们感兴趣的东西。而撰写家族史、做口述史、编演历史剧、制作纪录片等叙事活动，不仅属于学习方式的变革，而且天然具有解构外界权威、凸显学生主体性的功能，自然能提升学生的自信心。总之，基于叙事的历史教学，不仅属于教学方式的变革，而且属于学习方式的变革。对教师来讲，可以从技巧入手，提升理论素养；对学生来讲，可以从兴趣入手，提升自信心和认知水平。

为了顺利推进基于叙事的历史教学改进项目，在历时维度，我们遵循教师的发展规律，采取了循序渐进、螺旋上升的基本原则。第一年，我们主要做教师叙事，包括教师如何选用历史故事、如何解构历史叙事、如何建构历史叙事等。第二年，我们主要做学生叙事，集中尝试了两个学生叙事活动：一个是口述史活动——"自我画像：5 岁之前的我"，另一个是历史剧的编演。当然，在第二年，我们并没有放弃教师叙事，而是采用同课异构的形式继续巩固教师叙事，同时在课堂教学中尝试指导学生叙事，以便教师能力获得螺旋式上升。

在共时维度，我们聚焦教师的实践性知识，开展混合式研修，包括专家报告、案例学习、专题讨论、课例研究、集体备课、经验分享等活动。之所以开展这些形式的研修活动，不仅仅是因为它们接地气，贴近教师的需求，更是因为它们均指向教师的实践性知识的创生。中小学教师区别于学科专家和教育专家的特点之一，就在于他们拥有学科教育的实践性知识。这种知识与原理知识相比，没有高低之分，只有类型的差异。我们希望通过这样的研修活动，帮助教师发现自己的实践性知识，建构自己的实践性知识。

当然，我们也采取了相应的策略，以便将改进项目做得更好。首先，在机制上，实行6＋10＋N 的改进机制。6 是指 6 所样本校，10 是指 10 位核心成员。核心成员从样本校中产生，为教学改进的先锋队，他们受样本校教研组的委托，带着样本校教研组的问题与困惑走进项目组，经过在项目组的各种历练，又将经验与收获带回样本校教研组，辐射更多的历史教师。N 是指金水区和郑州市不特定的外围教师，他们可以观摩项目组举办的各种研修活动。该改进机制确保了重点教师得到重点照顾，以便其在有限的时间内获得最大的提升；同时兼顾了改进成果对样本校、全区乃至全市的辐射作用，最大限度地发挥了改进项目的作用。

其次，以学术研究带动教学改进。教学改进固然要接地气，聚焦教师的教学行为，但如果缺乏学术研究的滋养，教学改进难以走得长远。为此，我安排两名学生将历史叙事作为硕士学位论文的选题，全程参与郑州市历史教学改进项目，定期对教师进行问卷调查与访谈，从教师教学实践中获取素材与感性认识，并以叙事理论反哺教学实践。郑州市教师研究热情也十分高涨，并取得了丰硕的成果。在近两年的时间里，陈雨、刘梦莹、王雅倩、李百栋、张友军等老师获得了省市级教学大赛的大奖，王红兵、张友军、陈雨、刘梦莹、王雅倩五位老师，开展了初中学生历史时序思维养成的研究，成功申报郑州市教科所重点课题。当然，具体的成果，本书相关章节还有更多的介绍。

本项目得以顺利进行，要感谢中国教育创新研究院院长刘坚教授、中国教育创新研究院王佳敏博士、郑州市教育局教学研究室主任姬文广、郑州市教育局教学研究室历史教研员乔二虎老师、郑州市金水区教育发展研究中心主任段立群与副主任孙鹏、郑州市金水区教育发展研究中心历史教研员王红兵老师、全国中学生历史写作大赛创始人李远江老师、国家二级导演及浙江大学公众史学研究中心青少年核心素养研究室副主任张彬老师、北京教育科学研究院历史教研员丁丁老师、北京市三帆中学陈化锋老师、北京师范大学附属实验中学孙玲玲老师、北京市第四中学王小琼老师等诸位师友的大力支持！他们的非凡智慧与辛勤付出，为本项目增添了不少光彩！

张汉林

2024 年 9 月于首都师范大学

目　录
CONTENTS

上 篇

基于叙事的历史
教学改进设计

20世纪70年代以来，在海登·怀特、安克施密特等人努力下，叙事主义历史哲学成为史学理论的主流。

叙事本质上是对历史的解释，这对落实核心素养具有重要作用。在中学历史教学中，所谓叙事就是讲历史故事。历史故事有着重要的魅力，中学生喜欢听历史故事。不过，在教学中进行历史叙事并不是那么简单，甚至可以说历史叙事在教学中处于牵一发而动全身的位置：历史叙事不仅是技巧问题，而且是理论问题；不仅是兴趣问题，而且是认知问题；不仅是教学方式问题，而且是学习方式问题。对于师生而言，历史叙事既容易上手，又有深入挖掘的空间，是一个非常适宜的教学改进主题。

在确定基于叙事的历史教学改进主题之后，还需要设计基于叙事的历史教学改进课程并建立基于叙事的历史教学改进机制。

第一章 确定基于叙事的历史教学改进主题

【本章提要】

学生喜欢历史而不喜欢历史课并非新鲜事，究其原因在于学生喜欢故事，所以喜欢历史，但在历史课堂上学生却未能参与到学习活动中，不能成为学习的主人，所以历史学习于他们而言并非有意义。叙事是历史的基本特征。随着叙事主义历史哲学的深入研究，历史叙事的功能得到人们的关注。叙事为历史教育的变化、发展提供了营养，也为历史教学中存在的困境提供了解决之道。

据此，为了解决教学难题、继承历史教育的优良传统、秉承历史教学的学科本质，以及落实历史学科核心素养，我们认为将基于叙事的历史教学作为改进主题再恰当不过了。叙事也是历史教学的基本特征，没有叙事就没有历史教学，历史教师如何引导学生叙事已然是其搪塞不了的专业任务。

一、基于叙事的历史教学的背景

叙事是一切人类经验的一种合法的、根深蒂固的模式①，它通过文字或口头等表达形式构成完整的故事。会讲故事赋予了智人前所未有的力量，从"基因演化"走向"文化演化"，成为智人战胜其他人种和动物的主要原因。② 叙事在人类社会的发展中无处不在，一旦描绘、再现人类行动就有叙事的发生。"没有哪一个时代或社会能够离开叙事"，甚至说"你的关于一个特定时代或地点所说或所想的一切，自身都会变成一个叙事"，毫不夸张地说"从最古老的神话与传说，到后现代的虚构症，叙事一直居于核心"，"任何事物最后都会发展为叙事，包括世界

---

① Terry Eagleton, "Ideology, Fiction, Narrative," *Social Text*, 1979(2), pp. 62-80.
② ［以］尤瓦尔·赫拉利：《人类简史：从动物到上帝》，林俊宏译，23～31 页，北京，中信出版集团，2017。

与自我"。① 叙事研究已渗透到人文社会各个领域,包括历史学科中的叙事。当然,历史教学也不得不面对历史叙事,"讲好相关的历史故事,有助于学生提高学习兴趣,体验历史情境,了解史事的基本情况,加深对历史的思考和理解"②。

(一)缺乏故事让历史教学陷入困境

"学生喜欢历史而不喜欢历史课",看似矛盾,实则不然。中外历史教育研究者的相关调查显示,这是一个全球性难题。1967 年,英国学校委员会进行了"学生对历史课有用性观点调查",有 29％的学生认为历史课"有用",有 71％的学生认为历史课"不十分有用";同时又进行了"学生对历史课趣味性观点调查",有 41％的学生认为历史课"有趣",有 59％的学生认为历史课"不十分有趣"。③ 我国学者赵亚夫于 1984 年、1990 年至 1992 年前后 7 次对中学生成就动机进行调查,发现对"历史学习感到无力的人在明显地增加",此外,"有相当多的学生认为学习历史没有实际价值","而且连听故事的热情也普遍下降"。④ 20 世纪末,国家教委的调查显示,历史课是学生"最不愿学的课"之一,"被学生视为枯燥、没意思的课"。⑤ 2012 年,个别地区抽样调查显示,63.07％的学生对历史课兴趣"一般般"和"没兴趣",但对历史"很感兴趣"和"感兴趣"的学生占 87.49％。⑥ 按理说,历史学科有重要的意义性,关乎精神、价值、体验、理解等意义层面的事物,之所以出现学生觉得历史课没有意义、没有用的现象,"历史教师的教育理念及其教学行为无疑难逃干系"⑦。

---

① 〔比〕吕克·赫尔曼、〔比〕巴特·维瓦克:《叙事分析手册》,徐强主译,徐月、王妙迪参译,1 页,北京,中国人民大学出版社,2020。

② 中华人民共和国教育部制定:《义务教育历史课程标准(2022 年版)》,60 页,北京,北京师范大学出版社,2022。

③ 〔英〕特里·海顿、〔英〕詹姆士·亚瑟、〔英〕马丁·亨特等编:《历史教学法》,袁从秀、曹华清等译,7 页,重庆,重庆大学出版社,2015。

④ 赵亚夫:《历史教育人格理论初探》,173~175 页,西安,未来出版社,2005。

⑤ 张静:《历史学习心理与教学策略的初步研究》,载《课程·教材·教法》,1999(11)。

⑥ 游美云:《农村初中生历史课程学习兴趣的调查研究——对福建省屏南县初中生的调查》,硕士学位论文,福建师范大学,2013。

⑦ 张汉林:《论有意义的中学历史教育》,载《课程·教材·教法》,2020(10)。

若是再追问下去，究竟是什么样的教育理念和教学行为造成学生不喜欢历史课？答案就是学生并未参与到学习过程中。"我们不能纵容学生的智力惰性……教育的核心互动应当发生在学生的头脑中。否则，学习效果就大打折扣了。如果学生不能理解，教学就等同没有发生。"[①]一旦学生参与到学习过程中，成为学习的主人后，学生的学习面貌将为之一新。英国进行历史学科改革，将学习聚焦于学生如何认识历史上，不再聚焦于对历史本身发生什么的记忆上，"将认识主体（学生）和客体（历史）联结在一起"[②]。此次历史学科改革取得成功，它将原本有趣的历史与学生结合，使历史教育达到了高水准，帮助学生加深了对历史的认识和理解，激发了学生"想要更多地了解过去的好奇心"[③]。

要使历史教学能够激发学生的好奇心，关键在于要使历史具有故事性。在一些史学家看来"历史学骨子里就是讲故事"，"历史的灵魂是故事，没有故事的历史，就像一个没有躯体的灵魂，是孤魂野鬼。做历史老师，最重要的是学会怎样讲故事"，要把被忽视掉的故事重新发掘出来"活生生地讲给学生听"，由此，让学生"在鲜活的人物形象、紧张的戏剧冲突里真正体会到历史的魅力"。[④]

在中西方语言语境中，"历史"就有故事的意蕴：汉语世界里的"历史"，有记事之意，而英语世界里的"history"，也有真实事件记录的含义。20世纪70年代，历史学科出现历史叙事两股新动向，即"叙事复兴"与"叙事转向"，它们最终改变了"当代西方史学实践与史学理论的面貌"[⑤]。20世纪90年代后，英国政府实施《全国读写素养策略教学框架》，突出故事对历史教学的积极作用，并制定相应的历史叙事教学策略，学生通过听教师讲故事、自己复述故事、自己讲故事等

---

① James B. M. Schick, "On Being Interactive: Rethinking the Learning Equation," *History Microcomputer Review*, 1995(1), pp. 9-25.

② 张汉林：《论有意义的中学历史教育》，载《课程·教材·教法》，2020(10)。

③ 赵亚夫、张汉林主编：《国外历史课程标准评介》下卷，1页，北京，北京师范大学出版社，2017。

④ 许纪霖、郑志峰：《我改变不了这个世界，但可以改变我的课堂——著名学者许纪霖教授访谈录》，载《历史教学》，2005(5)。

⑤ 苏萌：《当代西方史学中的"叙事复兴"与"叙事转向"》，载《史学史研究》，2022(2)。

路径，形成了对本国历史文化的理解。① 通过以上改革，学生对历史学科的学习态度发生了令人欣喜的改变，英国教学大纲与学历管理委员会于 2005 年调查显示，有 69.3％的学生认为历史课"有用"，而认为历史课"不十分有用"的比例下降至 30.7％；有 69.8％的学生认为历史课"有趣"，而认为历史课"不十分有趣"的比例下降至 30.2％。②

(二)叙事主义历史哲学的兴起

曾经分析历史哲学一时成为史学理论的主流，在历史解释的特性、历史研究的客观性等领域取得了长足发展，但由于自身无力解决"客观地认识过去只能靠学者的主观经验才可能获得"③这一中心问题，"在一定阶段内可被深入的程度、思考问题的角度和各种可能性被大量消耗之后而陷入僵局"。20 世纪六七十年代"再次发生了重大的理论转型"，即叙事的转向抑或修辞的转向、语言学的转向，由此叙事主义历史哲学出现，并"取代分析的历史哲学而成为当代历史哲学的主流形态"④，历史哲学也重新焕发生机。

传统的叙事史学在史学社会科学化进程中遭到排斥和质疑。不过，在后现代主义思潮冲击历史哲学的背景下，海登·怀特、安克施密特等人让叙事主义历史哲学自 20 世纪 70 年代以来成为史学理论的主流。叙事主义历史哲学"秉承了后现代主义思潮对宏大叙事的质疑、对客观性和真理的疏离、对历史非连续性的揭示"，对"历史文本特性高度敏感"，"重新勾画"了历史与文学、事实与虚构之间的界限，其功能"赋予历史文本以统一性和融贯性，从而使其研究对象得以解释并被

---

① G. Bage, *Narrative Matters：Teaching and Learning History through Story*，London，The Falmer Press，1999，pp. 147-154.

② ［英］特里·海顿、［英］詹姆士·亚瑟、［英］马丁·亨特等编：《历史教学法》，袁从秀、曹华清等译，7 页，重庆，重庆大学出版社，2015。

③ 转引自［英］杰弗里·巴勒克拉夫：《当代史学主要趋势》，19 页，上海，上海译文出版社，1987。

④ 彭刚：《叙事的转向：当代西方史学理论的考察》，2 页，北京，北京大学出版社，2017。

赋予意义"。①

　　叙事主义历史哲学与分析历史哲学迥然不同。分析历史哲学关注的是历史认识的特性，聚焦对历史解释模式等问题的考察，其历史解释需将人的动机和选择做合乎逻辑的关联。② 在叙事主义历史哲学看来，历史事件本身是分散复杂的，人们要通过叙事手段将史实隐含的关联和意义表达出来。因为叙事受人们的观念立场、审美倾向等制约，历史研究的创造性蕴含于叙事之中，历史文本也为审视过去提供了全新的视角，所以叙事主义历史哲学主张历史最重要的在于史学家"采用何种策略来选择陈述"，史学家要跳出"只注重考察历史学文本的个别陈述或者简单的陈述系列的特性"的桎梏。③ 总而言之，叙事直接关乎历史书写问题，关注的是历史文本，并以历史文本作为理论反思的重心。

(三)历史叙事为历史教学注入活力

　　历史教育具有跨学科性质，它视历史哲学等为其理论的来源，所以，叙事也为历史教育的变化、发展提供了营养。历史叙事在本质上是对历史的解释，中学历史课程标准将历史解释作为历史学科核心素养的一个方面，认为"所有历史叙述本质上都是对历史的解释，即便是对基本事实的陈述也包含了陈述者的主观认识。只有通过对史料的搜集、整理和辨析，辩证、客观地描述历史，揭示历史表象背后的深层因果关系，才能不断接近历史真实"④。

　　叙事是人类社会文化的基本特征，作为话语方式，叙事就是讲故事。故事能够跨越国度、历史、文化等而存在，"正像生活本身一样"⑤，所以，人人爱听故

---

　　① 彭刚：《叙事的转向：当代西方史学理论的考察》，4、5、49、50页，北京，北京大学出版社，2017。

　　② ［英］莱蒙：《历史哲学：思辨、分析及其当代走向》，毕芙蓉译，总序12～17页，北京，北京师范大学出版社，2009。

　　③ 彭刚：《叙事的转向：当代西方史学理论的考察》，225～231页，北京，北京大学出版社，2017。

　　④ 中华人民共和国教育部制定：《义务教育历史课程标准(2022年版)》，5页，北京，北京师范大学出版社，2022。

　　⑤ ［法］罗兰·巴尔特：《符号学历险》，李幼蒸译，103页，北京，中国人民大学出版社，2008。

事。当人们听到扣人心弦的故事时，就会不自觉被带入历史时空之中，感受故事的发展。我们再反思为何学生喜欢历史而不喜欢历史课，难道不是因为历史课丢失了故事性吗？其一，当鲜活、丰富、引人入胜、精彩绝伦、感人至深的历史故事被抽离出历史课，只剩下干干巴巴的具有宏观性、概括性、抽象性特征的结论让学生记住时，这样的历史课哪能被学生所喜欢？其二，为了追逐所谓"史料教学"，将大量的史料堆砌于课堂教学，"以评述和结论代替史实和故事"，对这样的探究性教学学生有何兴趣和动力可言？其三，"越是高学段年级，应试目标越明确，压力越大，大量的解题训练测试取代了对史实的学习与亲近"。①

事实上，如何做好叙事是我国历史教育的优良传统，近代以来的中小学历史课堂极为重视"活历史教学"，其中就包括"历史五 W 的教授法"。该教学方法由何人（who）、何时（when）、何地（where）、何事（what）四个要素串联，但离不开因何（why）要素在中间起"联络贯串"作用，如此"历史才是活的""才有兴味和生气"，这背后的原理就是将交错纵横、千头万绪、异时异地的事件"装在一个固定的模形里面；然而头绪纷繁之中却可以找出个脉络系统出来"，"把过去活动的状态情形活泼的表现到学生的眼前和耳里"。② 该教学方法就是用历史叙事在做教学，即排列历史事件，并在历史事件所提供的信息间建立起因果关系。历史事件由人及其活动组成，离开人的行为也就不存在所谓历史事件了，人的活动发生于一定的时间、地点之中，脱离特定的历史时空也就无所谓历史活动了。

就史学研究最初的范式而言，叙事就是中西方史学家所追求的，如希罗多德的《历史》就是一部以讲故事为基调的旅行调查记。所以，叙事是历史的基本特征。同样，叙事也是历史教学的基本特征，没有叙事就没有历史教学。要提升历史教学质量，何须舍本逐末，另寻他路呢？"了解和掌握叙事——无论是撰写形式，还是表述形式——关乎历史教学的方向和质量"，历史教师"如何引导学生叙

---

① 孙进：《基于微观史学的历史叙事教学初探——以"美国国父华盛顿"一课为例》，载《历史教学》，2020(1)。

② 张荡：《历史教学的研究》，载《教育丛刊》，1923(4)。

事和实证"已然是其"搪塞不了的专业任务"。①《义务教育历史课程标准（2022年版）》已有这样的意图了，多处"教学提示"要求在教学过程中，教师要通过故事讲述、组织开展故事会等方式，"激发学生的求知欲，促进学生积极、主动地学习历史"，或"探寻非物质文化遗产中蕴含的具体历史信息""并认识这些信息反映的时代特点，知道个人生命史和社会生活史也是历史的重要组成部分"。②

综上所述，就历史学科特点而言，历史本有故事之意；就历史哲学影响力而言，在海登·怀特、安克施密特等人努力下叙事主义历史哲学成为史学理论的主流；就史学形式而言，中西方史学家将叙事作为最初范式；就叙事功能而言，历史叙事具有表达意义、探讨因果等层面的解释功能；从学生心理视角看，中学生爱听历史教师讲故事；就教学技艺而言，讲述法是历史教学的基本方法之一。据此，我们认为激发学生兴趣、帮助学生理解历史，进而使学生获得核心素养不妨着眼于历史叙事，使之改善乃至改造我们的历史教学。这既是我们继承历史教育优良传统、重视历史学科本质的体现，也是我们落实历史学科核心素养的重要诉求。

对于师生而言，历史叙事既容易上手，又有深入挖掘的空间，是一个非常适宜的改进主题。张汉林教授认为，历史叙事不仅是技巧问题，而且是理论问题；不仅是兴趣问题，而且是认知问题；不仅是教学方式问题，而且是学习方式问题。研究历史叙事，对教师来讲，可以从技巧入手，转变教学方式，提升理论素养；对学生来讲，可以从兴趣入手，转变学习方式，提升认知水平。叙事、问题、史料是现代历史教学的三大关键概念：历史是人类过往的经验（叙事），历史是今人与古人的对话（问题），历史是依据史料而建构的（史料）。三者之中，叙事在历史教学中可谓牵一发而动全身，它推动着其他两个关键概念运行（图1-1）。

---

① 赵亚夫：《中学历史教育学》，187～191页，北京，北京师范大学出版社，2019。
② 中华人民共和国教育部制定：《义务教育历史课程标准（2022年版）》，15、51页，北京，北京师范大学出版社，2022。

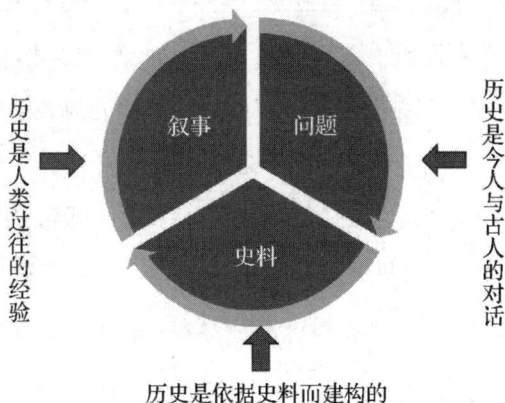

图 1-1　现代历史教学三大关键概念运行模型

二、基于叙事的历史教学的内涵

"历史"既指人类过往活动的总体过程和历史事件，也包括对总体过程和历史事件的叙述、说明。"实在的历史"和"描述的历史"让历史概念呈现模棱两可的状态，也为历史哲学打开了"两个可能的向度"，沃尔什在《历史哲学——导论》中将其明确为思辨历史哲学和分析历史哲学。黑格尔是思辨历史哲学的集大成者，孔德、斯宾格勒、汤因比等人是代表人物。思辨历史哲学"试图把历史过程本身作为整体来把握，并阐明其整体性的意义"，它思考的是"历史本身的规律是什么"，关注的中心是"历史本身"和"研究历史本身如何运动"，着眼的是历史本体论。20世纪初，历史哲学发生转型，从思辨历史哲学走向分析历史哲学。分析历史哲学的主题聚焦于"历史科学如何成为可能"或"历史知识何以成为可能"等问题，狄尔泰、文德尔班、李凯尔特、柯林伍德等人是代表人物。分析历史哲学"集中于对历史认识的性质和方法的分析，对人的认识历史能力的批判"，它思考的是"历史知识的性质是什么"，关注的中心是"人们如何认识历史运动"，着眼的是历史认识论。[1]

---

① ［英］莱蒙：《历史哲学：思辨、分析及其当代走向》，毕芙蓉译，总序6～8页，北京，北京师范大学出版社，2009。

历史不只是发现、确立史实，将历史事件堆砌在一起呈现"编年"或"断烂朝报"，还在于基于史料建构历史叙事。叙事是一种话语方式，"以时间为基本顺序"，将特定的事件"加以编排、描述"①，形成一个"能为人理解和把握的语言结构，从而赋予其意义"②。换言之，将历史事件编排成一个有机体，由一系列相关陈述组成一个有意义、能理解的历史图景就是叙事。通常意义上，历史叙事往往被等同于"讲故事"，即"提供一种完形的理解力，借此使得记叙文中所发生的每一事件构成有意义整体的组成部分。这样一来，叙述便构成故事"③。

随着叙事主义历史哲学的深入研究，历史叙事的功能得到人们的关注，给历史教育的发展提供了源泉和动力，适时地推动了历史叙事在教学中的运用，进而形成了基于叙事的历史教学。基于叙事的历史教学以叙事为教学方式，立足于对是否讲故事、如何讲故事和为何讲故事等问题的思考，旨在使学生获得以时序性、理解性、批判性为主要特征的历史思维，习得组织历史话语的叙事能力，形成对某种文化或价值观的认同（图1-2）。

图1-2　基于叙事的历史教学

（一）是否讲故事——叙事语境

"叙事是发生于某个特定时刻和地点、与访谈者之间的特殊对话，因此讲述者的访谈期望以及对当下时空和访谈关系的觉察等构成了叙事的当下语境。"④叙事语境即从叙事者的角度出发，考虑本节课是否需要讲故事以及基于故事预构来

---

① 周建漳：《历史与故事》，载《史学理论研究》，2004(2)。
② 彭刚：《叙事的转向：当代西方史学理论的考察》，2页，北京，北京大学出版社，2017。
③ ［英］尼古拉斯·布宁、余纪元编著：《西方哲学英汉对照辞典》，王柯平、江怡、余纪元等译，651页，北京，人民出版社，2001。
④ 刘毅、郭永玉：《叙事研究中的语境取向》，载《心理科学》，2014(4)。

权衡选择哪一类型故事，由此形成叙事语境分析模型(图 1-3)。

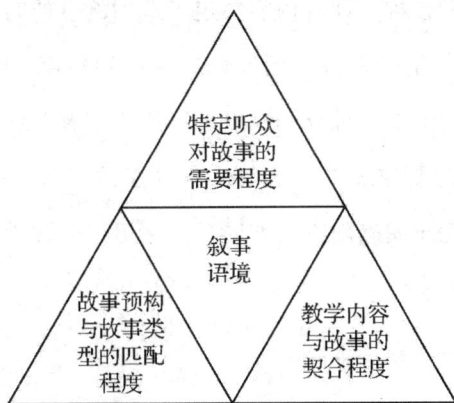

图 1-3　叙事语境分析模型

首先，着眼于故事的听众是谁，关注特定听众对故事的需要程度。叙事是叙事者和听众互动而成的产物。教师需要根据学生的需求与反应对故事进行调整或补充，学生的理解程度又决定了故事的价值。教师在进行叙事设计时，需要考虑学生的兴趣、需要及思维特性。

其次，着眼于本节课是否适合叙事，关注教学内容与故事的契合程度。学生喜欢听故事，但是并非每节课都适合叙事。历史经过、历史人物等内容适合以叙事方式呈现，历史概念、历史规律等内容则更适合运用讲解法。与经济史、文化史相比，政治史更适合讲故事。适合叙事的教学内容本身应当具备相对完整的叙事结构，即开头、中间、结尾。若教学内容不足以支撑叙事，讲故事容易成为课堂趣味性的点缀，限制教学作用的发挥。

最后，着眼于本节课要讲何种类型的故事，关注故事预构与故事类型的匹配程度。历史叙事在本质上是一种历史解释，史学家的工作并非单纯搬运故事。"在史学家能够把表现和解释历史领域的概念工具用于历史领域中的材料之前，他必须先预构历史领域，即将它构想成一个精神感知客体。"①预构行为，即史学

———————

① ［美］海登·怀特：《元史学：十九世纪欧洲的历史想象》，陈新译，34 页，南京，译林出版社，2009。

家要以何种情节化或论述模式进行历史解释。教师在进行叙事设计前，同样要对自己要讲述的故事进行预构。课程内容决定了选用故事的时段，教师对这段历史的理解又影响了故事的情感基调。例如，从革命的角度，抗日战争是激昂的故事，选取的故事可能与英雄、胜利的战役、民族团结有关；从人性的角度，抗日战争是创伤的故事，选取的故事可能与战争带来的灾难、战争对人性的侵蚀有关。对故事的预构有利于明确叙事的方向，使之更切合教学目标以及教师想传达的价值取向。

(二)如何讲故事——叙事本体

叙事本体由史料、主题、情节、结构、人物等基本要素构成，这些基本要素之间并非独立的，而是你中有我、我中有你的，表现出一贯性特征。其选择与运用首先受到叙事语境的限制，而后又共同指向意义的建构。

1. 史料

历史叙事的真实性是其区分于一般叙事的关键特征。要确保叙事的真实性，不能不在史料上下功夫。史料，尤其是文献资料，为历史叙事提供了故事的来源与样本。在故事的选用与编排过程中，教师需重点关注以下两个方面。

第一个方面，需关注不同史料是如何表述同一历史事件的。当讲述某一历史故事时，人们会自然地表述其开始于何时，又在何时结尾。在这一过程中，人们实际已经辨别了自己认为对该历史事件影响较大且较为直接的要素，并在探查要素间关系的基础上，将其组织为具有意义的完整叙事。海登·怀特认为："相互矛盾的叙事之间的差异，就是支配着它们的情节化模式之间的差异。"[1]以《辛酉皇华集》与《光海君日记》对"明使前往朝鲜颁诏"这一事件的表述为例。两书虽都是朝鲜王朝官方编撰刊行的[2]，但情节表述上却大相径庭。《辛酉皇华集》记载，在接诏仪式当日，天降骤雨，"王及世子官僚屏息阶下幄次廊庑间无哗"，恪守礼

---

[1]　彭刚主编：《后现代史学理论读本》，64 页，北京，北京大学出版社，2016。

[2]　《辛酉皇华集》最早由朝鲜王朝官方编撰刊行，共六卷。其中包括明使刘鸿训等与朝鲜文臣的唱和诗文及书信、明使在使行中所写诗文。

仪。而《光海君日记》中先是大书特书明使贪墨之举，再写接诏之日"两使才入正门"则暴雨忽至，朝鲜"上下惊愕，无不股栗"。《辛酉皇华集》记载的故事情节为接诏仪式开始—天降骤雨—朝鲜国王与官僚静默肃立，着力体现的是宗主国之于藩属国的威仪。《光海君日记》记载的故事情节是光海君推迟接诏—明使索要贿金—接诏之日暴雨骤至—朝鲜君臣被迫淋雨，着力体现了"藩国对宗主国的不满，也是藩国在宗藩关系中对自我利益诉求的集中体现"。① 暴雨骤至这一情节在两个叙事中，充当着不同的解释角色。两书记载之不同，主要在于宗主国与藩属国的视角差异。同一时期对于同一事件的叙述竟也相差甚远，则故事的客观性不得不依靠史料的对比、互补。对于教师而言，第一手史料有利于求真，第二手史料有利于补充后人解读以加深对历史事件的理解。教师可通过对比史料，判断何种表述更为可靠，或通过史料间的互补来填充叙事细节，提升自己的叙事技艺。

第二个方面，需在比较中确定关键事件或人物。对于课堂教学而言，历史文献的叙事过于冗长。教师对关键事件或人物的择取，是简化叙事又不失要点的有效策略。其方法有二：一是教师判断该事件或人物与故事的关系是否紧密、推动作用是否显著；二是以已有的史料作为判断标准，不同史料中同一事件或人物的重复出现，在一定程度上说明其是这一故事中不可或缺的叙事要素。需注意的是，两种方法得出的结论可能有差异。以玄武门事变为例。陈寅恪先生认为，玄武门作为宫城北门要地，其"统制之权实即中央政柄之所寄托"②，故守卫玄武门的常何倒戈乃是事变成功的关键。此为方法一的体现。若以方法二论之，《旧唐书》中《长孙无忌传》《刘师立传》列举玄武门事变九位功臣，常何皆不在列。教师在梳理事件脉络及人物关系时，两种方法应当并行使用。

2. 主题

主题是对叙事中主要观点和关键信息的概括，相较语境更为具体，即在确定

① 孙卫国：《刘鸿训天启使行与朝鲜海上贡道之重启——兼及〈辛酉皇华集〉与〈朝鲜光海君日记〉叙事之比较》，载《历史教学》，2015(6)。

② 陈寅恪：《陈寅恪集：隋唐制度渊源略论稿·唐代政治史述论稿》，239页，北京，生活·读书·新知三联书店，2015。

讲故事的基础上考虑"要讲关于什么的故事"。作为故事的核心，主题将故事的情节、讲述方法及意义建构等因素聚拢在一起。对叙事主题的把握有利于更有方向性地选用和编排故事。而对于整体的叙事设计，叙事主题还充当着线索的作用，帮助学生理解历史事件间的关联。关于主题，教师需重点考虑以下三个方面。

首先，需考虑当时或当下视角。"了解故事的一般线索"，人们得以"将本质的东西与依情况而定的东西分离开来"。① 人们对历史本质的不同理解，决定了历史叙事的主观特殊性。若认为历史的价值在于当时，叙事主题就侧重于历史语境下的认识。若认为"一切历史都是当代史"，叙事主题就侧重于历史对现实的关照。

其次，需考虑主题的连续性情况。时间顺序和事件间的关系是故事展开的路径。时间的连续性是显性的，而事件之间的关系大多隐藏于情节之下，并经由主题被辨别出来。越是严密的故事，其包含事件的同质性就越显著。因此，主题的连续性是构成故事一致性的关键。需注意的是，历史是动态变化的，叙事亦是如此。主题的连续性为情节发展限定了方向。以统编版初中历史教科书七年级下册"从'贞观之治'到'开元盛世'"一课为例，该课时间跨度长且内容多，分而述之易导致教学逻辑散乱。唐太宗、武则天及唐玄宗三个统治时期在整体上具有连续性，"开元盛世"可视为前两个时期的发展结果。以"盛世的形成"为主题可强调社会的递进发展，即"奠基—发展—全盛"。教师可在选定叙事主题后，有针对性地选择与主题相关的情节加以呈现，并围绕主题进行问题设计和意义阐释。连续性的主题有利于凸显教学逻辑，帮助学生把握历史事件间的关联及历史事件的动态变化。

最后，需考虑学生对故事的熟知程度。主题的确定同样需要考虑听众。学生对故事的熟知程度直接影响了其参与度。对此，教师在编排故事时可考虑"旧主题新故事"和"旧故事新主题"两种策略。其一，选用新颖的历史故事以调动学生

---

① ［荷］F. R. 安克施密特：《叙述逻辑——历史学家语言的语义分析》，田平、原理译，33页，郑州、北京，大象出版社、北京出版社，2012。

的兴趣，但其蕴含的主题应当是学生已接触过或可理解的主题。其二，对学生已知的经典故事进行重新解读。试举例言之，对欧阳修《卖油翁》一文惯常的解读是熟能生巧。但将这一故事置于历史背景中，则有不一样的解读。北宋初年"兴文教，抑武事"，而陈尧咨作为科举状元却喜好射箭。欧阳修借卖油翁之口说"唯手熟耳"，未尝不存有轻视武人技艺的心态。此外，《宋朝事实类苑》记载陈母曾以"不务行仁化而专一夫之伎"①为由，对陈尧咨加以责打，亦体现了时人"重文轻武"的主流价值观。

3. 情节

有史料支撑、有明确主题的故事是一个合格的故事，但要讲好故事，就必须对故事情节进行精心构思。情节包含了一系列可展现人物性格、情况发展、人物与环境关系等信息的事件，并遵循一定的结构进行组合。因此，它往往被视为故事连贯的重要因素。情节的组合一般体现了因果关系、时空关系、情感关系。例如，杰拉德·普林斯所举"国王死了，之后王后也因悲伤而死"的例子，三种关系皆有体现，只是有所偏重。对于情节的精选和细化，直接体现了故事的叙事性。叙事性越强，可以说"讲了个更好的故事"②。

对于故事情节安排，最紧要的是考虑如何提高情节的叙事性。丹尼尔·T.威林厄姆结合文学及叙事学的理论，将故事的基本特征概括为因果关系、冲突、并发事件和角色的性格或特征。这四个特征对丰富故事的关键情节或易故事化的情节有重要作用。

首先，关注情节中的因果关系。故事中的事件并非孤立的，而是互为关系的，从而有序推进了最终结果的形成。叙事所选取的事件之间必须有某种关联，并以此呈现某种变化。这种关联多表现为因果关系。这是因为原因和结果天然可作为故事的开头和结尾，叙事者再加以细节填充，就可以构成完整的故事了。

其次，关注情节中的冲突。冲突是推进情节的重要因素，人物的性格与立场

---

① （宋）江少虞撰：《宋朝事实类苑》，679页，上海，上海古籍出版社，1981。

② ［美］杰拉德·普林斯：《叙事学：叙事的形式与功能》，徐强译，143页，北京，中国人民大学出版社，2013。

也在冲突中得以昭示。冲突即某事或某人在发展中遇到的阻碍，总体上呈线性发展。人物的冲突可以是多个人物在同一时间或对同一事件产生的冲突，也可以是同一人物的身份、立场、观念等在不同时段的巨大转变。此外，在教学中运用历史叙事，还需注意认知上的冲突。就学生角度而言，教师讲的故事与他们的前理解是否有冲突；就时代角度而言，不同时代对同一事件或人物的观点是否有冲突等。故事中对冲突的强调，是激发学生探究兴趣的有效方法。

再次，关注情节中的并发事件。好的故事往往是以小见大的。如果故事仅是"失败—成功"的故事，显然缺乏被研究或被讲述的价值。一个故事呈现好结局的难得之处在于成功前受到了持续的阻碍。随着阻碍的推进和主角的行动，故事会涉及更多的人物与不同的情况。正是在这种复杂性的驱动下，故事状态才能实现根本改变。"当一件事承载的信息超过组成它的若干事件之总和"①时，这个故事就具有了意义，其叙事性也随之增强。

最后，关注情节中角色的性格或特征。故事中必然有一个或多个主角。出于塑造人物或理解人物的需要，叙事者会有意识地判断主角的何种状态和行为是有意义的，从而导致不同的叙事走向。例如，"成立兴中会"对塑造孙中山"革命者"的形象具有极大意义，但对塑造其"政治家"的形象则不然。

4. 结构

故事结构一般由开头、中间、结尾三个基本要素组成②，所以故事结构首先需确定在何处开头、于何处结尾。历史事件虽发生于一个明确的时间点或时间段，但历史故事的开头与结尾却不一定受其限制。历史事件的发生是由不同时段的诸多要素共同作用的结果，从不同的时段及视角加以考察，故事的开头、结尾必然随之变化。若从长、中、短三个时段进行考察，鸦片战争能以工业革命、虎门销烟及英军到达珠江口作为故事开头。若以战争为视角，鸦片战争的结尾是1842年中英停战；若以中国社会形态的变化为视角，鸦片战争的结尾甚至可延

---

① ［美］杰拉德·普林斯：《叙事学：叙事的形式与功能》，徐强译，149页，北京，中国人民大学出版社，2013。

② 周建漳：《历史与故事》，载《史学理论研究》，2004(2)。

伸至新中国成立。因此，历史故事的设计需根据主题，确定结构，然后据此选定与事件相关且具有意义的开头与结尾。

5. 人物

故事由人物活动推动发展进程，所以还要考虑关键人物。通过对史料中关键人物的判断，教师初步选取叙事要素。在按时序或功能对叙事要素进行排列后，故事的脉络就大致形成了。基于此，教师对教学要点和叙事要素间未能衔接的部分进行情节化阐释，以形成完整的故事。因此，关键人物是构建故事情节的基础。此外，教师还需对关键人物的立场进行分析。例如，溥仪虽是辛亥革命的亲历者和利益相关者，但他显然不能作为辛亥革命的故事主角，否则就会与革命的立场相冲突。

历史本身是多维的，作为一种诠释的方式，历史叙事的角度越全面，就越能靠近历史真实。当然，这并非强求教师进行多维且完整的叙事。即使教师能做到，一节课也无法承载如此庞杂的信息。教师基于学生的兴趣，结合课程内容对故事加以改写是实现多维叙事、培养学生叙事思维的有效方法。

(三)为何讲故事——叙事意义

叙事意义主要体现为：故事内容对于历史事件的再现，故事结构对于历史解释的价值。前者侧重于历史事件本身的意义，后者则侧重于教师想通过这个故事传达什么意义，即"为什么讲故事"。教师对历史叙事进行设计时需重点考虑以下三个方面。

首先，确定故事真实性，以保证故事具有意义。真实性是考量历史故事最基本的要求。对于历史故事真实性的强调，恰恰在于历史存在需要填补的空白。历史故事中的人物动机、事件关联、情节塑造，都需在史料和真实逻辑的基础上进行合理的虚构和想象。对于故事真实性的思考既可保证故事本身具有意义，也可作为指导、评判学生叙事的标准。

其次，比较故事差异性，以探索故事应有的意义。叙事作为历史的一种解释方式，折射了叙事者对过往经验、现实情况和未来发展的认识。后两者虽表现程度不同，但必然会影响叙事者理解过去的视角。历史故事的内容会随时代发展有所改变。因此，在教学中故事意义同样是发展的。故事文本的差异，折射出历史事件对于当时、后世和现在的不同意义。教师既可借此反思自己的叙事是否反映了时代意义，又可对比不同版本的叙事，以深度解读故事在教学中呈现的形式。

最后，发掘故事价值性，以理解故事对学生的影响。在一定程度上，叙事的意义是由听众所赋予的。在教学中，有意义的故事必然蕴含了某种价值观念。"教师如能把握这一故事的典型性意义进行适当的历史解释，或补充相应的历史解释史料，可以进一步拓展历史故事的内蕴"①，使故事中的价值观念可被理解并作用于学生的发展。

三、基于叙事的历史教学的意义

对于历史教师而言，历史课就是把史学家所整理的人类过往经历讲述出来。故此，在历史课上，教师很自然地运用叙事的方法进行教学，甚至有人视"历史课"为"故事课"。且不论这一观点是否得宜，它从侧面反映了历史与叙事是难以分割的。但也正因故事在历史学科中司空见惯，即使对叙事主义历史哲学一无所知，教师仍然可以讲故事，甚至能讲出很有趣的故事。但这样的故事在选取与编排时缺乏理论的自觉，多用于激发学生的兴趣，叙事应有的历史解释功能和文化传递功能却无法得到充分发挥。故此，只有在理论的指导下，教师方能对历史叙事的功能产生深刻的认识。

在叙事主义历史哲学的视角下，基于叙事的历史教学具有多重教学意义。首先，作为教学方法的叙事，可以改造传统的讲述法并使其获得新生。在传统的中学历史教学法视域里，讲述法、讲解法、谈话法是三种重要的教学方法。其中，讲述法充分体现了历史学科故事性的特点，尤其受人重视。但是，在建构主义学习理论看来，传统的讲述法具有重大的缺陷。传统的讲述法假定教师不讲述史

---

① 孙进：《基于微观史学的历史叙事教学初探——以"美国国父华盛顿"一课为例》，载《历史教学》，2020(1)。

实，学生就无从得知史实，而在不知史实的情形下，其他学习活动是无法开展的。故此，传统的讲述法主张教师要把相关史实"讲清楚""讲透彻"。建构主义学习理论则认为，知识是学生主动建构出来的，教师的讲（哪怕是清晰透彻地讲）只是一种外在的刺激，这种刺激要通过学生的认知图式才能起作用。不考虑学生认知图式，无益于学生主动建构的讲述，只是灌输而已，收效甚微。故此，建构主义学习理论对传统的讲述法是排斥的，认为传统的讲述法就是在灌输，不利于学生的思考。而叙事主义历史哲学的出现，使我们看到了讲述法的其他可能。在叙事主义历史哲学看来，历史故事并非天然地存在于过去，而是史学家依据史料、运用语言建构的结果。也就是说，叙事就是一种建构，而不是对历史真实的复制。这就为传统的讲述法打开了新的天地：讲述可以是开放的，有不同版本；讲述可以被解构，以便发现讲述行为背后的权力关系；讲述者要反思自己叙事中所隐藏的假设，以便接纳其他人的叙事；讲述不是教师的专属，学生同样可以担当历史的讲述者；相较于接受别人的讲述，学生更重要的是要学会辨别竞争性的叙事，并建构自己的叙事。由此，讲述法在叙事这个大家族中被赋予建构的使命，获得了新生。

其次，作为解释方式的叙事，有利于学生对历史形成移情的理解。叙事的本质是解释，历史叙事就是在解释历史，并在解释历史的过程中获得过去之于当下的意义。布鲁纳认为，例证认知和叙事认知是人们对现实进行意义建构的两种模式。[1] 历史叙事的意义会根据叙事过程的推进、叙事角度的转化而不断丰富。在此过程中，学生得以在掌握事件脉络的基础上，获得生成性的历史理解，而非对结论的被动认知。在历史叙事中，学生获得关于过去的连续性画面。要构成这种连续性画面，仅有前后相继的历史事件是不够的，还要有推动这些事件发展的历史参与者的信念、动机与情感等。故此，历史叙事能够使学生获得"辨别实质性知识（关于事件的准确内容）和意识理解（对信念、动机、情感等的理解）"[2]的能

---

① 向眉：《布鲁纳叙事教育思想及其启示》，载《课程·教材·教法》，2014(11)。

② C. J. Gómez & J. Sáiz，"Narrative Inquiry and Historical Skills. A Study in Teacher Training," *Revista Electrónica de Investigación Educativa*，2017(4)，pp. 20-34.

力。通过强调历史发展中人类的作用，信念、动机、情感等对历史人物的影响，学生更易于理解个体是如何参与他们所处时代的生活的，从而将自己置身于历史情境中进行理解。在此过程中，历史移情得以成为可能。

再次，作为文化载体的叙事，有利于学生产生对个体和历史的认同。叙事是人类认识世界、传承文化的一种方式。自有人类以来，便有叙事活动，人类倾向于以叙事来解释他们的现实生活与经验，而重要的事件则经由情境记忆的形式，形成长时记忆。根据亚瑟·格雷瑟等人的研究，面对同一组故事和说明文，受试者对故事的记忆比说明文高出 50%。① 最早的叙事形式为神话、传说，后来的叙事形式有寓言和童话，再后来的叙事形式有戏剧和小说。即使是神话，看似虚妄，实则它的本质是将复杂的客观世界纳入可以理解的话语结构，并将本族群的历史、文化和价值观传递下去。而寓言故事和美德故事之所以世代传颂，是由于其为儿童提供了个体及社会发展的理想范式。正如布鲁纳所言，"自我制造的叙述活动通常是在文化模式引导下进行的，文化告诉我们，自我应当、可以是以及不应是什么"②。历史叙事作为叙事大家族中的一员，具备叙事的一般特征，同时也有其特殊性。特殊之处在于历史叙事是由真实的历史事件构成的。通过历史叙事，人们将自己的过去梳理得井井有条，由此了解自己从何而来、现在为何如其所是、将来又有何种可能，进而体察自我在社会中、时代在历史中的定位。在历史教学中，经由叙事，过去、现在及未来被有意义地联系在一起，学生由此形成了对某种文化或价值观的认同。

最后，作为教学变革理念的叙事，有利于学生获得核心素养和转变教与学的方式。当一个历史事件被纳入某个叙事性话语结构时，它将以特定的方式与其他事件连接，并可为人所理解和解释。历史叙事的功能决定了它可作用于学生整合历史知识、融贯历史认识、发展历史学习技能和培养历史思维能力的认知过程。

---

① A. C. Graesser，M. Singer & T. Trabasso，"Constructing Inferences during Narrative Text Comprehension，"*Psychological Review*，1994(3)，pp. 371-395.

② ［美］杰罗姆·布鲁纳：《故事的形成：法律、文学、生活》，孙玫璐译，53 页，北京，教育科学出版社，2006。

叙事引入教学，即通过宏大叙事和微观叙事呈现历史解释，这些宏大叙事和微观叙事便于学生亲近历史、理解历史，"当历史叙事通过作者、文本、读者与社会历史语境产生交互作用时，学生便能够经由教师的指导，去关注对具体叙事作品的意义的探讨，并因此带来教与学的方式的根本转变"①。如此，学生在获得更多探究视角和机会的同时，更易开展口述史访谈、历史剧编排与展演、对话教学、史料研习等活动，更能有效开展跨学科学习。引申说，叙事应用于历史教学是一种"大历史教育观"，它将过去与现在衔接、历史与史料搭配、认知与情感相融、个人与社会相连、校外与校内打通、学科与育人结合，这对于转变教师的教育观念、转变学生的学习方式具有重要意义。

【本章小结】

本章着眼于基于叙事的历史教学这一改进主题的背景、内涵及意义。人类社会每时每刻都有叙事的存在。当然，历史教学也不得不面对历史叙事。讲好历史故事，有助于学生提高学习兴趣，体验历史情境，了解史实的基本情况，加深对历史的思考和理解。叙事主义历史哲学的兴起为历史教学讲故事注入了新的活力，形成了基于叙事的历史教学。基于叙事的历史教学以叙事为教学方式，立足于对是否讲故事、如何讲故事和为何讲故事等问题的思考，旨在使学生获得以时序性、理解性、批判性为主要特征的历史思维，习得组织历史话语的叙事能力，形成对某种文化或价值观的认同。我们希冀通过本章内容，让历史教师理解基于叙事的历史教学的意义，以便他们能够将基于叙事的历史教学运用到实际的教研活动之中。

---

① 赵亚夫：《中学历史教育学》，189 页，北京，北京师范大学出版社，2019。

第二章 设计基于叙事的历史教学改进课程

【本章提要】

基于叙事的历史教学改进主题确定之后，并不意味着历史教师就能理解和掌握基于叙事的历史教学，尤其是叙事主义历史哲学让很多教师望而生畏。为了让历史教师真正理解叙事原理、掌握历史叙事基本技能，就必须深思熟虑地设计基于叙事的历史教学改进课程。

项目组分学年制定了进阶式的基于叙事的历史教学改进课程的目标并设计了方案。第一学年侧重于教师的课堂教学，偏向教师历史叙事。第二学年第一学期，在课堂教学中增加了学生叙事的分量，进而对教师指导学生历史叙事的能力提出了要求，从以教师为中心走向以学生为中心。第二学年第二学期，侧重于课堂之外，即扩展了历史叙事的方式，将撰写口述史、编写历史剧等活动纳入历史叙事的范围，且以项目式学习的方式来推进，这有利于转变学生的学习方式，真正提升学生的核心素养。

一、基于叙事的历史教学改进课程的目标

郑州市金水区基于叙事的历史教学改进项目持续了两个学年（2020—2021 学年、2021—2022 学年），第一学年侧重于教师的历史叙事，第二学年侧重于学生的历史叙事。提高学生的历史叙事能力是本项目的最终目标，但教师历史叙事能力的提高是学生历史叙事能力提高的基本前提。只有当教师掌握了历史叙事的基本技能，在教学实践中取得了成就感，在心里产生了安全感时，才有可能去安心指导学生的历史叙事，进而让学生有所获得。

项目组分学年制定了进阶式的基于叙事的历史教学改进课程的目标。

(一)2020—2021 学年基于叙事的历史教学改进课程的目标

第一学年设定了如下三个目标。

　　第一，编写科学的基于叙事的历史教学设计方案。参与项目的样本校教师在专家组的指导下，通过备课、磨课等步骤，改变既有观念意识，积累基于叙事的历史教学经验，完善教学设计，最终形成科学有效、操作性强的基于叙事的历史教学设计方案。

　　第二，提炼基于叙事的历史教学方略。通过基于叙事的历史教学实践，结合理论学习，专家组和样本校的教师合作提炼较为系统的基于叙事的历史教学方略。

　　第三，初步培养学生历史叙事的能力。通过让学生编写、讲述和表演历史故事，培养学生历史叙事的能力，提升其历史认知。

　　教师的知识包括案例知识、策略知识和原理知识三个部分，教师的发展大致可分为职初教师、经验教师和卓越教师三个阶段。经验教师相较于职初教师的优势在于案例知识，卓越教师相较于经验教师的优势在于策略知识。故此，要从职初教师上升到经验教师，需在案例知识上发力；要从经验教师上升到卓越教师，则要提炼策略知识。[1]　前两个目标分别与案例知识和策略知识有关。第一个目标，建立在教师已生产大量的案例知识的基础上，侧重于教师行为转变的角度，即学会如何去做。第二个目标，侧重于策略知识，即教师能够从自己的案例知识中，提炼出策略知识。策略知识相较于案例知识而言，已经抽去了具体的情境，因此具有一般性和原则性，能够迁移到新的情境，解决新的问题。第三个目标，强调教师的历史叙事行为应该能对学生的历史学习产生影响。当然，由于教师刚刚接触历史叙事，这种影响只能是初步的。

(二)2021—2022 学年基于叙事的历史教学改进课程的目标

　　第二学年设定了如下两个目标。

　　第一，巩固和拓展教师历史叙事课堂教学的能力。从教师叙事和学生叙事的角度进行同课异构，巩固教师主导式的历史叙事能力，拓展学生中心式的历史叙事指导能力。

----

　　[1]　顾泠沅：《教师行动学习若干问题讨论》，为来访的北京市西城区教育研修学院的教研员所做报告，上海，2008。

第二，指导学生运用项目式学习的方式撰写口述史、编写历史剧等，提高学生历史叙事的能力，转变学生历史学习的方式，提高教师历史叙事项目式学习的指导能力。

第一个目标侧重于课堂教学。与第一学年偏向教师历史叙事不同，第二学年在课堂教学中增加了学生叙事的分量，进而对教师指导学生历史叙事的能力提出了要求。也就是说，叙事活动从以教师为中心走向以学生为中心。

第二个目标侧重于课堂之外。它扩展了历史叙事的方式，将撰写口述史、编写历史剧等活动纳入历史叙事的范围，且以项目式学习的方式来推进，这有利于转变学生的学习方式，真正提升学生的核心素养。当然，这也大大增加了教师的指导难度。

总之，第二学年旨在打通教师叙事和学生叙事，打通历史课堂教学和历史课外活动，用学生叙事来推动教师叙事，用历史课外活动来推动历史课堂教学。

二、基于叙事的历史教学改进课程的方案

项目组分学年设计了基于叙事的历史教学改进课程的方案。

(一)2020—2021学年基于叙事的历史教学改进课程的方案

1. 主要改进内容

第一学期改进活动的主要内容包括两个方面：一是历史故事的编写，二是基于叙事的历史教学设计。项目组根据国内外现有研究成果，结合郑州市教育教学实际情况，开发了"基于叙事的历史教学设计评价量表"。第二学期在第一学期改进的基础上，对历史叙事进行解构与建构。

(1)历史故事的编写

该内容的重点是：依据各种史料，编写出真实的、有意义的、符合教学目标的历史故事。基于叙事的历史教学并不是在课堂上讲讲故事那么简单。故事都是人们编排出来的(这里的"编排"不同于虚构)，历史故事同样如此。但是，现成的历史故事并不一定符合历史教学的需要，因此，历史教师应有创编历史故事的意

识，依据真实可信的史料，编写出符合历史教学需要的历史故事。

(2)基于叙事的历史教学设计

该内容的重点是：将历史叙事嵌入教学设计，设计出趣味与思维、史料与问题、故事与意义、叙事与分析相结合的教学过程。基于叙事的历史教学设计，浅层次是指将故事纳入教学设计并作为其中的一个教学活动，深层次是指整个教学过程就是一个有着外在可见的开头、中间和结尾，内在蕴含着分析与意义的历史叙事，通过叙事结构来解释历史的因果与意义。基于叙事的历史教学设计评价量表作为教学改进成果的直观表现，能有效地指导教师的教学设计行为。

(3)历史叙事的解构与建构

历史叙事源自问题，基于史料，成于技巧，贵在意义。为更好地建构历史叙事，先要将其进行分解。历史叙事可分解为叙事与史料、叙事与提问、叙事的技巧、叙事的意义等。做好单项训练，再建构整体叙事。

2.拟解决的关键问题

(1)通过历史叙事转变教师的教育观念

有什么样的教育观念，就有什么样的教育行为。在历史叙事视域下，历史教学将成为一个寻"人"的过程。具体而言：第一，叙事的主体是人，而不是教科书，它否定了应试教学、教教材的做法；第二，叙事的主角是教师和学生，它改变了教师一言堂、满堂灌的偏狭思想，强调了学生的地位和学生对历史的认识、建构；第三，叙事的内容是历史中鲜活的人和人与人互动的事，它突破了死记硬背"死知识"的困境；第四，叙事的取向是呈现人文、人性、人格的意蕴，它批判的是应试教学和违背正确价值观的教学行为；第五，叙事的旨趣是为了人的发展，讲述历史不是以展现教师才华为能事，而是为了有意义的历史故事能作用于学生，培养出一个健全的、具有核心素养的公民。

(2)通过历史叙事转变学生的学习方式

谁来叙事？这是历史教育的关键问题。一直以来都是专家(通过历史教科书)在叙事，教师和学生被动接受叙事。我们做基于叙事的历史教学，就是要将叙事的权利归还给教师和学生(最终是学生)。为了完成叙事，学生要学会搜集和鉴别史料，提出问题和组织史料，并从中掌握历史解释的基本方法。

3. 改进方法或实施手段

结合近年来郑州市初中学生学业水平情况、学生问卷以及教师问卷的相关数据对郑州市初中历史教学情况进行整体分析，发现郑州市在历史教学中的不足之处与能力提升点，拟定 2020—2021 学年基于叙事的历史教学改进课程的流程，具体情况如图 2-1。

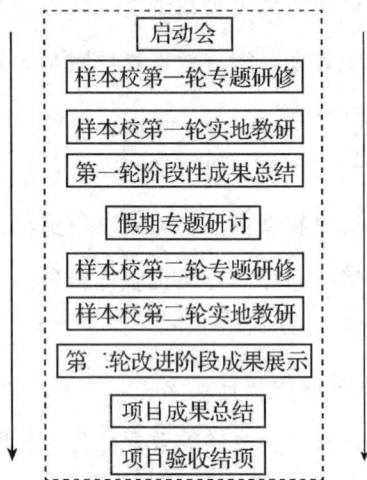

图 2-1　2020—2021 学年基于叙事的历史教学改进课程的流程

深入郑州市初中历史教学课堂，切实了解郑州市初中历史教师的基于叙事的历史教学情况，通过备课、听课、评课、磨课等方式，对样本校参与项目的教师的基于叙事的历史教学进行深入指导，为其个性化教学改进提供保障。

4. 可行性分析

(1)成熟的理论支撑和完善的组织机制

基于叙事的历史教学改进经过多年理论积累和实践探索，已经基本建构了稳定的理论框架和测试框架，收集了丰富的测试数据，组建了理论扎实、经验丰富的专家团队，形成了科学高效的工作流程和机制。

(2)专家团队和学科助理作为人员保障

郑州市金水区基于叙事的历史教学改进项目的专家团队由研究者、中学名师、教研员构成。一般来讲，研究者擅长理论，中学名师擅长实务，教研员则擅长沟通，三者组成的团队，具有结构上的优势。更何况，这个团队还有很多复合型人才。张汉林多年来致力于历史教育研究，且有 6 年的中学历史教学和 11 年的教研员经验，能够提供专业的理论和实践指导。陈德运对历史叙事研究领域有较多的关注，能够提供有力的专业指导。丁丁老师是北京市教研员，视野开阔，且在中学任教时就获得了全国学科教学比赛一等奖。孙玲玲老师是北京师范大学附属实验中学高级教师，曾获全国历史教学说课大赛特等奖。陈化锋老师多次获北京市一等奖，是中国教育电视台主讲教师。王小琼老师是北京市第四中学高级教师，多次开设国家级和市级公开课、研究课、观摩课，多次获国家级和市级一等奖。四位老师都是国培主讲教师，对中学学生的身心发展水平、中学历史教学实践问题有深入、全面的了解，能提供有力的实践指导。

学科助理李嘉雯、程璨、孙思铭同学是首都师范大学硕士研究生，在研究方法、统计软件使用、数据分析等方面有丰富经验，能够提供有力的技术支持(表 2-1)。

表 2-1　专家服务团队

负责人	张汉林				
行政职务	无	专业职务	教授	研究专长	历史教育
	姓　名	专业职务	研究方向	学历	项目中分工	工作单位
主要参与者	陈德运	讲师	历史教育	博士	骨干专家	四川师范大学
	丁丁	中学高级教师	历史教育	硕士	骨干专家	北京教育科学研究院
	孙玲玲	中学高级教师	历史教育	硕士	骨干专家	北京师范大学附属实验中学
	陈化锋	中学高级教师	历史教育	硕士	骨干专家	北京市三帆中学
	王小琼	中学高级教师	历史教育	本科	骨干教师	北京市第四中学
	李嘉雯	学生	历史教育	硕士	学科助理	首都师范大学
	程璨	学生	历史教育	硕士	学科助理	首都师范大学
	孙思铭	学生	历史教育	硕士	学科助理	首都师范大学

（3）熟悉郑州市教育教学实际水平的当地专家的支持

本项目为了更好契合郑州市教育教学实际情况，提出具有针对性的教学改进方案，特邀请了郑州市金水区中学历史教研员王红兵老师作为本地专家，为本项目顺利开展提供保障。

5. 阶段实施计划

样本校和核心成员前后有变化。第一学期样本校有两所，分别是郑州市第四十七中学和郑州市第六初级中学；参与的核心成员有 4 人，分别是张友军、陈雨、沈世平、王琼。另外，刘梦莹、王雅倩、贺笑笑等几位老师作为外围人员。第二学期样本校增至 6 所，分别是郑州市第四十七中学、郑州市冠军中学、郑州市龙门实验学校、郑州市第七十一中学、郑州市金水区第一中学、郑州市丽水外国语学校；参与的核心成员扩充到 10 人，分别是张友军、陈雨、刘梦莹、王雅倩、邱朴智、贺笑笑、李百栋、朱雷雷、季禾子、何一帆，年龄范围为 24～39岁，绝大部分为 30 岁以下，均为自愿参加。

（1）启动会

其具体情况如下所述。

一是预计开始时间，设定为 2020 年 9 月 27 日。

二是任务描述。2020 年 9 月 27 日上午，教育质量监控总项目组综合反馈。27 日下午，历史学科听评课及座谈会：张汉林与王红兵深入样本校听课，听课结束后，两位专家分别针对展示课进行点评；张汉林、王红兵与样本校教师进行座谈，交流改进方案、布置工作任务。28 日上午，人文学科项目组反馈，张汉林做《讲述不一样的历史故事》专题讲座，项目启动。

三是预期成果，包括评课记录、参与教师反思、讲座课件、教师学习心得、学习计划、改进计划等。

四是参与人员，有张汉林、王红兵以及样本校教师。

（2）样本校第一轮专题研修

其具体情况如下所述。

一是预计完成时间，设定为 2020 年 10 月。

二是任务描述。2020 年 10 月 12 日下午，以线上研讨的形式进行"历史故事的选用与编排"的专题研讨。由四位教师展示自己选用的历史故事(1 个)和编排的历史故事(1 个)，说明自己选用的理由、编排的过程，全体教师参与讨论，最后总结出选用历史故事的标准、编排历史故事的原则。该月 13—22 日，四位教师修改自己选用和编排的历史故事。该月 23 日上午，线上进行叙事教学的案例研讨。孙玲玲老师、陈化锋老师介绍自己设计的叙事教学案例的思路以及对基于叙事的历史教学的认识，全体教师参与讨论。该月 23 日下午，线上进行"基于叙事的历史教学设计"的专题研修，四位教师将选用和编排的历史故事纳入教学设计中，介绍自己的教学设计(说课)，全体教师参与讨论，提出建议。该月 24—29 日，专家组帮助四位教师完善教学设计。该月 30 日，线下进行基于叙事的历史教学研究课，由两所样本校各推出一节研究课(分别由沈世平老师和陈雨老师执教)，课后全体教师进行研讨。

三是预期成果，包括选用历史故事的标准、编排历史故事的原则、相关案例、研讨记录、学习心得、教学设计、授课录像、教学反思等。

四是参与成员，有张汉林、陈德运、丁丁、孙玲玲、陈化锋、王红兵等以及样本校教师。

(3)样本校第一轮实地教研

其具体情况如下所述。

一是预计完成时间，设定为 2020 年 11 月。

二是任务描述。2020 年 11 月 20 日，陈化锋老师围绕"历史叙事"这一主题举办讲座，讨论教师应如何通过历史叙事进行教学实践。该月 23—31 日，线下开展深度的基于叙事的历史教学的三课两反思，深化教师对基于叙事的历史教学设计的理解。两所样本校各提供一节课进行教学研讨，重点关注符合学生认知水平的叙事。该月 23 日，张友军和王琼老师分别进行"七七事变与全民族抗战"一课的教学试讲，专家和教师共同研讨，进行教学设计的反思与改进。该月 24—29 日，两位教师根据议课情况修改教学设计，专家组帮助其完善教学设计。该月 30 日，张友军和王琼老师分别进行"七七事变与全民族抗战"一课的第二轮教学，专家组和样本校教师共同研讨，进行教学设计的反思与改进。该月 31 日，召开面向全市的教研活动，张友军和王琼老师分别进行"七七事变与全民族抗战"一课的第三轮教学，陈化锋老师点评，陈雨、刘梦莹、王雅倩、贺笑笑汇报参加项目以来的感受与收获，张汉林做专题报告。通过"三课两反思"，深化教师对基于叙事的历史教学设计的理解，提炼形成对于同类课有益的教学策略，展示项目第一轮改进的成果。

三是预期成果，包括教学设计方案、授课录像、观察记录、研讨记录、教学反思等。

四是参与成员，有张汉林、丁丁、孙玲玲、陈德运、王红兵、陈化锋等以及样本校教师。

(4)第一轮阶段性成果总结

其具体情况如下所述。

一是预计完成时间，设定为 2020 年 12 月。

二是任务描述。在该月 21 日，刘梦莹老师和王雅倩老师上常态课，全体样本校教师进行点评与交流；研讨第一轮改进过程中的经验与问题，形成第一轮研修成果的总结报告；依据自愿的原则，对第二轮的样本校教师进行调整；讨论第二轮的活动计划与改进方案。

三是预期成果，有第一轮研修成果的总结报告和第二轮改进方案等。

四是参与成员，有张汉林、陈化锋、孙玲玲、丁丁、陈德运、王红兵等以及样本校教师。

(5)假期专题研讨

其具体情况如下所述。

一是预计完成时间，设定为 2021 年 1—2 月。

二是任务描述。在线上开展假期专题研讨，主要围绕新加入的样本校核心成员的教学设计与课堂实录，以同伴互评与专家点评的方式，发现新成员的优势与不足。同时，为样本校核心成员布置假期教学设计与阅读作业。

三是作业布置，即在七年级下册、八年级下册或九年级下册中任选一课，写一份完整的教学设计。要求为：

①按照时间的先后顺序排列本课中的历史事件，思考它们之间的关系。

②剖析历史教科书关于本课的叙事结构，找出历史教科书解释历史的模式。

③根据你对学生的理解和对历史教育的理解，重新安排本课的叙事结构，重点考虑开头和结尾，以及该叙事结构如何体现出你对历史的解释。

④精心选择两个现成的历史故事，注重历史故事的真实性、意义性、思考性和趣味性，查阅和标明历史故事的原始出处，并设计相应的思考问题（一个历史故事设计 3 个以上的问题）。

⑤精心编排一个历史故事（从若干历史事实中进行选择和组织，或将两则以上有故事性的历史材料按照一定的主题与逻辑组织起来），并设计相应的思考问题（一个历史故事设计 5 个以上的问题）。

⑥最终上交的材料：一份完整的教学设计，本课历史事件的先后顺序及其关系，历史教科书的叙事结构及该叙事结构所体现出的对历史的隐形解释，选择的两个历史故事的上下文及原始出处，编排历史故事所依据的材料及原始出处，选择的两个历史故事及活动设计，编排的一个历史故事及活动设计。

四是寒假阅读材料推荐，如下：

①张汉林：《提问之道：历史思维养成路径的探讨》，载《教育学报》，2018(3)。

②王傲、张汉林：《史料阅读的问题设计——以马歇尔在哈佛大学的演讲为例》，载《历史教学》，2020(21)。

③张汉林：《基本史料：思考"史料教学"的新视角》，载《课程·教材·教法》，2016(8)。

④张汉林、邓敏：《论史料信息的三个层面和九个要素》，载《历史教学》，2020(13)。

⑤陈德运、赵亚夫：《史料·阅读·问题·思维——基于史料的教学原理阐释》，载《基础教育课程》，2020(C1)。

⑥陈德运、赵亚夫：《论史料研习新路径：指向深度学习的模型构建》，载《教育科学研究》，2020(7)。

阅读完这些材料，要求运用这些材料中的某个观点或方法，对上学期某个教学设计的某个部分进行修改。最终上交材料为：该部分修改前的设计与修改后的设计，并说明修改所依据的观点或方法。

五是预期成果，包括读书心得、教育反思文章等。

六是参与成员，有张汉林、陈化锋、孙玲玲、丁丁、陈德运、王红兵等以及样本校教师。

(6)样本校第二轮专题研修

其具体情况如下所述。

一是预计完成时间，设定为2021年3月。

二是任务描述。线上开展所有核心成员的假期作业交流，以同伴互评与专家点评的方式，发现新成员的优势与不足。陈德运线下做《历史教学中的叙事与史料》专题讲座，讨论史料在叙事中的作用。

三是预期成果，包括研讨记录、成员作业、讲座课件等。

四是参与成员，有张汉林、陈化锋、孙玲玲、丁丁、陈德运、王红兵等以及样本校教师。

(7)样本校第二轮实地教研

其具体情况如下所述。

一是预计完成时间，设定为2021年4月。

二是任务描述。李百栋老师和邱朴智老师分别进行两轮"明朝的灭亡"一课的教学试讲，项目组专家和样本校教师共同研讨，进行教学设计的反思与改进，形成最终的教学设计并展示。张汉林做《提问：道与术之间》专题讲座，讨论提问在叙事中的作用。

三是预期成果，包括教学设计、授课录像、观察记录、研讨记录、教学反思、对研究的阶段总结等。

四是参与成员，有张汉林、陈化锋、孙玲玲、丁丁、陈德运、王红兵等以及样本校教师。

（8）第二轮改进阶段成果展示

其具体情况如下所述。

一是预计完成时间，设定为 2021 年 5 月。

二是任务描述。举办面向全市的教研活动，何一帆和季禾子两位老师进行"新文化运动"同课异构展示，陈德运点评，张汉林做《历史叙事策略举隅》讲座，样本校教师和三位学科助理交流过去一年的收获。

三是预期成果，包括教学录像、教学设计、汇报材料、讲座课件、研讨记录等。

四是参与成员，有张汉林、陈化锋、孙玲玲、丁丁、陈德运、王红兵等以及样本校教师。

（9）项目成果总结

其具体情况如下所述。

一是预计完成时间，设定为 2021 年 6 月。

二是任务描述。在研讨会中，通过第一轮、第二轮教学改进中的过程性评价和终结性评价，结合理论考核和实践考核情况，研讨与总结两轮教学改进的研修成果和经验，总结提炼模型，形成改进报告。

三是预期成果，主要是改进报告。

四是参与成员，有张汉林、陈化锋、孙玲玲、丁丁、陈德运、王红兵等以及样本校教师。

（10）项目验收结项

其具体情况如下所述。

一是预计完成时间，设定为 2021 年 7 月。

二是任务描述。项目评议组评估改进效果，修订研讨会上形成的改进报告，最终定稿，完成验收结项。

三是预期成果，主要是改进报告。

四是参与成员，有张汉林、陈化锋、孙玲玲、丁丁、陈德运、王红兵等以及样本校教师。

(二)2021—2022 学年基于叙事的历史教学改进课程的方案

1. 主要研究内容

(1)撰写口述史

学生在样本校教师和专家组的指导下，拟制适宜的采访提纲，做有质量的访谈，在整理访谈资料的基础上撰写口述史。

(2)编写历史剧

学生在样本校教师和专家组的指导下，以真实历史人物或事件为基础，选择具有戏剧冲突的题材，编写历史剧。

(3)开展项目式学习

教师依据项目式学习的流程，指导学生撰写口述史、编写历史剧，在此过程中实现师生共同成长。

(4)以学生叙事为主体的历史课堂教学

改变以教师为中心的课堂教学，探索以学生为中心的课堂教学。具体来讲，在课堂教学中设计各种活动(包括游戏)，让学生来完成历史叙事。

2. 拟解决的关键问题

(1)通过历史叙事，转变学生的学习方式

本学年将历史叙事的重心放在学生上，包括学生在课堂上的叙事以及课堂外的叙事，课堂外的叙事包括口述史和历史剧。这就极大地丰富了学生历史学习的方式。口述史和历史剧不仅富有趣味性，而且能够提高学生历史思维能力和社会情感能力。在专家组和样本校教师的指导下，样本校学生通过调查采访、查阅史料等方式，撰写口述史、编写历史剧，转变历史学习方式，开阔历史学习视野。学生在撰写口述史、编写历史剧的过程中，要学会查阅史料、辨别史料、组织史料、构建叙事，从而提升了历史认知能力；在完成上述任务时，学生不仅要互相合作，而且要与采访对象等社会人士合作，从而提升了人际交互和自我规制等非认知能力。

(2)探索基于叙事的历史教学的不同样态

样本校教师通过项目式学习的方式，推动学生撰写口述史、编写历史剧，实践做中学的理念。这不仅能提升学生做口述史和历史剧的质量，而且能加深教师对项目式学习的理解，提升其指导能力。与此同时，样本校教师分别从教师叙事和学生叙事的角度进行历史教学设计，在巩固教师基于叙事的历史教学能力的基础上，探索历史叙事在教学中的多种形态与相应的推进策略。

　　3. 研究方法或实验手段

　　结合近年来郑州市初中学生学业水平情况、学生问卷以及教师问卷的相关数据对郑州市初中历史教学情况进行整体分析，发现郑州市在历史教学中的不足之处与能力提升点，拟定2021—2022学年基于叙事的历史教学改进课程的流程，具体情况如图2-2。

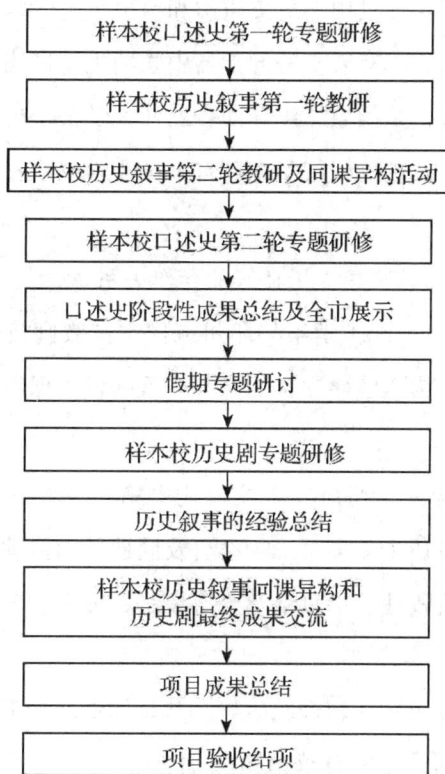

样本校口述史第一轮专题研修

样本校历史叙事第一轮教研

样本校历史叙事第二轮教研及同课异构活动

样本校口述史第二轮专题研修

口述史阶段性成果总结及全市展示

假期专题研讨

样本校历史剧专题研修

历史叙事的经验总结

样本校历史叙事同课异构和历史剧最终成果交流

项目成果总结

项目验收结项

图 2-2　2021—2022 学年基于叙事的历史教学改进课程的流程

　　深入郑州市初中历史教学课堂，切实了解郑州市初中学生在历史叙事中的表现，通过加强与样本校教师的合作与对学生的过程性指导，为个性化教学改进提供保障。样本校学生展演历史叙事作品(口述史、历史剧),样本校教师介绍典型的学生案例并反思指导过程,通过"点上示范,面上带动"的方式推动项目发展。

4.可行性分析

(1)成熟的理论支撑和完善的组织机制

基于叙事的历史教学改进经过多年理论积累和实践探索,已经基本建构了稳定的理论框架和测试框架,收集了丰富的测试数据,组建了理论扎实、经验丰富的专家团队,形成了科学高效的工作流程和机制。

(2)专家团队和学科助理作为人员保障

除上述专家团队的成员和学科助理外,本学年特意邀请了李远江和张彬两位专家参与指导。李远江担任过中学历史教师和历史杂志的编辑记者,是全国中学生历史写作大赛的创始人,有着丰富的指导中学师生做口述史的经验。张彬毕业于上海戏剧学院导演系,是国家二级导演、浙江大学公众史学研究中心青少年核心素养研究室副主任,发起杭州市华东区首个中小学校教育戏剧联盟,在教育戏剧上成就斐然。

(3)与郑州市样本校教师建立了良好的合作关系

项目组专家在2020—2021学年与郑州市样本校教师建立了深厚的友谊,形成了良好的合作关系,为本学年项目的顺利开展提供了保障。

5.阶段实施计划

2021—2022学年第一学期由样本校口述史第一轮专题研修、样本校历史叙事第一轮教研、样本校历史叙事第二轮教研及同课异构活动、样本校口述史第二轮专题研修、口述史阶段性成果总结及全市展示、假期专题研讨6个阶段性计划组成。

第一,样本校口述史第一轮专题研修。其具体情况如下所述。

一是预计完成时间,设定为2021年9月。

二是任务描述,如下:

①李远江做关于口述史的价值、方法与课程设计的报告。

②李嘉雯介绍"自我画像:5岁之前的我"口述史项目的设计目标、基本过程

等内容。孙玲玲和丁丁分享自己开展口述史项目的经验。

③张汉林从理论与方法的角度，介绍口述史项目学习。

三是预期成果，包括课件、相关案例、研讨记录、学习心得等。

四是参与成员，有张汉林、李远江、陈德运、丁丁、孙玲玲、陈化锋、王红兵等以及样本校教师。

第二，样本校历史叙事第一轮教研。其具体情况如下所述。

一是预计完成时间，设定为2021年10月。

二是任务描述，如下：

①陈德运分享历史四维教学法原理及相关案例。

②王雅倩和陈雨分别展示"战国时期的社会变化"和"鸦片战争"两节常态课，项目组成员交流。

③陈化锋与张友军以八年级上册第8课"革命先行者孙中山"为题进行同课异构，项目组成员进行点评与交流。

三是预期成果，包括课件、教学设计、教学录像、研讨记录等。

四是参与成员，有张汉林、陈化锋、孙玲玲、丁丁、陈德运、王红兵等以及样本校教师。

第三，样本校历史叙事第二轮教研及同课异构活动。其具体情况如下所述。

一是预计完成时间，设定为2021年11月。

二是任务描述。陈雨、刘梦莹以八年级上册第15课"北伐战争"为题，分别从教师叙事和学生叙事的角度进行同课异构，项目组成员进行研讨。

三是预期成果，包括教学课件、教学设计、授课录像、观察记录、研讨记录、教学反思等。

四是参与成员，有张汉林、陈化锋、孙玲玲、丁丁、陈德运、王红兵等以及样本校教师。

第四，样本校口述史第二轮专题研修。其具体情况如下所述。

一是预计完成时间，设定为2021年11月。

二是任务描述。项目组成员分享开展"自我画像：5岁之前的我"口述史项目学习的进度，展示收集的学生成果，构思公开展示的形式。

三是预期成果，包括教学课件、教学设计、教学进度计划、学生成果、教师指导学生过程性记录与反思。

四是参与成员，有张汉林、陈化锋、孙玲玲、丁丁、陈德运、王红兵等以及样本校教师。

第五，口述史阶段性成果总结及全市展示。其具体情况如下所述。

一是预计完成时间，设定为 2021 年 12 月。

二是任务描述，如下：

①开展面向全市的教研活动。

②王红兵做项目开展情况总结汇报。

③刘梦莹分享学生历史叙事研究课"北伐战争"。

④陈德运对刘梦莹的课进行点评，并做《百年回顾与未来展望：追求意义化的历史教学》专题报告。

⑤邱朴智、王雅倩及其各自的学生团队进行"自我画像：5 岁之前的我"口述史活动汇报。

⑥张友军进行《中学生历史时序思维养成》课题汇报。

⑦张汉林做《学生历史叙事如何成为可能》专题报告。

三是预期成果，包括课件、教学录像、课题汇报、学生采访提纲和记录，学生口述史作品；教师指导学生的过程性记录与反思。

四是参与成员，有张汉林、陈化锋、孙玲玲、丁丁、陈德运、王红兵等以及样本校教师。

第六，假期专题研讨。其具体情况如下所述。

一是预计完成时间，设定为 2022 年 1—3 月。

二是任务描述。在寒假期间，在线上围绕推荐书目开展假期专题研讨，具体包括样本校教师代表分享对推荐书目的阅读心得，专家从各自学科视角进行点评与理论提升，样本校教师撰写教育反思心得。

三是作业布置，要求样本校教师设计一份历史剧项目式学习方案。建议如下：

①项目选题。项目选题应具有驱动性。师生可结合教学内容或乡土历史等选取感兴趣的题材，以真实的历史人物或历史事件为基础，围绕某一探究主题进行剧本编排。

②设计目标。说明通过该项目要培养学生何种高阶认知以及如何培养。

③成果要求。剧本结构完善，叙事完整，有合理的戏剧冲突；具备对所选历史人物、历史事件透彻、全面的认识，并在尊重历史的基础上做合理创作；语言表述清晰，符合逻辑，能生动、形象地表达剧本故事情节；适宜舞台演出，标明舞台指示(演员动作表情、上下场时间节点与场幕设置等)。

④项目时间。根据学情，提供相应的实施时间表。

四是寒假阅读材料推荐，如下：

①[美]巴克教育研究所：《项目学习教师指南——21世纪的中学教学法》，任伟译，北京，教育科学出版社，2008。

②夏雪梅：《项目化学习的实施：学习素养视角下的中国建构》，北京，教育科学出版社，2020。

③夏雪梅：《项目化学习设计：学习素养视角下的国际与本土实践》，北京，教育科学出版社，2021。

④[美]苏西·博斯、[美]约翰·拉尔默：《项目式教学》，周华杰、陆颖、唐玥译，北京，中国人民大学出版社，2020。

⑤[美]苏西·博斯、[美]简·克劳斯：《PBL项目制学习》，来赟译，北京，中国纺织出版社有限公司，2020。

⑥[美]罗伯特·麦基：《故事：材质、结构、风格和银幕剧作的原理》，周铁东译，天津，天津人民出版社，2014。

⑦[美]罗伯特·麦基：《对白：文字、舞台、银幕的言语行为艺术》，焦雄屏译，天津，天津人民出版社，2017。

⑧［匈］拉约什·埃格里：《编剧的艺术》，黄隽华译，海口，海南出版社，2020。

五是预期成果，主要是读书心得、教育反思文章等。

六是参与成员，有张汉林、陈化锋、孙玲玲、丁丁、陈德运、王红兵等以及样本校教师。

2021—2022 学年第二学期由样本校历史剧专题研修、历史叙事的经验总结、样本校历史叙事同课异构和历史剧最终成果交流、项目成果总结、项目验收结项 5 个阶段性计划组成。

第一，样本校历史剧专题研修。其具体情况如下所述。

一是预计完成时间，设定在 2022 年 3—4 月。

二是任务描述，如下：

①张彬做《中学历史剧创作课程的建构》的报告。

②张汉林做《化史为剧、变剧为育》的报告。

③样本校教师指导学生编写历史剧。

④张彬点评学生编写的历史剧，并提出具体的修改建议。

三是预期成果，包括课件、历史剧本、指导学生编写历史剧的策略等。

四是参与成员，有张汉林、陈化锋、孙玲玲、丁丁、陈德运、王红兵等以及样本校教师。

第二，历史叙事的经验总结。其具体情况如下所述。

一是预计完成时间，设定在 2022 年 4 月。

二是任务描述，如下：

①结合教博会的展示活动，总结改进项目开展以来的各种案例和经验，提炼基于叙事的历史教学策略。

②参加教博会，在陈德运主持下，由项目组专家和样本校教师做《叙事即核心素养 成长即经验改造》集体汇报，分别为：张汉林《讲述不一样的故事——郑州市基于叙事的历史教学改进项目简介》，王红兵《一个人、一群人和一个区域的故事——义务教育改进提升项目初中历史学科总结汇报》，刘梦莹《在课堂教学中拥

抱历史叙事》，邱朴智《自我画像：5岁之前的我——学生叙事活动的实践与感悟》。

三是预期成果，包括教学设计、授课录像、观察记录、研讨记录、教学反思、对研究的阶段总结等。

四是参与成员，有张汉林、陈化锋、孙玲玲、丁丁、陈德运、王红兵等以及样本校教师。

第三，样本校历史叙事同课异构和历史剧最终成果交流。其具体情况如下所述。

一是预计完成时间，设定在 2022 年 5 月。

二是任务描述。由刘梦莹、季禾子、何一帆三位老师做"秦末农民大起义"同课异构活动（分别侧重教师历史叙事、教师指导学生历史叙事、学生历史叙事），进行说课、议课、上课，授课视频展示与交流。同时，样本校教师交流历史剧编写和编写过程中的经验。

三是预期成果，包括教学设计、授课录像、观察记录、研讨记录、教学反思、对研究的阶段总结等。

四是参与成员，有张汉林、陈化锋、孙玲玲、丁丁、陈德运、王红兵等以及样本校教师。

第四，项目成果总结。其具体情况如下所述。

一是预计完成时间，设定在 2022 年 6 月。

二是任务描述。在研讨会中，通过第一轮、第二轮教学改进中的过程性评价和终结性评价，结合理论考核和实践考核情况，研讨与总结两轮教学改进的研修成果和经验，总结提炼模型，形成改进报告。

三是预期成果，主要是改进报告。

四是参与成员，有张汉林、陈化锋、孙玲玲、丁丁、陈德运、王红兵等以及样本校教师。

第五，项目验收结项。其具体情况如下所述。

一是预计完成时间，设定在 2022 年 7 月。

二是任务描述。项目评议组评估改进效果，修订研讨会上形成的改进报告，最终定稿，完成验收结项。

三是预期成果，主要是改进报告。

四是参与成员，有张汉林、陈化锋、孙玲玲、丁丁、陈德运、王红兵等以及样本校教师。

【本章小结】

本章着眼于基于叙事的历史教学改进课程的目标和方案。基于叙事的历史教学改进课程以提高学生的历史叙事能力为最终目标，但教师历史叙事能力的提高是学生历史叙事能力提高的基本前提。只有当教师掌握了历史叙事的基本技能，在教学实践中取得了成就感，在心里产生了安全感时，才有可能去安心指导学生的历史叙事，进而让学生有所获得。据此，基于叙事的历史教学改进课程持续了两个学年(2020—2021学年、2021—2022学年)，旨在打通教师叙事和学生叙事，联结历史课堂教学和历史课外活动，探索历史叙事在教学中的多种形态与相应的推进策略。

第三章　建立基于叙事的历史教学改进机制

【本章提要】

基于叙事的历史教学改进项目的顺利推进，既需要有相关课程的设计，也离不开相关的工作机制。前者让改进活动有标可依，后者让改进活动能够有效开展。

据此，为推进基于叙事的历史教学改进工作开展，首先，成立了 U-D-S 合作实践共同体，由大学教师、教研员和中学教师组成学术共同体；其次，聚焦历史教师的实践性知识，帮助教师发现自己的实践性知识，建构自己的实践性知识；最后，教学改进与科学研究互相促进，让历史叙事理论应用于历史教学实践中，同时历史教学实践又拓展历史叙事理论。

一、成立 U-D-S 合作实践共同体

为推动基于叙事的历史教学改进工作开展，我们成立了 U-D-S 合作实践共同体，聚焦教师的实践性知识，并致力于教学改进与科学研究的互相促进。

U 指大学（University）；D 指地区（District），即地方教研部门；S 指学校（School）。三者分别派出大学教师、教研员和中学教师，组成学术共同体，基于共同的愿景，以项目为依托，以教学改进为目标，从事学科教育的知识创生与实践转化。具体到本项目，U 是指北京师范大学，D 是指郑州市教育局教学研究室和金水区教育发展研究中心，S 是指金水区教学改进样本校。

"合作"是指 U-D-S 之间的关系，这是一种协同合作的关系。大学与中学的合作由来已久，且有不同的模式。有学者将其分为三种类型：一是"帮助型"，合作形式是两个团队，是"我们和他们"的关系，合作动因是"传统情谊"。大学与中小学合作的传统做法就是中小学接收大学实习生，大学教师指导中小学教改，这

是典型的帮助型合作。二是"互利型"，合作形式是一个联队，是"我们和你们"的关系，合作动因是"制度或权力"。通过政府协调而出现的一些形式的合作往往属于互利型合作。三是"协同型"，合作形式是一个团队，是"我们和我们"的关系，合作动因是"共同愿景"。① U-D-S 合作实践共同体属于最后一种类型，即大学教师、教研员和中学教师组成的是一个团队，大家彼此平等，协同研究。

"实践"是指 U-D-S 合作以实践改进作为指向。有学者认为，U-D-S 合作实践共同体"作为一种促进教育知识创生与实践转化的新机制，共同体基于以下一些基本假设：(1)教育学的本质是促进实践的，只有当理论知识被直接运用于实践时才能体现其价值；(2)各类知识应该是平等的，创造知识的主体也是平等的，因此，在教育的共同体中，教育学的繁荣人人有权，人人有责；(3)教育学的核心知识是离教育发生最近的知识，因此应该更多地创生和传播这些领域的知识；(4)离教育发生越近的知识，越需要解决真正的实践问题，也越需要在实践中创生；(5)教育学的知识形态具有丰富性，因此也需要探索更为丰富多样的表达与传播方式"②。

教育学虽然具有很强的理论性，但总体上属于应用型科学，归根结底是要解决人们在教育实践中遇到的各种问题。要解决教育实践中的问题，不仅需要理论，也需要经验，更需要将理论转化为实践、将实践转化为理论。大学教师擅长的是理论，中学教师擅长的是经验，教研员则处在理论与经验的中间地带，三者具有极强的互补性。在 U-D-S 合作实践共同体中，不是大学教师去推广某种理论，教研员和中学教师来被动学习；也不是中学教师提供经验材料，大学教师和教研员来提炼并上升为理论。大学教师、教研员和中学教师都要发挥自己的优势，同时也要转换视角，互相启发，推动教育实践中真问题的解决。

如第二章所述，我们的团队由专家(张汉林、陈德运、李远江、张彬、丁丁、

---

① 朱洪翠、张景斌：《国内 U-S 教师教育合作共同体实践研究：回顾与前瞻》，载《教学研究》，2013(5)。

② 杨朝晖：《"UDS 合作实践共同体"：教育学知识创生与实践转化的新机制》，载《南京社会科学》，2012(4)。

陈化锋、孙玲玲、王小琼)、教研员(王红兵)、样本校教师(张友军、陈雨、沈世平、王琼、刘梦莹、王雅倩、贺笑笑、邱朴智、李百栋、朱雷雷、季禾子、何一帆)和学科助理(李嘉雯、程璨、孙思铭)构成。除此之外,郑州市教育局教学研究室姬文广主任和乔二虎老师,以及金水区教育发展研究中心主任段立群、副主任孙鹏对本项目高度重视,不仅在资源调度方面出力甚多,更是多次亲临现场进行指导。

在这个共同体中,张汉林、陈德运、李远江、张彬在各自领域都有专长,任务是提供有关历史教育、历史叙事、口述史、历史剧、项目式学习的理论支持,结合国内外的案例给样本校教师提出教学建议,并从样本校教师的教学实践中提炼出历史叙事的模型与策略。张友军、陈雨、刘梦莹、王雅倩、邱朴智等样本校教师则在教学实践中将历史叙事的理论与历史教学相结合,开发出典型的案例,供共同体成员研讨。王红兵作为教研员,除了提供专业意见外,还要与样本校领导、样本校教师和专家进行大量的沟通协调,保障共同体的正常运作。与一般的U-D-S合作实践共同体不同的是,我们这个共同体增加了历史名师这部分人(丁丁、陈化锋、孙玲玲、王小琼)。他们既是专家,又是一线教师;既有理论认识,又有实践心得;既可成为样本校教师直接模仿的榜样,又能将大学教师的想法转化为行为。在共同体的运作中,他们发挥了不可替代的作用。

二、聚焦历史教师的实践性知识

英国哲学家波兰尼1958年提出"个人知识"这一概念。波兰尼认为,知识并非普遍的、客观的,相反,知识具有个人性、默会性和信念性。他将学习分成窍门学习、符号学习、隐性学习。① 其中,隐性学习以内隐运作的方式处理前两种形式的学习,具有逻辑上的在先性与根源性。波兰尼认为,"人类赖以超越动物的几乎所有知识都是通过语言的运用获得的",但是,"语言的操作极度依赖我们

---

① ［英］迈克尔·波兰尼:《个人知识——迈向后批判哲学》,许泽民译,105～108页,贵阳,贵州人民出版社,2000。

的默会求知能力"。① 不同于明确知识可以通过语言进行广泛的、大规模的传播，默会知识隐藏在行动中，只能通过学徒制来习得。波兰尼的认识对教师教育具有重大的启发意义。

陈向明在默会知识的基础上，进一步提出教师的"实践性知识"这一概念。陈向明认为："教师的实践性知识是教师真正信奉的，并在其教育教学实践中实际使用和（或）表现出来的对教育教学的认识。"②教师的实践性知识可能是个人的，也可能是普遍的，它包括教师的教育信念、自我认知、人际知识、情境知识、策略性知识、批判反思知识。"教师的大部分实践性知识都属于'默会知识'。"③实践性知识能够从知识的角度来解释一个普遍的现象：为什么大家都认可同样的教育观点，但有些教师善教而另一些教师则不善教。这是因为，对于善教的教师而言，一者这是他真正信奉的知识，二者这是他能在实践中运用的知识。一言以蔽之，这是他自己的知识而不是别人的知识。由此可见，在教师的知识构成中，实践性知识是其中很重要的一部分。决定教师教学效果的，在某种意义上并不是学科知识、教育学知识或心理学知识这些理论知识，而是教师的实践性知识。

实践性知识为我们理解教师改变提供了新的角度。"教师改变泛指教师在日常专业实践中发生的各种变化。"④教师改变可以简单地分成知的改变和行的改变两个维度。知与行的关系，向来众说纷纭，在中国古代就有两种代表性的观点：知易行难、知行合一。知易行难的说法最早见于《尚书·说命中》："非知之艰，行之惟艰。"类似的说法也见于《左传·昭公十年》："非知之实难，将在行之。"在中国古代，知往往专指价值判断，行则指道德实践。知易行难即指价值判断易，道德实践难。知易行难的观点在今天的教育界也被广泛接受，如一些中小学校长

---

① ［英］迈克尔·波兰尼：《个人知识——迈向后批判哲学》，许泽民译，143 页，贵阳，贵州人民出版社，2000。

② 陈向明：《实践性知识：教师专业发展的知识基础》，载《北京大学教育评论》，2003 (1)。

③ 陈向明：《实践性知识：教师专业发展的知识基础》，载《北京大学教育评论》，2003 (1)。

④ 尹弘飚、李子建：《论课程改革中的教师改变》，载《教育研究》，2007(3)。

和教师对课程改革理念培训不以为然，认为课程改革理念培训"不接地气"，教师们接受了先进的理念，却难以在课堂教学中操作。他们的热烈诉求是："你告诉我具体怎么做。"

知行合一是王阳明心学的核心观点，他在一场师生对话中对知行合一的观点进行了阐释。一日，弟子徐爱说："如今人尽有知得父当孝、兄当弟者，却不能孝，不能弟。便是知与行分明是两件。"王阳明答曰："此已被私欲隔断，不是知行的本体了。未有知而不行者。知而不行，只是未知。圣贤教人知行，正是要复那本体。……不成只是晓得说些孝弟的话，便可称为知孝弟。又如知痛，必已自痛了，方知痛。知寒，必已自寒了。知饥，必已自饥了。知行如何分得开？此便是知行的本体，不曾有私意隔断的。圣人教人，必要是如此，方可谓之知。不然，只是不曾知。"王阳明又说："知是行的主意，行是知的功夫，知是行之始，行是知之成。若会得时，只说一个知，已自有行在。只说一个行，已自有知在。"①

徐爱指出了一个在生活中常见的现象：人们往往知道一个观念，却难以做到。这种现象在教育界同样也很普遍：教师们认为以儿童为中心是对的，在教学行为上体现的却是以学科为中心；教师们认可探究学习的重要意义，却在课堂教学中一灌到底。按照王阳明的观点，知和行是一回事，如果没有真知，就没有行动；同样，如果没有行动，也就意味着所谓"知"其实是假知。上述在教育界的现象只能够表明：以儿童为中心、探究学习并不是教师们的实践性知识，而是他们"道听途说"的建议；以学科为中心、接受学习才是他们真正的知识。因此，从行的角度来看，问题是教师不会做；但若换成知的角度，问题是教师还未自主获得"真知"。所谓真知，首先是指教师真正理解和信奉的知识，而不是表面接受的知识。这可以用来解释诸如孝悌或以儿童为中心这类价值理性行为的匮乏，但不能用来解释探究学习这类工具理性行为的难以实施。在现实中，即使专家明示了探究学习的操作步骤，教师也有可能在教学中束手无策，这是因为他们缺乏相应的

---

① 陈荣捷：《王阳明〈传习录〉详注集评》，19页，上海，华东师范大学出版社，2009。

默会知识(默会知识是难以言传的)。根据波兰尼的个人知识理论,默会知识发挥着看不见的但至关重要的作用。因此,教师之所以信奉一个理念而又难以表现在行为上,除了不是真正理解和信奉外,也有可能是因为他缺乏相应的默会知识。因此,教师所习得的知识,不仅要包括明确知识,而且要包括默会知识,这才是"真知"。默会知识的习得,不能通过听报告、听讲座等"听"的形式,而只能通过学徒制、做中学等"行"的方式。因此,在教师改变中,知(包含默会知识)的改变和行的改变不是谁难谁易、谁先谁后的关系,而是你中有我、我中有你的关系。在改变知的过程中改变行,在改变行的过程中也改变知,这才是教师改变的根本之道。

显然,实践性知识受到了知行合一观点的深刻影响。"教师真正信奉"是知,"在其教育教学实践中实际使用或表现出来"是行,实践性知识就是知行合一。教师的实践性知识只能在具体的教育情境中习得,而不能通过语言进行传递。因此,在基于叙事的历史教学改进工作中,我们团队聚焦教师的实践性知识,围绕教学行为的改变而设计相应的研修活动。我们认为,改变了教师的行,就是改变了教师的知;改变了教师的知,教师就能够获得自主发展的动力。

中小学教师区别于学科专家和教育专家之处,就在于他们拥有学科教育的实践性知识。这种知识与原理知识相比,没有高低之分,只有类型的差异。基于叙事的历史教学改进,其目的就在于帮助教师发现自己的实践性知识,建构自己的实践性知识。让我们备感兴奋的是,教师们的确产生了自己的实践性知识。比如,郑州市冠军中学的刘梦莹老师则对历史叙事的整体性进行了形象的比喻:"如果把讲述历史故事比喻成盖楼房的话,故事编排是这栋大楼的主体框架,问题设置则是内部脚手架,意义生成则是这栋大楼的外观体现。"

三、教学改进与科学研究的互相促进

教育科学属于应用型科学,其发展有两个动力源:教育实践和教育理论。而且,二者应该互相促进,而不是彼此隔绝。好的教育实践,能激发理论工作者的热忱与灵感;好的教育理论,能有效解释和指导教育实践。正如马克思在《〈黑格尔法哲学批判〉导言》中所说："理论一经掌握群众，也会变成物质力量。理论只要说服人……就能掌握群众；而理论只要彻底，就能说服人……所谓彻底，就是抓住事物的根本。"①

在基于叙事的历史教学改进工作中，我们力图实现教学改进与科学研究的互相促进。美国学者理查德·E. 梅耶认为，学习理论可应用于教育实践中，而教育实践可以拓展学习理论。基于此，他倡导"基于实践问题的基础研究"，在这种研究范式中，"学习理论和教学实践都能得到快速的发展：前者从真实的学习情境中建构学习理论，后者通过理解教学方法何时起作用，以及怎样起作用中促进教学实践"②，从而实现基础研究和应用研究的互惠互利。

从教学改进的角度来讲，我们聚焦教师的实践性知识，采取了课例研究这种研究模式。课例研究目前流行于世界许多国家。它源于日本的授业研究，后来为世界各国所借鉴和发展。它在我国也有一定发展，如香港的课堂学习研究、上海教科院的行动教育、赵亚夫教授的教学实录分析和北京市西城区教育研修学院的课例研修。尽管名称不同，但大家都有共同的前提，即要提高教学质量，就要聚焦课堂，以学科教学为阵地，改进教师的教学行为。

课例研修是指以课例为载体的教师在职研修模式。课例研修的主体是教师、教研员，也包括大学教授等各类专家。课例研修把研究和进修的阵地搬到课堂中来，以课例为载体，以行动研究为手段，以行为跟进为特征，进行教育教学研究，同时作为教师进修的内容与提高的途径。从培训角度来讲，课例研修将日常教学与研究、培训融为一体。在课例研修中，研究共同体成员为了教学行为的改进而研究，在教学中开展研究，研究的过程就是教学的过程，也是培训的过程。教师既是被培训者，也是培训者。培训的内容是无法预设的，是在特定的教学情境下动态生成的。培训的过程不是培训者对被培训者的单向传授，而是依赖于培训者与被培训者之间的互动。从教研角度来讲，常规教研方式重实践经验，欠理

① 《马克思恩格斯选集》第 1 卷，9～10 页，北京，人民出版社，2012。
② ［美］理查德·E. 梅耶：《应用学习科学——心理学大师给教师的建议》，盛群力、丁旭、钟丽佳译，10 页，北京，中国轻工业出版社，2016。

论提升；课例研修关注教师的实践经验，更重理论与实践的契合。在常规教研方式中，教师被动的表面参与居多，而课例研修则非常重视教师主动的深度参与。

"课例"是一个课堂教学改进的实例，是对教学改进过程中的问题和教学决定的再现和描述。"课例研究"是讲课堂教学背后进行研究的故事，与默会知识契合，成为教师专业水平提升的有效服务资源。课例研究具有以下特点。

其一，基于原生态。它的研究对象、课题等，不是为研究而特别设定的，而是基于"怎样的课堂""怎样的教师"产生了"怎样的问题"，做与之相适宜的研究。

其二，基于学科特点。无论是着眼整体还是细节，它分析的重点必须围绕学科特点。

其三，避免研究技术化。课例研究不搞烦琐的模式化研究。它就是一种就事论事的研究。

基于实践性知识理论，课例研究主张："听中学"，包括言传和内化；"做中学"，包括外显和意会；"听懂的做出来"，是指经过集体反思，教师要把讨论结果转化为改进教学设计的行为，这其实就是内化；"做过的说出来"，是指教师要学会解释自己的教学行为，并能撰写教学日志和研究报告，这就是外显。

课例研究有一个成熟的三阶段两反思模式，如图 3-1 所示。①

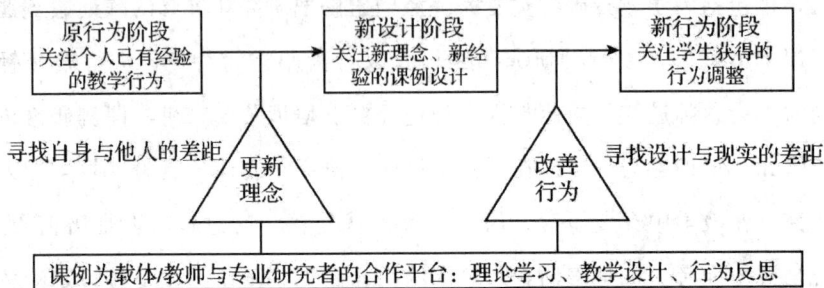

图 3-1　课例研究的三阶段两反思模式

三阶段两反思模式常用的方式是一位教师就同一课题上三轮课，实现教学行为

---

① 王洁、顾泠沅：《行动教育——教师在职学习的范式革新》，47 页，上海，华东师范大学出版社，2007。

在同一主线上不断改进。但研究者也可以因地制宜、因人制宜应用变式。从授课教师来看，可以是一人同一课题，也可以是多人同一课题。从课题的数量来看，可以是同一课题，也可以是不同课题。从课例的数量来看，可以是三轮课，也可以是两轮课，甚至是一轮课。从研究的内容来看，既可以是同课异构模式，又可以是同课同构模式；既可以是常态教学循环跟进研究，又可以是微格教学关键事件循环跟进研究。

我们致力于课例研究，在近两年的时间里开发了 19 个较为成熟的课例，并尝试了多种研究的方式。张友军老师和王琼老师以"七七事变与全民族抗战"为题、李百栋老师和邱朴智老师以"明朝的灭亡"为题，分别进行同课异构，并均开展了完整的三阶段两反思模式的课例研究。陈化锋老师与张友军老师以"革命先行者孙中山"为题进行同课异构。何一帆老师和季禾子老师以"新文化运动"为题进行同课异构。以上课例研究，均围绕教师的历史叙事展开。陈雨老师和刘梦莹老师以"北伐战争"为题，分别从教师历史叙事和学生历史叙事的角度进行同课异构。刘梦莹老师、季禾子老师和何一帆老师以"秦末农民大起义"为题，分别侧重教师历史叙事和学生历史叙事进行同课异构，并经历了说课、议课、上课三个环节。

本次教学改进和科学研究取得了丰硕的成果。在近两年的时间里，陈雨、刘梦莹、王雅倩、李百栋、张友军等老师获得了省市级教学大赛的大奖。其中，陈雨"鸦片战争"一课获河南省优质课比赛初中组一等奖第一名，张友军"八国联军侵华与《辛丑条约》签订"一课获"基础教育精品课例"省级奖。教师们自主开展科学研究的热情被激发起来，王红兵、张友军、陈雨、刘梦莹、王雅倩五位老师在基于叙事的历史教学改进工作的启发下，开展初中学生历史时序思维养成的研究，成功申报郑州市教科所重点课题。教师们撰写教学论文的积极性也被调动起来。在本次教学改进项目结束后，一些样本校教师依然保持研究热情，陆陆续续发表了相关文章，有的发表在核心期刊，甚至被人大复印资料全文转载。

陈向明认为，教师参与研究益处多多，一者可以了解自己的所作所为对学生的学习和发展所产生的影响；二者有利于改进自己的教学工作，提出切实可行的教育改革方案；三者可以改变自己的生活方式，体会到自己存在的价值和意义；四者可以破除自己对研究的迷信，增强自尊、自信和自立的能力。① 诚哉斯言！

【本章小结】

本章着眼于基于叙事的历史教学改进机制的运行方面。要解决历史教育实践中讲故事的问题，就不仅需要理论，也需要经验，更需要将理论转化为实践、将实践转化为理论。据此，我们成立了 U-D-S 合作实践共同体，其中大学教师擅长的是理论，中学教师擅长的是经验，教研员则处在理论与经验的中间地带，三者具有极强的互补性。三者共同发挥自己的优势，同时也要转换视角，互相启发，推动基于叙事的历史教学改进项目发展。在项目推进过程中，我们致力于帮助教师发现自己的实践性知识，建构自己的实践性知识。我们致力于课例研究，在近两年的时间里开发了 19 个较为成熟的课例，并尝试了多种研究的方式。

---

① 陈向明：《教师如何作质的研究》，2～3 页，北京，教育科学出版社，2001。

中　篇

基于叙事的历史
教学改进实施

　　基于叙事的历史教学在叙事主义历史哲学成为史学理论的主流的背景下，逐渐成为一种重要的教学方式，如何在中学一线实施成为本篇关注的话题。

　　讲历史故事看似简单、人人都会，但未必能确保将历史故事讲好，更没有把握学生能够讲好历史故事。究其缘由在于，没有理解到叙事的原理性问题。为此，本篇将原理性问题实践化、操作化，着眼于流程模型、实施策略、工具开发三个领域来展开。

　　本篇基于流程模型的基本要素确定了流程模型的三种类型并具体介绍了三种类型的实施策略，最后介绍了基于叙事的历史教学工具开发。

第四章 基于叙事的历史教学的流程环节

【本章提要】

在核心素养时代下，聚焦历史叙事来做教学改进尤为必要。基于叙事的历史教学是培育学生核心素养的有效途径，因为时空为叙事的结构，史料为叙事的依据，解释为叙事的功能。甚至可以说，历史叙事就是撬动沉甸甸的核心素养的一个支点：在历史文化中建构的历史叙事承载着超越个体的意义、价值、功能，它通过认识、想象等方式影响着学生。

历史教师面临的迫切任务就是基于一定的历史叙事改进流程，利用相关的叙事改进策略去实施教学、落实历史学科核心素养。据此，本章内容认为建构历史叙事的流程模型有五个基本要素，即查找史料确认历史事件的真实性和细节、按时间顺序排列相关历史事件、慎重地决定历史故事的开头和结尾、选择部分历史事件组成连贯的叙事、恰当发挥历史叙事结构的解释功能。教师建构历史叙事和学生建构历史叙事因为环境和主体不同，故某些流程环节有所差异。

一、流程模型的基本要素

叙事是"一种话语体系"，并"将特定的事件序列依时间顺序纳入一个能为人理解和把握的语言结构，从而赋予其意义"。[①] 由于历史认识的对象并非当下的存在，因此历史的表达和再现在借助叙事时，相较于一般叙事，只是在内容上强调以真实的人物和事件为基础。历史叙事的含义凸显了几个特点：一是话语体系，这关涉到历史叙事的属性；二是特定事件，这关涉到历史叙事的内容；三是时间顺序，这关涉到历史叙事的结构；四是理解把握，这关涉到历史叙事的技

---

① 彭刚：《叙事的转向：当代西方史学理论的考察》，2 页，北京，北京大学出版社，2017。

艺；五是赋予意义，这关涉到历史叙事的价值。据此，基于叙事的历史教学的流程模型的基本要素也就逐渐清晰起来。①

(一)查找史料确认历史事件的真实性和细节

一谈及叙事建构，就必然涉及艺术加工和创作，历史叙事与小说等文学叙事自然也涉及艺术加工和创作。但历史叙事与小说等文学叙事最大的不同在于：不排斥想象，却不能向壁虚构、无中生有，它必须有一定的依据和准绳，即建立在真实基础上，保持史学求真的底色。历史是讲究证据的学科，据此，史学家在叙事前总是要预先广泛搜集史料，系统地加以整理，坚守"记言记事必欲适如其言其事"的底线。

如果说评估史料的真伪情况、价值大小，永远是史学的基础工序，那么查找史料确认历史事件的真实性就是基于叙事的历史教学的基础工序。基于叙事的历史教学的生动性、趣味性是其区别于历史课堂其他教学形式的重要特征。基于叙事的历史教学是一把双刃剑：一方面，它有利于激发学生学习历史的兴趣，有助于学生对史实的理解；另一方面，过于追求生动性、趣味性而编造、歪曲或夸大史实者并不鲜见。叙事者在面对真实历史时，必须舍弃那些他曾热情抱有的虚构诠释，所有的历史叙事必然要受到史料的牵制、束缚。

历史故事的生动性、趣味性也表现在历史细节上。如果一个历史故事不含任何历史细节，那么不仅讲的人会觉得枯燥，听的人也会丧失兴趣。历史故事从开头发展到结尾，必定由相关历史人物来推动。换言之，历史人物表现的行为、呈现的行动推动历史故事由开头走向结尾，所以在确认历史故事真实性的基础上，还要关注相关细节，尤其是涉及历史人物推动历史故事情节发展的细节。

距离学生遥远的历史故事，于学生当下的生活经验而言，是一种异质经验。历史细节能够有效帮助学生理解异质经验，缺乏历史细节，历史故事就没有故事

---

① 项目结束后，我们继续探索基于叙事的历史教学，根据新研究对基本要素做了调整，可参见陈德运、王雅倩、骆孝元：《论夯实核心素养的新方向——基于叙事的历史教学》，载《天津师范大学学报(基础教育版)》，2024(6)。为了呈现本次项目的探索和思考，故未做调整，特此说明。

性了。但是，历史细节是建立在真实性基础上的，所以又可以说，历史真实性是学生理解异质经验的基础，没有真实的史实，历史故事就与其他故事无异了。基于叙事的历史教学的过程就是学生生活经验与异质经验对话的过程，甚至可以说就是学生将异质经验整合为同质经验的过程，叙事的动力和目的是塑造这两种经验的统一体。① 所以，查找史料确认历史事件的真实性和细节这一基础工序，不可不重视。

(二)按时间顺序排列相关历史事件

从某种意义来说，历史就是一门时间的学问，人类对过往时间一旦丧失感觉，不消说记忆不存，就是对未来生活也是灾难。历史叙事是对遗忘的一种抵抗，是对日常时间无意识流逝的反对。② 总而言之，历史叙事与时间密切相关，"说时间性就是说叙事"③。从诸多学者的论述中亦可见一斑。"作为讲述的形式，叙事是存在于时间之中的：叙事需要时间来讲述，叙事讲述的是时间中的事件序列。"④一旦叙事被情节化了，"事件就有了一个时间序列"，在获得时间中的意义后，叙事就成为"人与世界的中介"并"给予存在以意义和可掌握的时间形式"，它就能起到一般讲述所不能起到的作用——构造人类的"时间性存在"。⑤

基于叙事的历史教学，首先就要将涉及的相关历史事件按时间顺序排列，更直接说，就是将历史教科书中的或故事中的相关历史事件排列在时间轴上。一旦我们的教学将这些相关的历史事件纳入某个故事中时，就必然涉及故事情节从一个状态转变到下一个状态，呈现出线性发展，表现出历史事件的交替、变化、发展。倘若时间顺序混乱，历史事件之间便无法被纳入历史因果链条关系中，"单

---

① 陈然兴：《叙事与意识形态》，214 页，北京，人民出版社，2013。
② 陈然兴：《叙事与意识形态》，140～141 页，北京，人民出版社，2013。
③ Gerald Prince, *A Dictionary of Narratology*, Lincoln & London, University of Ne-braska Press，1987，p. 20.
④ ［美］詹姆斯·费伦、［美］彼得·J. 拉比诺维茨主编：《当代叙事理论指南》，申丹、马海良、宁一中等译，205 页，北京，北京大学出版社，2007。
⑤ 赵毅衡：《"叙述转向"之后：广义叙述学的可能性与必要性》，载《江西社会科学》，2008(9)。

个事件便会变得偶然，整体的事件链条就将成为经验碎片的堆砌而毫无意义"①。总之，缺乏时间顺序的历史事件就不能形成故事，而历史事件有了一个时间序列，学生就能在经验的时间存在中理解历史、理解故事。

(三)慎重地决定历史故事的开头和结尾

确保时间序列上的历史事件的真实性和挖掘出相关细节之后，就要进入叙事建构的下一个环节。历史叙事与时间的紧密关系，准确来说，历史叙事的时间是被建构出来的而不是自然时间。② 自然时间是一个相对无始无终的时间，但叙事时间是一个相对封闭的时间，它使叙事呈现封闭性的描述。引申说，自然时间中的历史事件是唯一的、不可以重复的，但是叙事时间中的历史事件未必是唯一的、可能被重复。

为何要强调由开头、结尾组成的封闭性历史叙事呢？因为人类需要封闭性历史叙事，换言之，人们"需要在短暂的生存中归依于一个开头与结尾"③。叙事缺乏开头、结尾，"时间便会丧失其线性的方向感和力度"④。人们存在于时间之中，并不轻易直视、察觉时间，只能通过建构出秩序井然、有头有尾的叙事来将之人格化。否则，在时间顺序上所排列的历史事件就毫无意义，叙事也就丧失了意义。

值得注意的是，叙事的结尾，其"形象永远也不能被一劳永逸地否定掉"，就在于人们总是努力建立一个圆满的叙事模式，即"提供一个结尾，从而使开头与中间之间的一种令人满意的和谐关系成为可能"。⑤ 换言之，圆满的叙事模式和开头、中间、结尾的和谐关系都强调的是一个完整的、具有封闭性的叙事。例如

---

① 陈然兴：《叙事与意识形态》，140 页，北京，人民出版社，2013。

② H. Porter Abbott，"The Evolutionary Origins of the Storied Mind：Modeling the Pre-history of Narrative Consciousness and Its Discontents，"*Narrative*，2000(8)，pp. 247-256.

③ ［英］弗兰克·克默德：《结尾的意义：虚构理论研究》，刘建华译，3 页，沈阳，辽宁教育出版社，2000。

④ 陈然兴：《叙事与意识形态》，139 页，北京，人民出版社，2013。

⑤ ［英］弗兰克·克默德：《结尾的意义：虚构理论研究》，刘建华译，16 页，沈阳，辽宁教育出版社，2000。

小说，"其中的事件是朝着高潮和结局的效果来加以安排、发展的，而结局则是一个带有基本性和决定性的事件，用以满足作品开端所引起的一切好奇心，使读者的兴趣告一段落，并且把所叙述的故事完全结束，使人不再希望知道最令人依恋的人物的下文"①。

基于叙事的历史教学，其叙事的封闭性是相对的，这是因为历史课程服务于教育意义，需要契合学生心理发展的阶段性、连续性等特征，加之史实发展呈现延续与变迁特性，以及历史课程内容选择"点—线"结合的编排方式，所以，历史教学引入的叙事不可能真正宣告一个史实的完全结束，也不会希望学生不再依恋历史人物的下文。相反，编排一个历史故事时，其结尾是为教学服务而被人为选出来的，它呈现出的叙事是相对的、暂时的、主观的，具有教学意义的封闭性。引申说，在一个历史故事结尾，教学在采用常规的封闭性的方式之外，还可以采用未完待续的方式，这样的结尾在故事特征上表现出"闭合中有开放"，在故事情节上表现出继续发展的态势，在故事衔接上表现出"承上启下、结尾即开头"，在故事作用上表现出"意犹未尽"。

(四)选择部分历史事件组成连贯的叙事

在上一个叙事程序中确立起一个封闭性的叙事框架，然而历史事件是叙事的基石抑或细胞，没有历史事件的存在，就没有叙事的存在。所以，开头与结尾之间必须有相关事件的发生。当然，叙事封闭空间的相关事件并不囊括所有，换言之，叙事要分主次，当把历史时空背景等因素纳入故事主角身上时，相关的历史事件和次要角色在叙事中都需服务于主角以及故事发展逻辑，倘若不加以筛选，势必把故事主角、主线弄混搞乱。

在叙事视域下，排列在时间序列上的事件是基于一定的目的而人为主观选择出来的，当因果关系、冲突、并发事件等加入这些事件中时，故事在时间维度上就具有了方向性与情节性，在空间维度上就表现出了断裂性与界限性。再进一步说，叙事时间不同于自然时间，而是一种历史时间，"无论是连续的还是断裂的，

---

① 伍蠡甫主编：《西方古今文论选》，256～257 页，上海，复旦大学出版社，1984。

历史时间都意味着此事件与彼事件之间的可接续性"①，所以叙事在时间上表现出从开头事件向结尾事件的连续运动。"有一切理由相信叙事能动性的推动力，在于时序连接性和逻辑连贯性之间的含混性本身。"②当然，叙事除了在时间上表现出方向性、连续性、连贯性之外，在空间上也是如此，人为选择的相关事件使其有了断裂性、界限性、封闭性，因此，加入合理的历史想象、运用恰当的逻辑推理、铺陈连贯的故事情节尤为必要。

基于叙事的历史教学是一个对相关事件的再创造和意义再分配的过程。故事的意义并非教师这一叙事者赋予的，而是故事赋予的，教师的作用在于对意义不确定的事件进行创造和形塑。换言之，在一个封闭性的故事中选择能为教学服务的部分历史事件，由此组成一个连贯的叙事，使其具有相对确定的意义。

(五)恰当发挥历史叙事结构的解释功能

上述四个程序皆指向历史叙事的教学意义，当然，叙事必然涉及相关的意义。人类与故事息息相关，将叙事强加于生活之上是必要的人类活动，缺乏这一活动，人类则无法理解这个世界。③ 倘若把这句话迁移到历史教学同样适用：把叙事运用于历史教学之中是必要的教学活动，缺乏这一活动，我们是无法理解过往历史的。为什么这么说呢？因为叙事不等于用语言再现历史事件，而是通过故事传达一些意义，任何一种叙事都有这样的一个预设——叙事者有意识地以某种方式影响受众。正如本雅明所说的那样，一个故事或明或暗蕴含着道德教训、实用性咨询等意义，但无论哪种形式的意义，"讲故事者是一个对读者有所指教的人"④。历史叙事常常与历史解释融合在一起，甚至说叙事本身就蕴含着解释⑤，

---

① 陈然兴：《叙事与意识形态》，154 页，北京，人民出版社，2013。
② [法]罗兰·巴尔特：《符号学历险》，李幼蒸译，116 页，北京，中国人民大学出版社，2008。
③ [德]汉娜·阿伦特编：《启迪：本雅明文选》，张旭东、王斑译，98 页，北京，生活·读书·新知三联书店，2008。
④ [德]汉娜·阿伦特编：《启迪：本雅明文选》，张旭东、王斑译，98 页，北京，生活·读书·新知三联书店，2008。
⑤ 王学典主编：《史学引论》，250 页，北京，北京大学出版社，2008。

难怪，历史叙事与历史解释被视为一种相依为命的关系。① 所以，如何恰当发挥叙事应有的意义——历史解释功能，尤为关键。

"叙事具有一种等级的机制。理解一个叙事，不只是追随故事的展开，而且也需识别其中的'阶段'，将叙事'线'的水平轴连接，投射到一种隐含的垂直轴上去……不管叙事关系在水平组合上的寻索多么完善，为了达致成效，必须朝向'垂直面'：意义不存于叙事的'尾端'，而是穿越整个叙事。"②故事的阶段、叙事的线条投射到垂直轴上就能形成叙事结构或者组合关系，它朝向垂直面后就能形成意义，进而发挥解释功能。当一系列事件按照线性时间顺序排列，缺乏叙事结构时，它们就会表现出"年表""年谱"等形式的作品，但并不足以形成叙事作品。所以，我们会"把解释看作将特定对象……的内容与其形式结合起来的结果"③。

"叙事艺术的原则（或者说它的伦理）是补足"，即叙事这种话语"充分满足完全性要求，并使读者免除'空虚的恐惧'"。④ 通过故事情节形成叙事结构，叙事结构自身就有能力产生解释功能。离开叙事结构，叙事就是历史事件的流水账。例如因果关系，在自然状态下呈现为线性流逝的态势，后果一旦产生，前因即刻消失，然而其在叙事中呈现为回溯性再现的态势，后果虽然产生，前因却仍然在叙事文本中被保存。人们通过回顾前因和后果，就能够建立起合理的因果解释。"国王死了，王后也死了"并不是故事，因为两个事件虽然按照时间顺序排列，但不足以形成叙事结构，更不会起到解释的作用。倘若加入因果结构，"国王死了，然后王后因悲伤而死"，这个故事就能发挥相应的解释功能。再进一步说，因果

---

① 杜维运：《史学方法论》，166～167 页，北京，北京大学出版社，2006。
② ［法］罗兰·巴尔特：《符号学历险》，李幼蒸译，110 页，北京，中国人民大学出版社，2008。
③ ［比］吕克·赫尔曼、［比］巴特·维瓦克：《叙事分析手册》，徐强主译，徐月、王妙迪参译，9 页，北京，中国人民大学出版社，2020。
④ ［法］罗兰·巴尔特：《符号学历险》，李幼蒸译，155 页，北京，中国人民大学出版社，2008。

关系等加入叙事，就能够建构出有意义的关系网络①，就能给叙事创造出更大的自由空间，所谓解释功能才能得以释放，在走向多元时也在不断接近历史真实。②

二、流程模型的三种类型

按历史叙事的主体划分，可以分为教师建构历史叙事和学生建构历史叙事。按照历史叙事的教学环境划分，可以分为课堂历史叙事和课外历史叙事。这两种划分最终呈现出三种叙事类型，即课堂教师建构历史叙事、课堂学生建构历史叙事、课外学生建构历史叙事。

(一)课堂教师建构历史叙事的流程模型

课堂教师建构历史叙事并非漫无目的、随意而为，换言之，所讲故事需有教学设计立意做指引，然后开展相关的叙事。故事立意是隐性的，在叙事流程环节推进中逐渐显性化，最终实现叙事的解释功能。要实现该功能，第一，需确定故事的真实性，这是史学最基本的要求，所以，第一步要查找史料确认历史事件的真实性和细节。第二，真实的事件均发生在特定时空，在时空定位下，第二步得按时间顺序排列相关历史事件。第三，将历史事件排列在时间轴后，需要考虑故事从哪个事件开始讲，到哪个事件结束，所以，第三步要慎重地决定历史故事的开头和结尾。第四，故事首尾之间囊括系列事件，共同组成一个有情节、有细节的故事整体，所以，第四步要选择部分历史事件组成连贯的叙事。第五，前四个流程环节完成后，故事的作用、意义就呈现出来了，所以第五步要恰当发挥历史叙事结构的解释功能。课堂教师建构历史叙事五个流程环节层层推进、步步递进，前一个流程环节是后一个流程环节的基础。倘若最终叙事没有实现应有的解释功能，与最开始预期的故事设计立意相去甚远，那么就需回到前四个流程环节，审视其合理性。由此，它们形成的流程模型见图4-1，其中实体箭头表示显性的教

---

① Margaret R. Somers，"Narrativity，Narrative Identity，and Social Action：Rethinking English Working-Class Formation，"*Social Science History*，1992(4)，pp. 591-630.
② 中华人民共和国教育部制定：《义务教育历史课程标准(2022年版)》，5页，北京，北京师范大学出版社，2022。

学行为，虚体箭头表示内省的教学行为，故事预先的设计立意与故事最后呈现的显性解释功能应保持一致。①

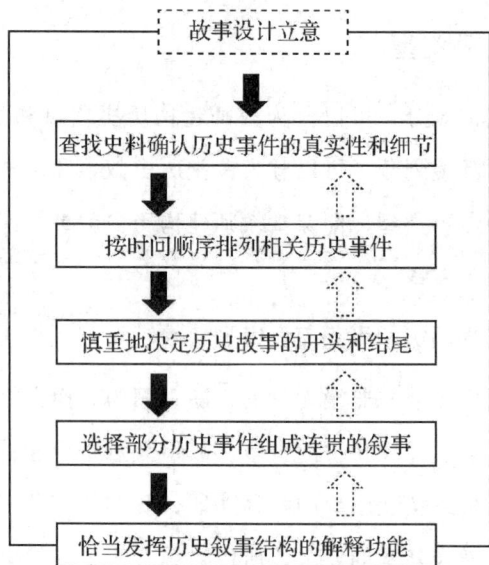

图 4-1　课堂教师建构历史叙事的流程模型

(二)课堂学生建构历史叙事的流程模型

学生建构历史叙事与教师建构历史叙事皆属于历史叙事的范畴，所以叙事基本流程环节一致，只是某些流程环节有所差异。课堂学生建构历史叙事一般是教师根据教学目标，选定并呈现一个或多个特定故事的相关史料，学生基于这些史料建构历史叙事。既然相关史料已由教师选定和呈现，学生就无须查找史料确认历史事件的真实性和细节，但课堂学生建构历史叙事离不开对史料的内化、理解，所以该环节变为"研读史料确认某一历史事件的细节"，这是在阅读中发展学生处理历史人物、历史情节、历史背景等叙事技能的好契机。其他

---

① 项目结束后，我们继续探索基于叙事的历史教学，根据新研究对故事设计环节做了调整，可参见陈德运、王雅倩、骆孝元：《论夯实核心素养的新方向——基于叙事的历史教学》，载《天津师范大学学报(基础教育版)》，2024(6)。为了呈现本次项目的探索和思考，故未做调整，特此说明。

流程环节与课堂教师建构历史叙事的流程环节无异。

　　综上所述，以课堂教师建构历史叙事的流程模型为基本型，制定出课堂学生建构历史叙事的流程模型(图 4-2)。在该流程模型中，教学目标是由教师预期设定的，故用虚线长方形框示例，表示隐性环节，与故事最后呈现的显性解释功能一致；"研读史料确认某一历史事件的细节"由课堂教师建构历史叙事"查找史料确认历史事件的真实性和细节"这一流程环节变形而来，用实线菱形框示例，表示课堂学生建构历史叙事的独特设计环节；其他流程环节与课堂教师建构历史叙事的流程环节无异，依旧用实线长方形框示例，表示历史叙事的常规设计环节；实体箭头表示学生在教师指导下按照叙事流程开展活动；虚体箭头表示学生所建构的叙事若没有达到教学目标的话，教师指导学生反思、检视前面的流程环节。

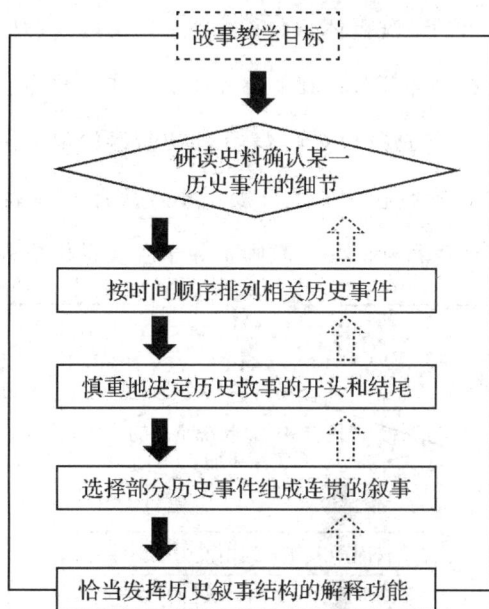

图 4-2　课堂学生建构历史叙事的流程模型

(三)课外学生建构历史叙事的流程模型

　　课外学生建构历史叙事与课堂学生建构历史叙事既有共同点，也有相异处。共同点在于，教师在安排学生进行历史叙事时，已经有了一个教学目标。相异处在于，课外学生建构历史叙事是强调学生自主或者在教师指导下搜集、整理史料，确认相关史料的真实性，而课堂学生建构历史叙事仅需研读教师已备好的史料。当然，课外学生建构历史叙事虽然强调查找史料确认历史事件的真实性和细节，但这与课堂教师建构历史叙事有所不同，教师是独立完成该活动，而学生是在教师指导下完成该活动。课外学生建构历史叙事的其他流程环节与课堂教师建构历史叙事的流程环节相同。当然，在能力维度和呈现效度上有层级的差异，但没有本质的区别。

综上所述，以课堂教师建构历史叙事的流程模型为基本型，制定出课外学生建构历史叙事的流程模型(图 4-3)。在该流程模型中，叙事活动目标是由教师预期设定的，故用虚线长方形框示例，表示隐性环节，与故事最后呈现的显性解释功能一致；"查找史料确认历史事件的真实性和细节"是在教师指导下完成的，与课堂教师建构历史叙事的该流程环节有所区别，用实线菱形框示例，表示课外学生建构历史叙事的独特设计环节；其他流程环节与课堂教师建构历史叙事的流程环节无异，依旧用实线长方形框示例，表示历史叙事的常规设计环节；实体箭头表示学生在教师指导下按照叙事流程开展活动；虚体箭头表示学生所建构的叙事，若没有达到叙事活动目标的话，教师指导学生反思、检视前面的流程环节。

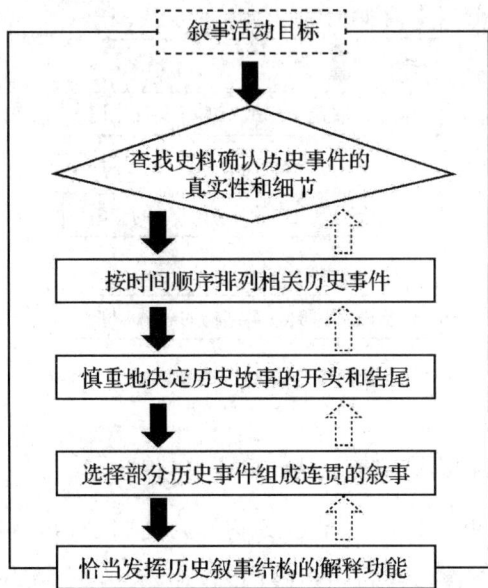

图 4-3　课外学生建构历史叙事的流程模型

两种学生建构历史叙事的类型改变了传统教学论所定义的教学流程，让教师与学生的角色不再对立，使叙事与探究有机协调，使历史知识从静置的、等待学生直接将其拿走，转变为基于学生前理解建构而成。因此，学生对历史的认识将会呈现出不同的面向，而非纯粹简单的复刻。

按照历史解释核心素养的表述，"所有历史叙述本质上都是对历史的解释，即便是对基本事实的陈述也包含了陈述者的主观认识"。既然如此，学生对历史的解释必然走向多元。但同时应关注的是，多元不等于虚无，而是基于学生的自我认知，建构历史解释，"通过对史料的搜集、整理和辨析，辩证、客观地描述历史，揭示历史表象背后的深层因果关系，才能不断接近历史真实"。[①] 学生建构历史叙事的流程，让建构主义学习空间得以释放，在这个过程中学生理解历史而不是接受教师的权威解释，学生完成意义建构而不是教师灌输既定知识。

在学生建构历史叙事的流程中，我们看到教师角色并没有淡化，相反，整个学生建构历史叙事的流程，其实是一个师生交往、对话的过程，也是一个交互影响的过程。所以，这要求教师创造"推动学生学习过程、认识过程的原动力"，进而"活跃学生的思维，促进知识掌握，选择出与儿童感知相应中容易理解的、最简单、典型的事物与现象，直观地提供出来"。[②]

不论是学生建构历史叙事还是教师建构历史叙事，其流程模型都离不开相应的要素作辅助，即基于史料的情境与问题（创设学习环境），基于史料假设与探究（积极协作参与），对于历史问题的证明与反驳（多角度和有挑战性的对话），立足历史理解与解释（对知识意义建构）。[③] 基于叙事的历史教学是在适宜的学习环境下，基于一定的史料与活动建构相关叙事，以此来培养学生分析问题、解决问题的能力与思维，整合新旧知识，让学生成为历史知识的拥有者，并能够将知识、能力、素养等迁移到新问题的解决之中。

---

① 中华人民共和国教育部制定：《义务教育历史课程标准（2022 年版）》，5 页，北京，北京师范大学出版社，2022。

② ［日］佐藤正夫：《教学原理》，钟启泉译，246 页，北京，教育科学出版社，2001。

③ 赵亚夫：《中学历史教育学》，199～200 页，北京，北京师范大学出版社，2019。

【本章小结】

本章着眼于基于叙事的历史教学的流程模型的基本要素和类型。课堂教师建构历史叙事的流程模型共计五步，第一步查找史料确认历史事件的真实性和细节，第二步按时间顺序排列相关历史事件，第三步慎重地决定历史故事的开头和结尾，第四步选择部分历史事件组成连贯的叙事，第五步恰当发挥历史叙事结构的解释功能。课堂学生建构历史叙事以此为基本型，但无须像教师那般查找史料确认历史事件的真实性和细节，只需要研读史料确认某一历史事件的细节，至于其余流程环节与课堂教师建构历史叙事的流程环节无异。课外学生建构历史叙事像史学家一样"做历史"，其流程环节基本与课堂教师建构历史叙事的流程环节一致。

第五章　课堂教师建构历史叙事的实施策略

【本章提要】

课堂教师建构历史叙事的实施策略受历史课程标准、教学内容、学情等影响，其产生与改进流程环节密切相关。

一般而言，课堂教师建构历史叙事的某一个流程环节可能会延伸出多个实施策略，多个实施策略也可能指向流程环节中的某一个。例如"查找史料确认历史事件的真实性和细节"这一流程环节，包含了史料，也蕴含了故事的角色，同时也呈现了某些故事情节。我们认为，课堂教师建构历史叙事的实施策略需考虑叙事的底本是否准确、叙事的主题是否清晰、叙事的人物如何取舍、叙事的结构怎样设计、叙事的情节如何铺陈、叙事的意义怎样挖掘、叙事如何重构。

据此，课堂教师建构历史叙事的实施策略大致有底本的确定·考证故事来源、主题的设定·聚合故事素材、人物的取舍·安排故事角色、结构的设计·把握故事逻辑、情节的铺陈·呈现故事面向、意义的挖掘·理解故事内涵、版本的整合·重构故事七种。当然，根据教学实际情况，实施策略可能做出相应的调整。

67

课堂教师建构历史叙事的流程模型与实施策略的关系原理可参见图 5-1。

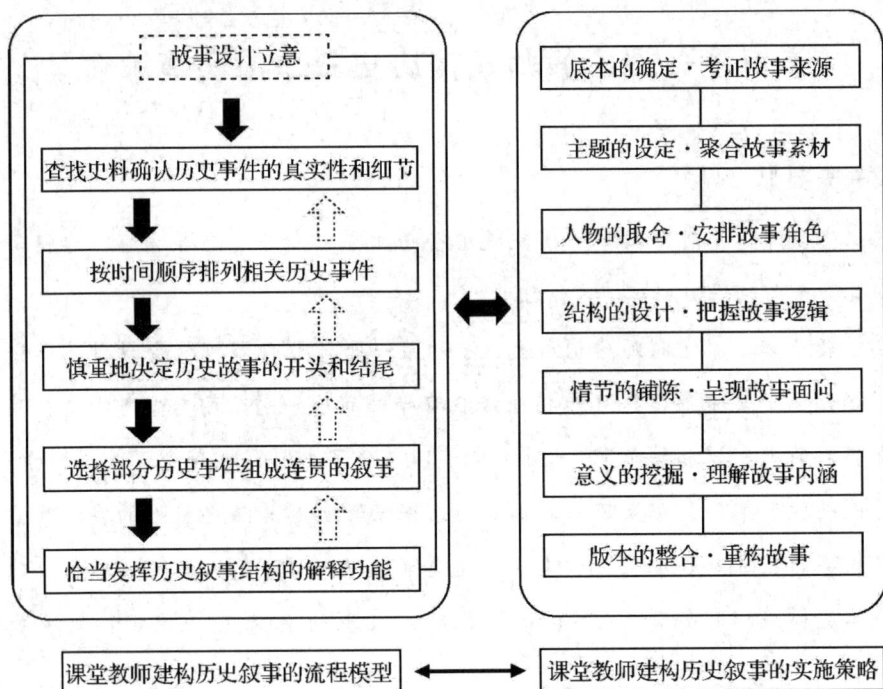

图 5-1　课堂教师建构历史叙事的流程模型与实施策略的关系原理

一、底本的确定·考证故事来源

史学有科学的特征，突出表现之一就是实证性，即尊重史实，靠证据说话，论从史出、史由证来。考证是史学研究的基本功，其目的在于通过考察、证明，获得相对可靠的底本，以建构史实。考证的范围包括对史料的整理、鉴别、审查、编订、评估等工作。当然，中学历史教学与高校史学研究毕竟不是一回事，高校史学研究面向的对象是史料，而中学历史教学面向的对象是学生，自然在对史料考据、史实考证等方面不像高校史学研究那样烦琐，但是原则、理念、方法等是相通的。"长期以来，我们总认为考证（考据）是旧史家的雕虫小技，不值一提，总以为深入分析，透彻说理才显得有学问"，这是误解也是无知，可以说，考证是中学历史教师"必须具有的基本功"。① 换言之，基于叙事的历史教学要求教师考证故事来源，是为了确定可信的故事，这背后隐藏的是强烈的证据意识。一旦历史故事未经考证，没有可靠的史料作为底色，贸然拿来进行叙事教学，将违背历史求真的底线、架空史料实证核心素养的培养，教学的有效性将荡然无存。

　　基于叙事的历史教学强调考证故事来源，通俗讲就是查询一手史料、通读原文上下文，即着眼于判断历史故事的真伪、理解历史故事的时序、分析历史故事的语境这三个路径，从而确定一个较为真实、可靠的故事底本。这一实施策略是后面所有实施策略的基石。

(一)判断历史故事的真伪

　　历史故事与文学虚构故事的不同，"首先在于其内容，而非其形式"，即历史故事的内容必须是"实际发生的事件"。② 所以，判断历史故事真伪情况、考证历史故事来源情况是第一要义。

　　短小精悍、生动曲折的冯婉贞抗英故事，让多少学生听得津津有味、热血沸腾。于是，多少历史教师便班班讲、年年讲："英法联军打到北京并抢掠焚毁圆明园后，继续作恶。侵略者的暴行激起了中国人民的愤怒，圆明园附近谢庄的村民决心狠狠地教训一下'洋鬼子'。全村猎手在年青姑娘冯婉贞的率领下，采取诱敌深入、短兵相接的战术，把配备洋枪的英军打得落花流水。"③然而，考证该历史故事来源，它最早出现于 1915 年 3 月 19 日《申报》的《爱国丛谈》专栏所刊登的陆士谔《冯婉贞》一文。该文为一篇小说，冯婉贞只是小说虚构的人物，并不是一个真实的历史人物。④ 同样，关于李自成起义的故事，有教师讲述：政府裁撤驿站而导致他失业，进而他才会投奔农民起义军。倘若查阅该故事来源就会发现并

---

　　① 　冯一下：《史料、史实与历史教学的有效性》，载《中学历史教学参考》，2008(6)。

　　② 　[美]海登·怀特：《形式的内容：叙事话语与历史再现》，董立河译，35 页，北京，文津出版社，2005。

　　③ 　冯一下：《史料、史实与历史教学的有效性》，载《中学历史教学参考》，2008(6)。

　　④ 　杨天石：《晚清史事》，8～10 页，北京，中国人民大学出版社，2007。

非如此。《明史》载："李自成，米脂人，世居怀远堡李继迁寨。父守忠，无子，祷于华山，梦神告曰：'以破军星为若子。'已，生自成。幼牧羊于邑大姓艾氏，及长，充银川驿卒。善骑射，斗很无赖，数犯法。知县晏子宾捕之，将置诸死，脱去为屠。天启末，魏忠贤党乔应甲为陕西巡抚，朱童蒙为延绥巡抚，贪黩不诘盗，盗由是始……（崇祯）四年……自成乃与兄子过往从迎祥，与献忠等合，号闯将，未有名。"①李自成是因"数犯法"而失去驿卒工作的。

以上两个历史故事给我们的警示是：所讲历史故事一定要查阅史料，讲史料证据，判断故事真伪，否则就会有无数个像"冯婉贞抗英"那样的虚构故事在课堂上大行其道。

(二)理解历史故事的时序

时序是事件发生的时间先后顺序，理解一个故事就必须知道其中事件发生的顺序，也只有当把事件按照发生时间先后予以排列时，才能了解故事的原因与影响，历史也才会有趣起来。② 明朝末年朝政混乱，皇室、官宦、地主等肆意兼并土地、疯狂侵占农民田地，导致流民产生，于是教学中不免会借用《流民图》来讲述流民的故事。1516 年初秋七月的一天，苏州画家周臣无事在家闲坐，突然想起平时在街道市井中所看到的流民乞讨者，于是趁着手边纸墨笔砚齐备，将这些情况画了出来。作为名画家的周臣，之所以要画这幅画，在画的题记中有所交代："正德丙子(一五一六年)秋七月，闲窗无事，偶记素见市道丐者往往态度。乘笔砚之便，率尔图写，虽无足观，亦可以助警厉世俗云。东村周臣记。"③这幅画诞生于周臣休闲之时，应该说创作的心态相当轻松，所以它不像周臣其他工整的画作，甚至连名都未命，更别说该画的具体意蕴了。这给后世解读该画故事创造了空间。

到了 1564—1577 年的某个时候，张凤翼为该画撰写了题跋："其饥寒流离疲

---

① （清)张廷玉等撰：《明史》卷三〇九，7948~7950 页，北京，中华书局，1974。

② 何成刚、沈为慧、陈伟壁编著：《国外历史教学案例译介》，2 页，北京，北京师范大学出版社，2013。

③ 胡光华主编：《海外藏中国历代名画》第 6 卷，77 页，长沙，湖南美术出版社，1998。

癃残疾之状种种，其观此而不恻然心伤者，非仁人也。计正德丙子，逆瑾之流毒已数年，而彬宁辈肆虐方炽，意分符□□诸君亦鲜有能抚守其民者。然则舜公（周臣）此作殆与郑君《流民图》同意。其有补于治道不浅，要不可以墨戏忽之也。"①张氏揣摩和推测出该画的时代背景和社会价值，认为它继承了北宋郑侠《流民图》的政治讽喻传统，隐喻正德年间刘瑾、钱宁、江彬等人扰乱朝政而致使民生凋敝的社会景象。

此外，黄姬水也揣摩了该画之意，由该画乞讨者联想到"昏夜乞哀"的乞官者。文嘉则从该画的画技出发，认为张凤翼与黄姬水二人是画外的过度解读。②不过，当今学者基本倾向张氏解读，因为画中有不少乞丐和残疾人，况且周氏的题集已道"敬励世俗"之旨。③

综上所述，用周臣《流民图》讲述流民故事较为恰当，但是用它讲述明朝末年苏州流民遍地，并以此引出明朝末年农民起义就不合时宜了。一是周臣所生活的时代是明朝中期正德年间，并非明朝末年，这违背了故事的时序性；二是周臣所在的苏州，自古便是富庶之地、鱼米之乡，流民自然向着有生的希望处前行，因此流民涌入苏州并不奇怪。

(三)分析历史故事的语境

任何历史故事都是诞生于特定的、具体的时空条件之下的，"叙述应该是一个系统，只有在整体的语境中，部分的叙事才能获得相关的解释，考虑一个孤立

---

①　胡光华主编：《海外藏中国历代名画》第 6 卷，77 页，长沙，湖南美术出版社，1998。

②　黄姬水题跋："吴中东村周君，善丹青，尤长于人物。此图其所见处街市丐者之状种种，各尽其态，观者绝倒。叹乎！今之昏夜乞哀以求富贵者，安得起周君而貌之欤？卧云征君出示，余漫笔其后。甲子岁十月吴门黄姬水。"文嘉跋曰："东村此笔，盖图写饥寒乞丐之态，以警世俗耳。而质山欲其写昏夜乞哀，而灵垆则拟之于安上门图，二君之见，其各有所拟指哉。昔唐六如每见周笔，辄称曰'周先生'，盖深伏其神妙之不可及。若此册者，信非他人可能，而有符于六如之心伏矣，岂易得耶？若黄张之指，则又论于画之外，不在于形似笔墨之间也。茂苑文嘉。万历丁丑十二月三日。"李北山：《宣纸上的中国》，202、204 页，济南，山东画报出版社，2018。

③　北京画院编：《吮毫描来影欲飞：明清写意人物画的象与神》，268 页，桂林，广西师范大学出版社，2019。

的叙述是没有意义的"①。所以，历史故事脱离不了特定的语境。语境包括小语境（文本上下文）和大语境（社会背景等），要确定史实，就必须分析历史故事的语境。1914年陈独秀写信给好友章士钊，季禾子以该信展开历史叙事，希冀既为新文化运动的叙事结构提供线索，也使整个新文化运动的叙事结构更有逻辑性。信件如下：

记者足下：

得手书，知暂缓欧洲之行，从事月刊，此举亦大佳。但不识能否持久耳？国政巨变，视去年今日，不啻相隔五六世纪。政治教育之名词，几耳无闻而目无见。仆本拟闭户读书，以编辑为生。近日书业，销路不及去年十分之一，故已阁〔搁〕笔，静待饿死而已。杂志销行，亦复不佳。人无读书兴趣，且复多所顾忌，故某杂志已有停刊之象。《甲寅杂志》之命运，不知将来何如也？……自国会解散以来，百政俱废，失业者盈天下。又复繁刑苛税，惠及农商。此时全国人民，除官吏兵匪侦探之外，无不重足而立。生机断绝，不独党人为然也。国人唯一之希望，外人之分割耳。……仆急欲习世界语，为后日谋生之计。足下能为觅一良教科书否？东京当不乏此种书，用英文解释者益好也。

CC生白②

分析该故事的社会语境：陈独秀是一位热衷辛亥革命的老革命党人，辛亥革命后任安徽都督府秘书长，二次革命失败后流亡上海。几次冲击中心政治舞台的他，在政治活动失意后，"再度陷入边缘和冷落状态"，"由意气风发转变为心灰意冷"，由"政治'兼济'走向修文'独善'"。在这样的状况下，他写信给《甲寅杂

---

① 韩震、孟鸣歧：《历史·理解·意义——历史诠释学》，109页，上海，上海译文出版社，2002。
② 水如编：《陈独秀书信集》，2页，北京，新华出版社，1987。

志》主编章士钊。该故事的文本语境：一是陈独秀度日维艰、穷困潦倒，陷入"生机断绝""静待饿死"的窘境；二是他在"党人"生机断绝后，寄居亚东图书馆"以编辑为生"，编辑一些销路不好的书籍；三是他依然热衷于办杂志这一旧业，并一直寻找转机。① 章士钊收到这封信后，认为这本是一封私人信函，"不应公诸读者"，但是该信寥寥数语"写尽今日社会状态"②，于是给陈独秀回信，并将两份书信均刊登于《甲寅杂志》第一卷第二号。

通过以上对该故事的语境分析可知，它确实是一则适合讲新文化运动背景的故事。若是从史料有意信息与无意信息来看，也是如此。前者是人们有意记载或者保存下来的信息，而后者则是人们无意记载或者留存下来的信息。无意信息常于不经意间呈现出真实的历史，所以，其信息价值不亚于有意信息。当然，史料的无意信息的挖掘离不开敏锐的眼光与细密的心思。③ 例如，竺可桢从记载天人感应的史料中挖掘出了无意信息，用于研究几千年气候的变化。该故事的有意信息在于陈独秀诉说自己的窘境，但无意之间却透露出新文化运动的背景，营造了民国新气象与乱世相这一情节冲突，引导学生思考这一冲突，激发学生学习兴趣。

综上所述，将序列化的历史事件转化成历史叙事，而不被人所诟病为虚构历史或称为自由创造，恰恰在于历史叙事不排除底本。从某种程度而言，历史叙事就是"戴着镣铐跳舞"，即渗透创造性、想象力的历史构图必然受到史实的约束和限制，不能游离于历史实在之外。④

二、主题的设定·聚合故事素材

主题于历史故事而言非常重要，没有主题的故事是难以想象的。之所以强调

---

① 张宝明：《多维视野下的〈新青年〉研究》，7～8页，北京，商务印书馆，2007。

② 水如编：《陈独秀书信集》，3页，北京，新华出版社，1987。

③ 杜维运：《史学方法论》，116页，北京，北京大学出版社，2006。

④ 彭刚：《叙事的转向：当代西方史学理论的考察》，33～36页，北京，北京大学出版社，2017。

主题的设定，在于它能聚合故事素材，将不同的故事素材统摄于彼此之间的意义关系之中，从而使故事素材与更为宏观的主题、要旨发生意义关联，最终指向"这是关于什么的故事"的课题。

中学历史教学通常对"郑和下西洋"会这么讲述：郑和先后七下西洋，历经28年，到过亚非30多个国家和地区，最远到达非洲东海岸和红海沿岸，船队受到各国热烈欢迎，促进了我国和亚非各国的经济交流，加强了我国和亚非各国的友好关系，是世界航海史上的壮举。若是将该故事的主题设定为重商主义浪潮下，我国与亚非国家的和平友好交往，那么该故事的诸多素材，如郑和下西洋所经过的国家、族群等对其的态度都将被纳入其中，形成围绕该主题的聚合态势。

从永乐元年(1403年)至宣德八年(1433年)的30年间，明朝与满剌加使者交往21次，甚至满剌加国王也亲自来朝，明朝也曾调解了它与暹罗的纠纷，并扶持它摆脱暹罗的控制，建立了国家。郑和船队的船只分头出发到各国贸易，最后在满剌加会合，等待5月季风到来再回国，这得益于满剌加让郑和在其国土上建立专门存放货物之处，为郑和船队提供了一个安全环境。基于这样的一个故事，王雅倩设定上述主题后，选择了两则满剌加与郑和下西洋的素材，如下：

> 材料1：中国宝船到彼，则立排栅，城垣设四门更鼓楼，夜则提铃巡警。内又立重栅小城，盖造库藏仓廒，一应钱粮顿放在内。去各国船只俱回到此取齐，打整番货，装载停当，等候南风正顺于五月中旬开洋回还。其国王亦自采办方物，挈其妻子，带领头目，驾船跟随回船赴关进献。①

> 材料2：(满剌加国王)五年九月遣使入贡。明年，郑和使其国，旋入贡。九年，其王率妻子陪臣五百四十余人来朝……帝亲宴之……赐王金绣龙衣二袭、麒麟衣一袭……将归，赐王玉带、仪仗、鞍马，赐妃冠服。濒行，赐宴奉天门，再赐玉带、仪仗、鞍马、黄金百、白金五百、钞四十万贯、钱二千六百贯、锦绮纱罗三百匹、帛千匹……十七年，王率妻子陪臣来朝谢

---

① 万明校注：《明本〈瀛涯胜览〉校注》，38页，广州，广东人民出版社，2018。

恩。及辞归，诉暹罗见侵状。帝为赐敕谕暹罗，暹罗乃奉诏。[1]

在郑和下西洋的故事主题统摄下，聚合的这两则素材所呈现的历史故事为后续教学活动提供了条件。[2] 教师引导学生感受满剌加对郑和船队的欢迎、友好态度以及审视背后的原因；分析出在明朝与满剌加的交往中，明朝用经济利益换取了满剌加的政治臣服，满剌加也获得了经济利益和政治庇护；洞察到这样的朝贡贸易的基础是明朝前期国力强盛；理解到郑和完成如此大规模的船队航行离不开高超的造船与航海技术、对指南针的运用、明成祖的支持、郑和出众的能力等。最后教师引导学生站在满剌加角度评价郑和下西洋，让学生从郑和下西洋与亚非国家、地区的关系以及人类航海事业等方面升华历史意义。

三、人物的取舍·安排故事角色

推动历史故事发展的人物存在主配角之分，所以，历史故事的建构离不开人物角色的取舍、安排。

云梦睡虎地出土了我国迄今发现的最早的两份家书实物（木牍），这是从军到淮阳一带的秦国士兵黑夫、惊写给他们在家里的兄弟的信，其中一封内容如下：

二月辛巳，黑夫、惊敢再拜问中，母毋恙也？黑夫、惊毋恙也。前日黑夫与惊别，今复会矣。黑夫寄益就书曰：遗黑夫钱，母操夏衣来。今书节（即）到，母视安陆丝布贱，可以为禅裙襦者，母必为之，令与钱偕来。其丝布贵，徒〔以〕钱来，黑夫自以布此。黑夫等直佐淮阳，攻反城久，伤未可智（知）也，愿母遗黑夫用勿少。书到皆为报，报必言相家爵来未来，告黑夫其未来状。闻王得苟得毋恙也？辞相家爵不也？书衣之南军毋……不也？为黑

---

① （清）张廷玉等撰：《明史》卷三二五，8416～8417页，北京，中华书局，1974。

② 该课例的详细实验情况，可以参见陈德运、王雅倩、张汉林：《"基于叙事的历史教学"的探索——从"郑和下西洋"故事说开》，载《历史教学（上半月刊）》，2024(11)。

夫、惊多问姑姊、康乐孝须（嫂）故术长姑外内……为黑夫、惊多问东室季须
（嫂）苟得毋恙也？为黑夫、惊多问婴记季事可（何）如？定不定？为黑夫、惊
多问夕阳吕婴、匜里阎诤丈人得毋恙……矣。惊多问新负、婴得毋恙也？新
负勉力视瞻丈人，毋与……勉力也。①

另外一封信记载了黑夫、惊向家里要衣服、布、钱的事，反映了秦兵需要自
备衣服、费用的情况。此外，该信涉及惊谈及借钱不还会出人命的事，"惊敢大
心问衷……用垣柏钱矣，室弗遗，即死矣。急急急"②。

两份家书折射出普通士兵的亲情、军队生活状况、高利贷、军功爵位等。有
课例导入部分选择黑夫、惊及其家人为故事角色，从而讲解商鞅变法，这与一般
选择商鞅、秦孝公等历史大人物为故事角色迥然不同，所呈现的是普通士兵视角
下的商鞅变法。该故事旨在让学生分析黑夫与惊担心的军功爵位是否落实，以及
两兄弟的战场结局，希望学生理解到墓主为黑夫、惊在家的兄弟衷，他之所以将
两份家书带入墓中，说明两份家书对他很重要，很有可能是黑夫、惊拼命换到的
爵位被衷继承了。课例结尾部分又提及商鞅理想的秦民是只有利益不得有亲情和
人性的，但是黑夫、惊的家书却充满了温情、爱意，人性也在时间尺度上展示出
不可抗拒的力量，从而让学生思考是否商鞅变法所确立起来的秦制最终败给了亲
情与人性。③

历史故事从宏大叙事走向微观叙事，在故事角色选定、安排上就要从传统的
伟人、主流人物、男性等，扩展到普通民众，包括女性。例如，1919 年 5 月 19
日，邓春兰给北大校长蔡元培写了一封信："今阅贵校日刊，知先生在贫儿院演说，
仍主张男女平等。然则我辈欲要求于国立大学增女生席，不于此时更待何时……春
兰拟代吾女界要求先生……以为全国女子开一先例。如蒙允准，春兰即负笈来

---

① 《云梦睡虎地秦墓》编写组：《云梦睡虎地秦墓》，25 页，北京，文物出版社，1981。
② 《云梦睡虎地秦墓》编写组：《云梦睡虎地秦墓》，25 页，北京，文物出版社，1981。
③ 陈昂：《历史的回响——"商鞅变法：强国之道的再省思"一课的再省思》，载《中学历
史教学参考》，2017(9)。

京，联络同志，正式呈请。"①1920 年，邓春兰等 9 名女性全部被正式录取。引导学生思考新文化运动在青年觉醒、妇女解放等方面的积极意义，或许以女性邓春兰为故事主角要比以陈独秀、李大钊、鲁迅、蔡元培、胡适等男性作故事主角更有优势。

选择历史角色就是选择一种叙事视角，叙事视角关联故事意义和教学价值。所谓视角，简言之就是，"每个人都有自己的位置，并从这个位置上去看身边的事物，而且每个人将因此而看到不同的事物显相"②。例如，分析安史之乱的原因，从唐朝颜真卿的《论百官论事疏》，到今人刘新华的《宦官干政对安史之乱及唐后期衰落的影响》，皆有不同论述，那么历史教学如何安排安史之乱故事的主角呢？唐玄宗、杨贵妃、李林甫、杨国忠、安禄山等皆有可能。

选择李林甫为故事主角，意在说明他嫉贤妒能、排斥异己，造成安禄山等节度使坐大势力。可能会用到下列史料做故事讲述：

　　　　李林甫为相，凡才望功业出己右及为上所厚、势位将逼己者，必百计去之；尤忌文学之士，或阳与之善，啖以甘言而阴陷之。世谓李林甫"口有蜜，腹有剑"。③

　　　　开元中，张嘉贞、王晙、张说、萧嵩、杜暹皆以节度使入知政事，林甫固位，志欲杜出将入相之源，尝奏曰："文士为将，怯当矢石，不如用寒族、蕃人，蕃人善战有勇，寒族即无党援。"帝以为然，乃用思顺代林甫领使……然而禄山竟为乱阶，由专得大将之任故也。④

---

①　朱有瓛主编：《中国近代学制史料》第 3 辑下册，82 页，上海，华东师范大学出版社，1992。

②　[德]胡塞尔：《纯粹现象学通论：纯粹现象学和现象学哲学的观念(Ⅰ)》，李幼蒸译，39 页，北京，中国人民大学出版社，2004。

③　(宋)司马光编著：《资治通鉴》卷二一五，6853 页，北京，中华书局，1956。

④　(后晋)刘昫等撰：《旧唐书》卷一〇六，3239～3240 页，北京，中华书局，1975。

朱雷雷选择唐玄宗为故事主角，意在表明安史之乱源于唐玄宗自身，如他任人失误，他明知任用李林甫有问题，却依然长久任用。讲述故事时用到天宝三载（744年）唐玄宗对高力士所说的一段话和安史之乱后唐玄宗当着裴士淹对李林甫的一段评价：

> 上从容谓高力士曰："朕不出长安近十年，天下无事，朕欲高居无为，悉以政事委林甫，何如?"对曰："天子巡狩，古之制也。且天下大柄，不可假人；彼威势既成，谁敢复议之者!"上不悦。力士顿首自陈："臣狂疾，发妄言，罪当死。"上乃为力士置酒，左右皆呼万岁。力士自是不敢深言天下事矣。①

> 帝之幸蜀也，给事中裴士淹以辩学得幸。时肃宗在凤翔，每命宰相，辄启闻。及房琯为将，帝曰："此非破贼才也。若姚元崇在，贼不足灭。"至宋璟，曰："彼卖直以取名耳。"因历评十余人，皆当。至林甫，曰："是子妒贤疾能，举无比者。"士淹因曰："陛下诚知之，何任之久邪?"帝默不应。②

按照故事主角的不同取舍与安排，安史之乱就会编织出不同面向的历史故事和做出相应的历史解释。可见，"每个主角都可以使故事成立，又都因为主角的选定不同而材料、立意各不相同"，所以造成叙事视角各不相同，任何一个叙事视角都会折射出某种关系，这种关系进而延伸出相应的教学意义。不过，教师在做出故事角色选择时，"就成为了认识论上的局中人，必须面对艰难抉择——'为何要讲他们的故事'等更深层的问题随之而来"。③

四、结构的设计·把握故事逻辑

历史故事将事件记录在其最初发生的编年框架内，且展现出一个结构或一种

---

① （宋）司马光编著：《资治通鉴》卷二一五，6862～6863页，北京，中华书局，1956。
② （宋）欧阳修、（宋）宋祁撰：《新唐书》卷二二三，6349页，北京，中华书局，1975。
③ 刘波、王傲：《历史教学中讲故事的意义阐释》，载《教育学报》，2022(4)。

意义顺序。一个叙事结构包括恰当的开头、中间、结尾，三部分被合理设计、有逻辑地安排，有助于形成结构良好的叙事。

历史故事的开头设置与叙事者的意图相关联，对整个故事的意义有重要影响。讲改革开放，有课例选择的叙事起点是小岗村农民的行为，有课例选择的叙事起点是党的十一届三中全会的召开，有课例则是将二者结合。显然，三个课例关于改革开放的叙事结构是不同的，其历史解释的意义也完全不同：第一个课例意味着改革开放是从下而上进行的，第二个课例意味着改革开放是自上而下推行的，第三个课例意味着改革开放始于上下共同的推动。① 同样，历史故事的结尾也很重要，它具有"澄清前此故事的各种曲折与晦暗不明之处的思想功效"②，暗含故事的最终归宿和走向，既给故事受众一个目的论解释，又统摄整个故事文本。③ 新文化运动的叙事开头设置为 1915 年基本无争议，但叙事结尾选择哪一年将直接影响到对新文化运动的认识。何一帆设计课例时认为，1919 年，新文化运动大力传播马克思主义思想，同年五四运动爆发，无产阶级登上历史舞台，中国进入新民主主义革命阶段。此外，在五四运动后，宣传马克思主义思想成为主流。据此，"1919 年是新文化运动宣传内容、中国革命阶级、中国革命新形势的重要转折点，所以把它设定为叙事的终点"④。

叙事的开头、中间、结尾的权衡与选择让故事的逻辑性更为周延，由此延伸出的教学意义更易实现。不过，像上述基于标志性历史时间、重要历史转折点时间来确定开头与结尾的叙事结构只是其中一种。此外，还有三种：一是基于确证的历史事件，即按照时间顺序形成叙事结构；二是基于历史事件之间的联系，即按照选择相应的关联事件形成叙事结构；三是基于确定的历史主题，即按照主题

---

① 李敏、陈德运：《历史解释多样性成因续说——以叙事组合方法为中心》，载《中学历史教学》，2021(1)。

② 厦门大学人文学院编：《潮声——厦门大学人文讲演录》，346 页，合肥，黄山书社，2003。

③ 刘波、王傲：《历史教学中讲故事的意义阐释》，载《教育学报》，2022(4)。

④ 何一帆、陈德运：《基于历史叙事的新文化运动教学实践》，载《中学历史教学》，2022(2)。

聚焦相关的历史事件形成叙事结构。①

　　基于确证的历史事件，以时间顺序形成叙事结构是比较常见的，因为这是按照史实发展本身的逻辑来确定叙事结构的。试举一例，讲宋明理学时，陆九渊对朱熹探究真理的烦琐方式表示不满，于是与朱熹格物致知的方法产生分歧。教学中通常会利用鹅湖之会的故事来呈现朱熹与陆九渊的思想差异，于是叙事结构见图5-2，开头为朱陆二人思想存在差异，结尾为鹅湖之会，二人互不服气。

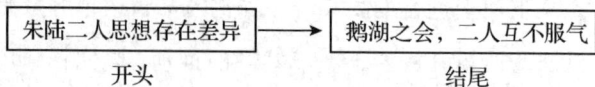

朱陆二人思想存在差异 ⟶ 鹅湖之会，二人互不服气
　　　　开头　　　　　　　　　　　　　　结尾

图 5-2　宋明理学叙事结构 1

然而，在鹅湖之会后，二人还有一场南康之会，具体情况如下：

　　　　淳熙八年辛丑，先生四十三岁，春二月，访朱元晦于南康。

　　　　时元晦为南康守，与先生泛舟乐，曰："自有宇宙以来，已有此溪山，还有此佳客否？"乃请先生登白鹿洞书院讲席，先生讲"君子喻于义，小人喻于利"一章毕，乃离席言曰："熹当与诸生共守，以无忘陆先生之训。"再三云："熹在此不曾说到这里，负愧何言。"乃复请先生书其说，先生书讲义。寻以讲义刻于石。先生云："讲义述于当时发明精神不尽。当时说得来痛快，至有流涕者，元晦深感动，天气微冷，而汗出挥扇。"元晦又与杨道夫云："曾见陆子静义利之说否？"曰："未也。"曰："这是子静来南康，熹请说书，却说得这义利分明，是说得好。如云：'今人只读书便是利，如取解后，又要得官，得官后，又要改官。自少至老，自顶至踵，无非为利。'说得来痛快，至有流涕者。"②

_____

　　①　熊巧艺、刘波：《核心素养背景下历史故事的设计与呈现》，载《教学与管理》，2022（13）。

　　②　《陆九渊集》卷三六，492～493页，北京，中华书局，1980。

倘若将南康之会按照事件发生顺序加入该叙事结构(图 5-3),那么故事则为:朱陆二人思想存在差异(开头);鹅湖之会,二人互不服气(中间);南康之会,二人和而不同(结尾)。这一叙事的教学意义与前一叙事的教学意义迥然不同,其原因就在于叙事结构的变化。

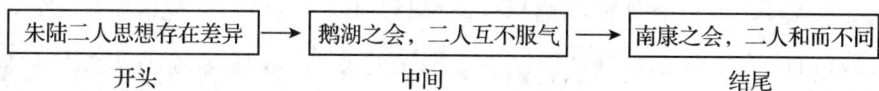

朱陆二人思想存在差异	→	鹅湖之会,二人互不服气	→	南康之会,二人和而不同
开头		中间		结尾

图 5-3　宋明理学叙事结构 2

基于历史事件之间的联系,选择相应的关联事件形成叙事结构,这是以叙事者的叙事逻辑来确定叙事结构的。试举一例,王雅倩设计"贞观之治"时①,将叙事的开头设定为唐太宗深知老百姓如水,其能载舟,亦能覆舟。接着故事情节就是,唐太宗想当明君、魏徵想做良臣,故事底本如下:

> 上问魏徵曰:"人主何为而明,何为而暗?"对曰:"兼听则明,偏信则暗。昔尧清问下民,故有苗之恶得以上闻;舜明四目,达四聪,故共、鲧、欢兜不能蔽也。秦二世偏信赵高,以成望夷之祸;梁武帝偏信朱异,以取台城之辱;隋炀帝偏信虞世基,以致彭城阁之变。是故人君兼听广纳,则贵臣不得拥蔽,而下情得以上通也。"上曰:"善!"②
>
> 徵再拜曰:"愿陛下使臣为良臣,勿使臣为忠臣。"帝曰:"忠、良有异乎?"徵曰:"良臣,稷、契、咎陶是也。忠臣,龙逢、比干是也。良臣使身获美名,君受显号,子孙传世,福禄无疆。忠臣身受诛夷,君陷大恶,家国并丧,空有其名。以此而言,相去远矣。"帝深纳其言,赐绢五百匹。③

---

① 该课例设计的思路,可参见陈德运、王雅倩、骆孝元:《论夯实核心素养的新方向——基于叙事的历史教学》,载《天津师范大学学报(基础教育版)》,2024(6)。
② (宋)司马光编著:《资治通鉴》卷一九二,6047 页,北京,中华书局,1956。
③ (后晋)刘昫等撰:《旧唐书》卷七一,2547～2548 页,北京,中华书局,1975。

该课例将两段史料做了情节铺陈，改为君臣之间的两个对话，以此作为叙事中间的发展部分。对话一，唐太宗问魏徵"什么是明君"，魏徵答道"兼听则明，偏信则暗"。对话二，魏徵向唐太宗说"愿陛下使臣为良臣，勿使臣为忠臣"，唐太宗反问道："忠、良有异乎？"魏徵答道："良臣使身获美名，君受显号，子孙传世，福禄无疆。"叙事中间的高潮部分为贞观年间的制度革新，包括完善三省六部制、减轻刑罚、设羁縻府州，以及唐太宗知人善任、从谏如流、以民为本等措施。叙事结尾则为明君、良臣治世局面的形成——"贞观之治"（图5-4）。

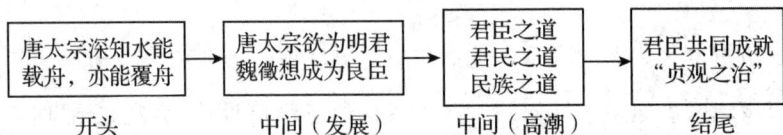

图 5-4　"贞观之治"叙事结构

　　基于确定的历史主题，以主题聚焦相关的历史事件形成叙事结构，这是按照教师的教学逻辑来确定叙事结构的。[①] 试举一例，《中外历史纲要（上）》第2课"列国纷争与华夏认同"这一子目不可避免要讲"楚王问鼎"的故事，这就有了两种不同的叙事主题。若是将叙事主题定为"列国纷争"，那么就会聚焦诸侯争霸、周王室衰微、礼崩乐坏等相关事件。若是将叙事主题定为"华夏认同"，就会聚焦这些相关事件：楚国先祖想加入华夏文化圈、摆脱蛮夷的形象，没有成功后愤然自立；此后楚国君王一直未脱离这一念想，鼎作为华夏的文化象征，于是在楚庄王时期出现问鼎之事；后世楚灵王、楚顷襄王等时期，楚国已经与中原在政治观念上趋向一致了。显然，两个叙事主题所呈现的逻辑结构、聚焦的事件有所差异（表5-1）。[②] 由此，两个不同结构的叙事自然所产生的教学意义大为不同，学生对子目"列国纷争与华夏认同"的理解也有所差异。

[①]　熊巧艺、刘波：《核心素养背景下历史故事的设计与呈现》，载《教学与管理》，2022（13）。

[②]　刘波、王傲：《历史教学中讲故事的意义阐释》，载《教育学报》，2022（4）。

表 5-1　"楚王问鼎"的两种叙事结构

结构	其一	其二
开头	楚庄王伐陆浑之戎	楚武王"请王室尊吾号"未果，愤而自立
中间	楚庄王问鼎之大小轻重	楚庄王问鼎之大小轻重
结尾	楚王乃归	楚灵王"求鼎以为分"、楚顷襄王欲图周之宝器

杰姆逊曾总结道："从某种意义上说，故事开始时是为了解决一对 X 与 Y 的矛盾，但却由此派生引发出大量新的逻辑可能性，而当所有的可能性都出现了以后，便有了封闭的感觉，故事也就完了。"①他强调两点：一是故事开头呈现矛盾或冲突，二是故事以矛盾的解决作为结束。当然，矛盾的解决未必是真解决，也可以是可能的解决，但基于矛盾的展示以及提供解决的线索，可让学生去补充或想象某种可能的结局。为何强调历史故事的矛盾与冲突呢？这是源于历史人物身上集中了当时社会的诸多问题，故事正是要揭示他们面对这些问题的态度。所以，叙事突出表现社会历史中的矛盾性、冲突性因素，最主要就是人的思想意识与社会基础之间、人与人之间的矛盾与冲突。故事结构由开头、中间与结尾决定，它从一开始就对矛盾、冲突予以展示，而矛盾、冲突又加速导致故事剧情发生变化，故事剧情在变化中呈现出故事的逻辑走向。

五、情节的铺陈·呈现故事面向

历史叙事是一种对过往历史的再创造，并以语言结构的形式表现出开头、中间、结尾。既然叙事以语言学存在体的形式表现出来，就说明它与生俱来就涉及故事情节的铺陈。故事情节铺陈与文学叙事理论密切相关，但"也在经受着更为缜密的审视"②。引申说，情节一方面受到史料的制约；另一方面也渗透着叙事者的主观因素，包括立场、情感、观念等。

---

①　[美]杰姆逊讲演：《后现代主义与文化理论》，唐小兵译，108 页，北京，北京大学出版社，1997。

②　[美]罗伯特·斯科尔斯、[美]詹姆斯·费伦、[美]罗伯特·凯洛格：《叙事的本质》，于雷译，299 页，南京，南京大学出版社，2015。

历史故事在被叙述出来后就能"使得故事成为故事"，只有当叙事"同时处理被叙述的世界（内容）和呈现这一世界的方式（形式）时"，叙事"才对文本阐释有实用性"。①

孔子"仁"的思想是教学重难点内容，如何讲清楚呢？《论语》中有几则关于孔子"仁"的史料，如下：

颜渊死。子曰："噫！天丧予！天丧予！"

颜渊死，颜路请子之车以为之椁。子曰："……鲤也死，有棺而无椁。吾不徒行以为之椁。以吾从大夫之后，不可徒行也。"

厩焚。子退朝，曰："伤人乎？"不问马。

（樊迟）问仁。曰："仁者先难而后获，可谓仁矣。"

（子贡问仁）子曰："……夫仁者，己欲立而立人，己欲达而达人。"

仲弓问仁。子曰："……己所不欲，勿施于人。"②

孔子对"仁"的看法这一故事由一些故事情节组成，包括颜路请椁、马厩着火、诸生问仁等。若是把这一大段史料给中学生来做探究或者研习，可能达不到应有的教学效果。若是将这些故事情节串起来，叙述成一个完整的历史故事，让故事内容（史料）与呈现形式（情节）融合，故事的实用性、有效性、教学性就将被凸显出来。该故事呈现如下：

情节1：孔子的儿子孔鲤死时，孔子没有卖掉车马来置办椁木，所以孔鲤被葬时是有棺无椁的。

情节2：孔子最得意的学生颜渊病死时，孔子非常悲痛，连呼"天丧予"。

---

① ［比］吕克·赫尔曼、［比］巴特·维瓦克：《叙事分析手册》，徐强主译，徐月、王妙迪参译，9页，北京，中国人民大学出版社，2020。

② 高华平校释：《论语集解校释》，204、203、192、110、116、225页，沈阳，辽海出版社，2007。

情节 3：颜渊的父亲请求孔子卖掉车马为颜渊置办椁木，孔子会____。

教师铺陈完上述故事情节之后，让学生猜测一下孔子会是什么态度。学生推测孔子的态度可能有两种，即同意或者拒绝颜渊父亲的请求。学生推测完后，教师继续铺陈情节，如下：

情节 4：孔子说，我的儿子死时也是有棺无椁，我没有为了他卖掉车马。我当过大夫，是不能徒步外出的。

情节 4 可能会与先前的推测形成对比，学生的认知冲突就会生成。此时，教师要求学生思考孔子拒绝颜渊父亲请求的原因，以及孔子看重车马体现了他什么思想学说，并说出判断的依据。

情节 5：有一天，孔子家的马厩着火了。孔子对车马损失有何态度？

在叙事中，不光有作者和文本，还有读者，三者存在一种动态的关系，在故事生成中具有重要意义。该课例情节 3 与情节 5 的设计，强调学生作为读者在故事意义生成中的作用，着眼文本当中的空白价值，即让学生置身于故事情节营造的情境之下，推测孔子在自己最得意学生去世后，会不会为其置办棺椁，以及推测孔子在重礼思想下对马厩失火的态度会是怎样的。这种教学思路与沃尔夫冈·伊瑟尔的理论不谋而合，"读者先是追随作者的预构（prestructured）文本信号，但随后又会不可避免地遭遇到那些信号当中的空白""不同的读者会以不同的方式加以填充，从而为叙事文本潜在意义的实现提供了不同的具体可能"①。学生追随教师所铺陈的预构文本信号——故事情节，一直按照故事发展方向走下去，突

① ［美］罗伯特·斯科尔斯、［美］詹姆斯·费伦、［美］罗伯特·凯洛格：《叙事的本质》，于雷译，312 页，南京，南京大学出版社，2015。

然教师打破常规教学方式，在学生最想看到的结局之处有意遗缺故事情节，让学生依据故事进展做出推测。

情节 6：孔子非常关心有没有人受伤，而对车马损失却没有提及。

故事发展到第 6 个情节时，故事设计思路一直遵循着梅尔·斯滕伯格的三种叙事关注理论①，即利用故事情节来制造故事"悬念"，让学生对尚待讲述的故事情节保持关注，驱动学生探究孔子的态度；利用故事情节来勾起学生对故事的"好奇"，让学生对已述故事情节中的空白保持关注，思考究竟是什么原因让孔子有这些不同的态度；利用故事情节来引起学生的"惊讶"，让学生通过意外方式对故事情节空白加以填充，认识到孔子"仁"的思想。所以，在情节 6 出示后，教师要求学生思考三个问题：首先，救人本属常识，但《论语》视它为一个有特殊意义的事件，这与当时的时代环境有何关系；其次，探求孔子"问人不问马"背后说明了什么，体现了哪种思想学说，以及判断依据；最后，比较孔子两个行为，探寻导致孔子做出不同行为的原因。

情节 7：樊迟、子贡、仲弓三人都曾问孔子，何为仁，他有三种回答，分别为"先难而后获""己欲立而立人，己欲达而达人""己所不欲，勿施于人"。

学生通过故事情节 1～6，基本上理解了爱徒颜渊去世，孔子没有卖掉车马为其买椁，说明孔子重礼，但礼与仁相比，孔子"问人不问马"，又体现了仁是孔子思想的核心。至于什么是仁？根据孔子对弟子的回答学生基本上就能够理解了。

上述故事情节的铺陈基本来源于既有史料的信息，但支撑叙事的史料并非都这样完美，尤其受到"微言大义"的书写方式，以及"为尊者讳"的传统、专注宏大

---

① ［美］罗伯特·斯科尔斯、［美］詹姆斯·费伦、［美］罗伯特·凯洛格：《叙事的本质》，于雷译，312 页，南京，南京大学出版社，2015。

叙事等因素影响，史料呈现的情节、细节"往往有一段，无一段，又有一段"①。当叙事者将碎片化的镜片拼凑成一个相对完整的历史镜面时，就会遇到史料与史料之间出现间隙与空白的情况，历史故事无以建构相对完整的情节就会让叙事者的主观性更为突出，这让叙事者在情节铺陈上拥有了巨大的叙事空间。当然，叙事者对史料之间呈现的故事裂痕予以修缮，就需运用恰当的逻辑和借助合理的想象，即在故事情节铺陈上用想象情节 B 联结事件 A 和 C 的空隙，以此形成一个融贯的叙事。

例如《再造"病人"——中西医冲突下的空间政治（1832—1985）》，作者为了描述兰安生博士建立公共卫生试验区的情景，使用叙事场景化手法，虚构了情节 B（他到了北京坐着车沿着"内一区"的线路走了一圈，沿途看到当时的情况）、事件 A（"内一区"作为历史地理位置真实存在，沿途看到的情况也是真实的）、事件 C（兰安生将"内一区"纳入公共卫生试验区），由此两个事件得以衔接和相互印证。铺陈故事情节，不可避免有人为的主观再创造。"即使叙事几乎是将由文本唤起的那一现实中的人物所言逐字逐句地显示出来，叙事重现也不可能与'真实'对话完全重叠。像'他说'这样的短语就已经标志着叙述者的干预。"②更甚者，叙事者将自己置于相关场景与读者之间，如史景迁的《中国皇帝：康熙自画像》就以第一人称展开叙事，突破第三人称的叙事传统，将康熙自己作为叙事者来讲述自己的事。

客观历史具有实在性，不以人的意志为转移，但是在叙事框架下的客观历史就"不再是纯客观的东西"，"而是成为叙述者展示主体意识的材料，并与主体意识有机地构成人所理解的历史"。③ 可见，"历史的叙述运载着一定的虚构，只要

———————————

① 曹伯言整理：《胡适日记全编 3（1919—1922）》，431 页，合肥，安徽教育出版社，2001。

② ［比］吕克·赫尔曼、［比］巴特·维瓦克：《叙事分析手册》，徐强主译，徐月、王妙迪参译，16 页，北京，中国人民大学出版社，2020。

③ 王学典主编：《史学引论》，207 页，北京，北京大学出版社，2008。

它所描述的是一个已经泯灭的真实，一个必须使之具有形态的踪迹"①。据此，铺陈故事情节可能涉及想象事件的构造，但这只是一个弥合断裂时空的手段，并不意味着故事就能天马行空，故事必须"建立在个人的生命体验，以及对人性、事理的感悟之上"并"依据已掌握的史料而建构的合理想象"。②

六、意义的挖掘·理解故事内涵

虽然海登·怀特等人认为，故事情节的铺陈会造成语言并非一个透明清晰可见的表达介体，造成叙事的言辞结构"具有无可回避的诗性特质"，但它"从来没有否认过历史事实的客观存在"以及"人们获取历史知识的可能性"。③ 这意味着叙事的意义可以被挖掘、故事的内涵能够被理解。在基于叙事的历史教学中，我们需要将故事言辞结构中涵盖的历史事件、隐含的诸多事实，"以及故事中体现的人物观念、故事之外讲者叙事意图"④等挖掘出来，让学生理解历史、解释历史、建构历史。从某种意义而言，对故事意义的挖掘就是在解构一个故事。

当然，叙事呈现不同的面向就是不同的叙事结构，按照结构主义的第一原则就是"意义的创造是有章可循的活动"⑤。这表明叙事有某些准则和管理，其意义是有方法挖掘的。叙事大致由三部分构成，一是"讲的是什么"，二是"为何这样讲"，三是"怎样理解它"。第一部分指向故事内容、故事结构、故事主题、故事情节等，第二部分指向故事时空背景、历史语境等，第三部分指向故事背后传达的意图，由此形成一个分析故事文本的框架(表5-2)。

---

① ［法］蒙甘：《从文本到行动——保尔·利科传》，刘自强译，111页，北京，北京大学出版社，1999。

② 刘波、王傲：《历史教学中讲故事的意义阐释》，载《教育学报》，2022(4)。

③ 彭刚：《叙事的转向：当代西方史学理论的考察》，32页，北京，北京大学出版社，2017。

④ 刘波、王傲：《历史教学中讲故事的意义阐释》，载《教育学报》，2022(4)。

⑤ ［美］罗伯特·斯科尔斯、［美］詹姆斯·费伦、［美］罗伯特·凯洛格：《叙事的本质》，于雷译，300页，南京，南京大学出版社，2015。

表 5-2　分析故事文本的框架

历史故事讲的是什么	通过开头和结尾看其解释架构。
	通过史实的选择与组合看其倾向。
	挖掘情节中隐性的因果关系。
历史故事为何这样讲	分析历史故事创作的时间及背景。
	分析叙述者的立场、态度、文化背景、目的。
我们怎样理解这个故事	批判地看待历史故事传达的意图。

　　叙事分析旨在说明"阐释者在重构经过叙事编码的故事世界时所采取的方法"，故事世界即"接受者在试图理解一则叙事之际所运用的各种思维模型"，他们关注的是"谁对谁或与谁做了什么，何时何地，以及为什么，又是以何种方式"。[①] 不过，作为故事底本的史料并不是对史实的清晰反映，故事本身又是一种言辞结构，也并非透明的介体，所以，我们需要利用问题追踪故事世界，将分析故事文本的框架细化成指南，便于故事意义的挖掘(表 5-3)。

表 5-3　分析故事文本的指南

分析故事文本的框架		分析故事文本的问题参考
历史故事讲的是什么	通过开头和结尾看其解释架构	该故事是如何发生的？怎样结束的？ 该故事的结构是如何划分的？为何如此划分？ 该故事是基于什么叙事模式的？ 该故事的结构是如何影响故事的解释功能的？ 你认为哪一种故事结构最有说服力？为何？ 该故事的结构安排是否有意义？如果有/没有，为什么？ 减少/增加某事件对故事结构有哪些影响？ 减少/增加某事件会对该故事的解释产生哪些影响？ 哪些事件决定了该故事结构不同于其他故事？ 该故事结构中，有没有遗漏某一事件？它对故事解释会产生怎样的影响？

---

　　① ［美］罗伯特·斯科尔斯、［美］詹姆斯·费伦、［美］罗伯特·凯洛格：《叙事的本质》，于雷译，305 页，南京，南京大学出版社，2015。

分析故事文本的框架		分析故事文本的问题参考
历史故事讲的是什么	通过史实的选择与组合看其倾向	该故事囊括了哪些事件？ 这些事件对该故事起到什么样的作用？ 重新排列这些事件会对故事产生怎样的影响？ 该故事表现出了怎样的倾向？ 该故事选择的事件真实性如何？ 叙述者遗漏了哪些重要事件？ 故事如何体现叙述者预设的目的？ 该故事与其他故事之间是否存在冲突？
	挖掘情节中隐性的因果关系	该故事隐含了哪些因果关系？ 该故事是如何呈现因果关系的？ 为何该故事呈现的因果关系合理/不合理？ 触发该故事发生的原因是什么？ 哪些长期存在的因素为该故事的发生创造了可能？ 哪些相关因素提高了该故事发生的可能性？ 该故事造成的直接后果是什么？受到直接影响的有哪些人群？ 该故事还有哪些深远影响？哪些人群牵涉其中？ 描述故事的不同影响，评判它对不同对象的影响。 史学家对于该故事的起因的解释是否有所不同？这些差异存在原因是什么？
历史故事为何这样讲	分析历史故事创作的时间及背景	该故事创作于何时、何地？ 在创作该故事前，作者经历了什么？受到哪些社会因素的影响？ 该故事诞生的社会历史语境是怎样的？ 社会历史语境可以帮助理解该故事的哪些方面？ 为何存在与该故事观点相反的故事？ 还有哪些故事能够帮助认识该故事中的人物？ 该故事中某人的决策的历史背景是什么？ 为什么故事中的人物会采取这样的行动方式？ 该故事中的人物是如何应对当时的历史背景的？为何会这样做？

续表

分析故事文本的框架		分析故事文本的问题参考
历史故事为何这样讲	分析叙述者的立场、态度、文化背景、目的	该故事的叙述者是谁？是何身份？ 该故事蕴含了叙述者怎样的立场、态度？ 该故事是叙述者的立场，还是某一群体的立场？ 叙述者是主动还是被动讲述该故事的？其目的是什么？ 该叙述者的观点是否可信，为什么？ 该故事与其他故事是否存在冲突或差异？ 对同一历史事件，是否有不同的故事版本？有的话，解释出现差异的原因。 该故事是否存在偏见与批判？ 该故事背后蕴藏着怎样的价值观念/伦理问题/潜在信念？
我们怎样理解这个故事	批判地看待历史故事传达的意图	故事叙述者用了怎样的言辞说服读者？ 叙述者是如何使用特定词语的？ 叙述者含有哪些明确/隐性的道德判断？ 叙述者对某人物的情感如何？为何是该情感？能说明什么？ 该故事对所涉及的人物的意义是什么？ 该故事对当时人的意义是什么？放到今天有何意义？ 你对故事的理解与当时人会一致吗？为什么？ 该故事选择所论人物的依据是什么？ 该故事是某人物的有意/无意证据、直接/间接证据？价值如何？ 该故事的哪些部分不符合史实，推测这能够说明哪些问题？ 综合各种故事版本，对该人物有何新看法？ 还能从该故事中解读出哪些其他信息？

　　叙事分析若不与故事的内容结合，就没有任何价值。所以，分析故事文本的指南只是一个教学参考，不具有硬性规定，叙事教学在实际活动中以它为基本型，随着故事内容的分析与挖掘需要做一些调整。

　　李百栋讲"贞观之治"时引用了唐太宗吃蝗虫的故事，希冀通过对该故事的研习，让学生挖掘它背后的故事内涵，理解唐太宗吃蝗虫的举动背后蕴藏的思想，思考在该思想指导下唐太宗采取了哪些治国措施及其效果如何，探究"蝗不复为灾"是否真实，洞察将唐太宗吃蝗虫之事与蝗虫不再为灾联系起来有何用意等。故事如下：

> 贞观二年，京师旱，蝗虫大起。太宗入苑视禾，见蝗虫掇数枚而咒曰："人以谷为命，而汝食之，是害于百姓。百姓有过，在予一人，尔其有灵，但当食我，无害百姓。"将吞之，左右遽谏曰："恐成疾，不可。"太宗曰："所冀移灾朕躬，何疾之避！"遂吞之。自是蝗不复为灾。①

在古代，在对待蝗灾问题上存在天人感应的唯心思想，认为官员贪酷暴虐、执法不公就会导致蝗灾，仁爱百姓就不会有蝗灾。例如，东汉戴封"迁西华令。时汝、颍有蝗灾，独不入西华界。时督邮行县，蝗忽大至，督邮其日即去，蝗亦顿除，一境奇之"②。所以，蝗灾是上天对官员品格、道德的示警，蝗灾是人力不能消除的，唯有提升自我修养、完善自我品质才是防止蝗灾发生的最佳方法。一旦有蝗灾出现，首先想的是祷告上天、自我忏悔而不是捕捉蝗虫。"长史范洪胄有田一顷，将秋遇蝗，修躬至田所，深自咎责。功曹史琅邪王廉劝修捕之，修曰：'此由刺史无德所致，捕之何补。'"③"穆乃设坛谢曰：'百姓有过，罪穆之由，请以身祷。'于是暴雨，既霁而螟虫自销。"④所以，出现唐太宗在蝗灾之年去查看灾情，并愿意以身代民受灾吞食蝗虫的故事是受到了天人感应、贪酷致蝗观念的影响。

唐太宗吃蝗虫救百姓，或许是发之于真情，或许是演戏给人看，或许两者兼而有之。叙事包含多层面的交往活动，它包括叙事者试图影响受众者的认知、情感、价值观等。该故事的君臣简洁对话，使一代英主以民为本、忧虑民生的形象跃然纸上。叙事的构思"旨在通过一种独特方式去感染读者的情绪"⑤，故事中

---

① （唐）吴兢撰：《贞观政要集校》卷八，424页，北京，中华书局，2009。
② （宋）范晔撰：《后汉书》卷八一，2684页，北京，中华书局，1965。
③ （唐）李延寿撰：《南史》卷五二，1299页，北京，中华书局，1975。
④ （宋）范晔撰：《后汉书》卷八二，2731页，北京，中华书局，1965。
⑤ ［美］罗伯特·斯科尔斯、［美］詹姆斯·费伦、［美］罗伯特·凯洛格：《叙事的本质》，于雷译，313页，南京，南京大学出版社，2015。

"百姓有过，在予一人，尔其有灵，但当食我，无害百姓"等言语，体现了唐太宗体恤人民百姓、关心民生疾苦的精神。"所冀移灾朕躬，何疾之避！"这会对民众产生怎样的影响？唐太宗愿为百姓承载灾难的勇气和消灭蝗虫的决心，会激励百姓全力以赴灭蝗。当然"自是蝗不复为灾"这句话，是封建史学家的牵强溢美之词，因为蝗灾不会因皇帝吞食一只蝗虫就不再有了，但作为一种愿望，它却表现了人们对唐太宗此举的赞美和肯定。

七、版本的整合·重构故事

历史在发生之时，本是唯一的、可确定的，但是记载它的人受到立场、视角等因素影响，加之后世流传会有增损、删减等情况的发生，一个历史故事可能有两个或多个版本。在史学家威廉·克罗农看来，"历史成为这种彼此竞争的叙事之间的一场无休止的战争景象，不仅令人不安，也破坏了历史事业的基础"。[①]当然，这种担忧似乎是源于他对唯一正确的或最佳的历史解释的诉求。基于叙事的历史教学并不以这样的诉求作为活动目标，因为在多个版本故事争夺优越地位或唯一地位的斗争中，多元的声音、视角将被否定，学生将失去探究叙事的机会，所以这就需直面整合多个版本的历史故事，学生重构他们的历史认识和历史故事。从某种意义而言，该策略就是重构历史故事。

受各种原因的影响，宋朝建立后在重构开国故事时，"出现了相当普遍的伪造与虚构史事现象"[②]。其中"杯酒释兵权"就是典型例证，呈现出由简向详演变的趋势，充斥着夸张、渲染的成分。此事在宋朝的国史、实录等中"皆未有记载，仅见录于宋人笔记"[③]。现存较早记载该故事的是丁谓的《丁晋公谈录》和王曾的《王文正公笔录》。前者记录了赵普请奏罢免禁军统帅石守信和王审琦二人兵权，并与赵匡胤展开君臣对话之事，但仅有"释兵权"而无"杯酒"（设宴款待）之事。后

---

① William Cronon, "A Place for Stories: Nature, History, and Narrative," *Journal of American History*, 1992(4), pp. 1347-1376.

② 李峰：《北宋开国故事：众声喧哗中的造假与虚构》，载《史学月刊》，2015(11)。

③ 顾宏义：《两宋笔记研究》，194 页，郑州，大象出版社，2020。

者记载了赵普屡次奏请罢免禁军统帅兵权，所以赵匡胤设宴款待石守信等人，席间劝他们选一善地而各守外藩，保证赋税足以养老，同时与他们结亲以示无间，诸将顿首称谢。司马光在《涑水记闻》中则记载得更详细，且增加宴会次日诸将称疾请解兵权、赵匡胤准许并以散官就第等故事细节。李焘对前面三个故事文本加以梳理、修正、补充、完善，并将之录入《续资治通鉴长编》。

教材"相关史事"栏目呈现了李焘的故事版本，但较为简略。从课程标准要求、教学内容安排以及史实本身的历史地位等考虑，该故事无疑是一个核心故事。为此，刘梦莹采用"历史故事的多元与变迁"的策略，来探寻"多版本故事如何叙事"，相关设计如下。①

为快速让学生置身于当时的历史时空之中，少不了历史教师的背景讲述。在学生对陈桥驿兵变、黄袍加身故事了解的基础上，教师描述武将出身的赵匡胤为避免五代十国分裂的发生以及杜绝藩镇局面的重现，即位后不久就向赵普询问长治久安的良策。通过这样的历史情景营造，学生后续的故事研习就顺畅多了。需说明的是，故事史料的篇幅长短不一、晦涩易懂交错，实际教学中为让学生读懂和理解故事，在不篡改史料原义的情况下，可以有所改编、整理或做白话处理。此处，为了较完整呈现故事，未做过多处理。

教师先出示李焘《续资治通鉴长编》中所载故事版本及问题设计，如下：

材料1：时石守信、王审琦等皆上故人，各典禁卫。普数言于上，请授以他职，上不许。普乘间即言之，上曰："彼等必不吾叛，卿何忧？"普曰："臣亦不忧其叛也。然熟观数人者，皆非统御才，恐不能制伏其下。苟不能制伏其下，则军伍间万一有作孽者，彼临时亦不得自由耳。"上悟，于是召守信等饮，酒酣，屏左右谓曰："我非尔曹之力，不得至此，念尔曹之德，无有穷尽。然天子亦大艰难，殊不若为节度使之乐，吾终夕未尝敢安枕而卧

---

① 刘梦莹、陈德运：《追求历史故事的意义化——以"杯酒释兵权"为例》，载《中学历史教学》，2021(10)。

也。"守信等皆曰："何故？"上曰："是不难知矣，居此位者，谁不欲为之。"守信等皆顿首曰："陛下何为出此言？今天命已定，谁敢复有异心。"上曰："不然。汝曹虽无异心，其如麾下之人欲富贵者，一旦以黄袍加汝之身，汝虽欲不为，其可得乎？"皆顿首涕泣曰："臣等愚不及此，惟陛下哀矜，指示可生之途。"上曰："人生如白驹之过隙，所为好富贵者，不过欲多积金钱，厚自娱乐，使子孙无贫乏耳。尔曹何不释去兵权，出守大藩，择便好田宅市之，为子孙立永远不可动之业，多置歌儿舞女，日饮酒相欢以终其天年。我且与尔曹约为婚姻，君臣之间，两无猜疑，上下相安，不亦善乎！"皆拜谢曰："陛下念臣等至此，所谓生死而肉骨也。"明日，皆称疾请罢。①

　　问题设计：该史料写于何时？谁推动了"释兵权"的发生？触发"杯酒释兵权"的原因是什么？该史料对"杯酒释兵权"的描述准确吗，为什么？

研习该故事版本一是因为其情节最为完整、细节最为生动，二是因为其可以为后续研习其他故事版本做好准备、打好基础。通过研习，学生从该版本得出：一是赵匡胤在杯酒之间解除了禁军高级将领的兵权；二是赵匡胤充满了仁德与智慧；三是作者李焘是南宋时期人，其记载与宋朝开国之时已相距遥远；四是对该版本是否真实反映了史实，还需进一步确证。故提供丁谓的《丁晋公谈录》中所载故事版本及问题设计，如下：

　　材料2：（赵普）或一日，奏太祖曰："石守信、王审琦皆不可令主兵。"上曰："此二人岂肯作罪过？"赵曰："然此二人必不肯为过。臣熟观其非才，但虑不能制伏于下。既不能制伏于下，其间军伍忽有作孽者，临时不自由耳。"太祖又谓曰："此二人受国家如此擢用，岂负得朕？"赵曰："只如陛下，岂负得世宗？"太祖方悟而从之。②

---

①　（宋）李焘撰：《续资治通鉴长编》卷二，49～50页，北京，中华书局，2004。
②　（宋）潘汝士撰：《丁晋公谈录(外三种)》，22～23页，北京，中华书局，2012。

问题设计：谁推动了"释兵权"的发生？触发"杯酒释兵权"的原因是什么？找出对话中描述赵普、赵匡胤动作的词语。与前一故事版本相比，这一故事版本缺少了什么内容？

根据对第二个故事版本的研习，学生会发现：一是该版本的故事细节稍显粗陋，没有"杯酒"这一戏剧性场面，只有君臣之间的对话；二是解除禁军统领兵权是为防范武将篡夺皇位、维护皇帝一己之私；三是赵普推动了"释兵权"的发生。探究完后，教师出示王曾的《王文正公笔录》中所载故事版本及问题设计，如下：

材料3：太祖创业，在位历年，石守信、王审琦等犹分典禁兵如故。相国赵普屡以为言，上力保庇之。普又密启，请授以他任。于是不得已，召守信等曲宴，道旧相乐，因谕之曰："朕与公等，昔常比肩，义同骨肉，岂有他哉？而言事者进说不已。今莫若自择善地，各守外藩，勿议除替。赋租之入，足以自奉，优游卒岁，不亦乐乎？朕后宫中有诸女，当约婚以示无间。庶几异日无累公等。"守信等咸顿首称谢。①

问题设计：谁推动了"释兵权"的发生，可信度怎样？触发"杯酒释兵权"的原因是什么？对比材料2，对话中描述赵普、赵匡胤动作的词语有何不同？对比材料1、2，赵匡胤的形象有无变化？在这份记载中，赵匡胤的形象有无缺陷？

通过研习第三个版本，学生在与第二个版本比较后发现：一是该版本出现了"杯酒"的场面；二是"释兵权"仍是为了维护皇位；三是使用"上力保庇之""不得已"等词语，说明赵匡胤为赵普所迫，不得已罢黜石守信等人，凸显赵匡胤的仁德；四是赵普有左右皇帝的能力，是否符合事实值得怀疑；五是赵匡胤与石守信等交谈时，与他们讨价还价，并提出补偿，有所损害其形象。此后，教师出示司

① （宋）王曾撰：《王文正公笔录》，16页，北京，中华书局，2017。

马光《涑水记闻》中所载故事版本及问题设计，如下：

　　材料4：太祖既得天下，诛李筠、李重进，召赵普问曰："天下自唐季以来，数十年间，帝王凡易十姓，兵革不息，苍生涂地，其故何也？吾欲息天下之兵，为国家建长久之计，其道何如？"普曰："陛下之言及此，天地人神之福也。唐季以来，战斗不息，国家不安者，其故非他，节镇太重，君弱臣强而已矣。今所以治之，无他奇巧也，惟稍夺其权，制其钱谷，收其精兵，则天下自安矣。"语未毕，上曰："卿勿复言，吾已谕矣。"

　　顷之，上因晚朝，与故人石守信、王审琦等饮酒，酒酣，上屏左右谓曰："我非尔曹之力不得至此，念尔之德无有穷已。然为天子亦大艰难，殊不若为节度使之乐，吾今终夕未尝敢安枕而卧也。"守信等皆曰："何故？"上曰："是不难知之，居此位者，谁不欲为之？"守信等皆惶恐起，顿首曰："陛下何为出此言？今天命已定，谁敢复有异心？"上曰："不然。汝曹虽无心，其如汝麾下之人欲富贵者何！一旦以黄袍加汝之身，汝虽欲不为，不可得也。"皆顿首涕泣曰："臣等愚不及此，唯陛下哀怜，指示以可生之涂。"上曰："人生如白驹之过隙，所谓好富贵者，不过欲多积金银，厚自娱乐，使子孙无贫乏耳。汝曹何不释去兵权，择便好田宅市之，为子孙立永久之业；多置歌儿舞女，日饮酒相欢，以终其天年。君臣之间，两无猜嫌，上下相安，不亦善乎！"皆再拜谢曰："陛下念臣及此，所谓生死而肉骨也。"明日，皆称疾，请解军权。上许之，皆以散官就第，所以慰抚赐赉之甚厚，与结婚姻，更置易制者，使主亲军。①

　　问题设计：该史料的类型是什么？赵普起什么样的作用？触发"杯酒释兵权"的原因是什么？对比材料3，石守信等人的反应又发生了怎样的变化？对比前面三则史料，赵匡胤的形象又有哪些新变化？与材料1相比较，材料4的故事衔接程度如何？

---

① 　（宋）司马光撰：《涑水记闻》卷一，11～12页，北京，中华书局，1989。

学生基于第四个版本，再结合前几个版本的比较，会发现：一是"释兵权"由赵普提出，赵匡胤被动接受；二是"释兵权"是赵匡胤为了国家长治久安，而非为一己之私提出的；三是赵匡胤的形象更为光辉、更为全面；四是赵普只是起参谋作用；五是赵匡胤没有提出王曾所述的交换条件，只是给石守信等人指明出路；六是石守信等人的反应从战战兢兢变为感激不尽；七是在赵匡胤与赵普君臣对话后就引入"杯酒释兵权"，其叙事衔接稍显突兀、逻辑不够顺畅。综上探究，学生得知：材料1的版本以材料4的版本为主，以材料2、3的版本为辅，修订、补充了材料4版本的不足。

实施策略七指向学生如何在多元版本故事之上，建构新的历史故事的问题。前面对四个故事版本的研习活动是第一步，且尤为关键，是后续叙事的基础，所以较详细呈现了相关活动步骤，目的是让学生对不同版本有清晰的认识，丰富对故事的理解。第二步，学生比较分析哪个版本对故事描述得更详细、哪个版本对宋太祖的美化程度更高，目的是让学生梳理故事情节的源与流、延续与变迁的现象，并能尝试判断四个版本的先后顺序。第三步，学生探究同一个故事为何会有不同的记载、出现美化的原因是什么、如何看待宋朝开国的故事等问题，目的是让学生初步体会开国故事的美化涉及王朝的正统、合法形象的塑造。第四步，学生探究美化过的故事有无真实成分、从不同版本中找共同点等问题，目的是让学生基于不同版本所蕴含的冲突、矛盾予以分析、评估，从而建构新的历史解释。虽然不同版本的故事情节有出入、人物形象有差异，但历史人物、对话起因、对话内容等是可以确证的，即在"异中求同"中建构出自己所理解的故事。

【本章小结】

本章着眼于课堂教师建构历史叙事的实施策略，分别为：底本的确定·考证故事来源、主题的设定·聚合故事素材、人物的取舍·安排故事角色、结构的设计·把握故事逻辑、情节的铺陈·呈现故事面向、意义的挖掘·理解故事内涵、版本的整合·重构故事。当然，根据教学实际情况，这些实施策略可能做出精简和微调。我们希冀通过这些实施策略，让历史教师能够熟练掌握叙事技巧。

第六章　课堂学生建构历史叙事的实施策略

【本章提要】

在《义务教育历史课程标准（2022 年版）》中，与历史叙事相关的词语高频率出现。一方面课程标准肯定了教师讲述的必要性，这包括"对具体的历史事件、人物和现象的叙述，对重要历史问题的讲解等"；另一方面，课程标准也提出"在义务教育阶段，要求学生初步学会有理有据地表达自己对历史的看法"，强调"开展以学生为主体的多种多样的教学活动"。①

根据课程标准的要求，就需要"在活动中，学生通过亲身参与，表达自己的观点，交流不同的看法，吸纳合理的意见，完善自己的认识"②。据此，本章内容认为，要使历史学科成为学生有表现欲的学科，历史课程成为发展学生表现力的课程，教师有必要指导学生开展历史叙事活动，进而总结出一些实施策略，让学生能够深度理解历史，达成培养学生历史学科核心素养的目标。

从某种意义而言，历史教学就是"一个基于经验材料进行缜密推理的叙事过程"，学生不能理解、内化史料，叙事就没有意义，只有当学生理解、内化史料后，运用史料建构叙事"才是好的、真实的历史教学"。③ 可见，学生建构历史叙事的活动不可忽视。

为呈现课堂学生建构历史叙事的实施策略，我们以八年级上册第 15 课"北伐战争"为例。课程标准要求，"了解第一次国共合作和北伐战争等国民革命的主要

---

① 中华人民共和国教育部制定：《义务教育历史课程标准（2022 年版）》，60、5、60 页，北京，北京师范大学出版社，2022。

② 中华人民共和国教育部制定：《义务教育历史课程标准（2022 年版）》，60 页，北京，北京师范大学出版社，2022。

③ 赵亚夫：《中学历史教育学》，190～191 页，北京，北京师范大学出版社，2019。

内容"①。

1911年辛亥革命爆发，推翻了清王朝，建立了中华民国。但很快袁世凯就建立了北洋军阀的统治，并对革命势力予以镇压，制造了震动全国的"宋案"。国民党人抛弃对袁世凯的幻想，开始了武装讨袁的历程，先后经历了1913年的二次革命、1915年的护国运动、1917年的护法运动、1921年的第二次护法运动等。这些斗争的失败让孙中山处于苦闷与彷徨之中，也认识到依靠军阀打倒军阀的做法断不可行，要将革命继续就必须寻找新的革命道路和方法。1921年中国共产党成立，1922年中共二大确立了打倒军阀、推翻帝国主义压迫的最低纲领。在中国共产党的领导下，迅速掀起工人运动的第一次高潮，但也引起帝国主义和反动军阀的仇视，1922年查封了中国劳动组合书记部。1923年，京汉铁路工人罢工遭到帝国主义和军阀的联合镇压，工人运动暂处低潮。中国共产党也深感无产阶级孤军奋战是不行的，需寻找同盟军，建立革命统一战线。任何历史事件的发生都离不开历史时空，要理解第一次国共合作就不得不回到1924年前的中国革命这一特定时空框架中，否则学生就不会对该史实有准确的理解。该叙事是一个复杂叙事，由前揭一系列单个叙事组成，并通过语言表现为"各种有关史事的陈述句"②，由时间、人物、事件等叙事要素构成。基于学生历史叙事，还原第一次国共合作前中国革命的时空背景，采用如下活动。

一、匹配叙事要素·建构复杂叙事

学生活动1：发放"历史事件"卡片(卡片为中共一大、辛亥革命、中共二大、1919年改组国民党、护法运动、二次革命、京汉铁路工人罢工、中共三大、护国运动、国民党一大)，小组讨论，按时间先后顺序将以上历史事件排列在时间轴上。

---

① 中华人民共和国教育部制定：《义务教育历史课程标准(2022年版)》，20页，北京，北京师范大学出版社，2022。

② 张耕华：《历史教学中的时空问题》，载《历史教学》，2018(3)。

学生活动 2：发放"历史日期"卡片（卡片为 1911 年、1921 年、1915 年、1922 年、1917 年、1923 年、1919 年、1913 年、1924 年），小组讨论，将日期卡片与事件卡片匹配。

学生活动 3：发放"历史人物"卡片，将这些事件按照发动者分成国共两党，中国国民党标 A，中国共产党标 B。

学生活动 4：根据所绘制时间轴，为主要事件添加结果和影响，思考国共两党各自处境如何。可结合如下材料，帮助思考该问题。

材料 1：依中国社会的现状，宜有一个势力集中的党为国民革命运动之大本营，中国现有的党，只有国民党比较是一个国民革命的党，同时依社会各阶级的现状，很难另造一个比国民党更大更革命的党，即能造成，也有使国民革命势力不统一不集中的结果……工人阶级尚未强大起来，自然不能发生一个强大的共产党……以应目前革命之需要。因此，共产国际执行委员会议决中国共产党须与中国国民党合作，共产党党员应加入国民党。

——中共三大《关于国民运动及国民党问题的议决案》（1923 年）

材料 2：我（孙中山）目前正在改组中国国民党，使本党能有更多的工人参加进来，这样经过改组后的大政党……归根到底是要把它建成一个群众革命的先锋组织。

——《中国统一的方策与孙吴两氏的意见》（1922 年 9 月）

学生活动 5：依次回答问题为，国共两党的处境有无共性？解决共性问题最好的办法是什么？谁先提出合作的？他希望以何种方式合作？为什么？面对共性处境，国民党是否愿意合作？为什么？

建构历史可以看作"事实和解释结构的结合"，只有通过与证据结合的解释或叙事，"历史事实才可以被引证"。① 学生活动 1～4 体现了由浅入深地开展学生历史叙事活动的理念。学生活动 1 与 2，要求学生从叙事最基本的"事件""时间"要素入手，通过匹配要素来组建一系列单个叙事。本是年代学的普通年份数字，在叙事要素匹配框架下，数字被转换成历史叙事必不可少的时间要素。例如，"1911 年"与"辛亥革命"匹配，就会被纳入辛亥革命爆发的叙事话语体系中。同时，这对培养学生历史时序思维能力也有积极意义。学生活动 3 难度提升，增加"历史人物"叙事要素，人、时、事三大叙事要素基本勾勒出 1924 年前国共两党的革命活动。学生活动 4 再次提升难度，增加"事件影响"叙事要素，将其扩充至已经大致清晰的国共两党革命活动叙事中去，更加丰富了历史叙事。

经过学生活动 3 与 4，一系列独立的单个叙事被累积成复杂叙事。将这一系列独立的单个叙事定位在时间轴上，相互交织而构成 1924 年前中国革命的历史时空。在该时空尺度中，学生思考国共两党各自处境就有了教学意义。总之，通过上述活动，历史时空就建构起来，如此，学生在时空语境中运用解释、修辞、语义结构等就会呈现出复杂的历史叙事。

基于学生搭建起来的历史时空，开展学生活动 5 就游刃有余了。学生已理解到：中国国民党成立时间早、历史悠久、党员多，但组织相对涣散，而中国共产党虽成立时间短、党员少，但组织严密、朝气蓬勃，成立两年就组织了多次罢工和农民运动；双方均进行了反帝反封的革命，结果屡遭失败，但作为革命政党，他们有着打倒列强、除军阀的共同目标。所以，学生对国共有无合作的必要性、可能性等问题自然会生发出探究欲。学生历史叙事的特殊之处在于可超越时空的局限，理解别人的故事。超越时空的局限需回到历史中去，据此，采用研习史料的方式，通过富有逻辑性的、递进式的追问，让学生思考国共两党各自处境，理解国共合作的必要性以及共产国际的作用。当学生一旦明确国共合作的历史背景后，就能了解国共合作的缘起为 1923 年中共三大，合作的标志为 1924 年国民党

---

① ［美］伯克霍福：《超越伟大故事：作为文本和话语的历史》，邢立军译，115 页，北京，北京师范大学出版社，2008。

一大，进而解读、理解国民革命等概念就水到渠成了。

二、基于角色扮演·表现历史叙事

想象一下，如果你是孙中山，当国共两党决定合作之后，你下一步该思考处理国共合作面临的关键问题。提示：需要结合旧三民主义和中共民主革命纲领的内容。

学生活动 1：记住要像孙中山一样思考，推测他应该如何做（表 6-1）。

表 6-1 学生推测的孙中山的做法与实际做法的对比

关键问题	学生推测的孙中山的做法	孙中山的实际做法
帝国主义国家		
土地		
中华民族		
各民族		
平民		
资产阶级		
地主		
苏俄		
共产党		
工人		

学生活动 2：孙中山的思考及做法，在多大程度上体现了联俄、联共、扶助农工？

学生活动 3：想象你是孙中山，做一个关于新三民主义的简短历史叙事，阐述如何让人们相信新三民主义能够实现国民革命的目标。

在国共决定合作之前，国共两党均有自己的革命纲领，即旧三民主义和中共民主革命纲领，如何引出并理解新三民主义内容既是教学难点也是教学重点。常规做法是引导学生对新旧三民主义在民族、民权、民生三个方面进行异同对比分析，但会忽视中共民主革命纲领，这对后续引出联俄、联共、扶助农工的政策多少有点生硬。为此，学生活动1，即在教师引导下，通过角色扮演，让学生像孙中山一样思考当国共两党决定合作之后，下一步应该如何处理帝国主义国家、土地等关键问题，进而深度理解新三民主义。

学生要做历史叙事、建构自我历史认识，其已有的知识经验很重要。"解释者总是用他的经验作为一种工具来揭示未知的东西之可能的在"①，叙事总是在某种程度上与叙事者的经验联系在一起。据此，提示学生结合已学过的旧三民主义和中共民主革命纲领的内容来思考孙中山应该如何做。当然，学生推测的做法与孙中山实际的做法未必完全一致，基于二者之间差异，视教学实际情况可进一步开展探究活动。一旦学生真正理解了新三民主义，学生活动2就能够顺势而为了。在民族方面，旧三民主义强调单纯的排满兴汉，没有明确提出反对帝国主义的口号，而中国共产党一开始就明确提出反对帝国主义的革命纲领。所以，在国共合作背景下，孙中山就会考虑国家整体性，把反对帝国主义压迫作为革命任务，明确举起了反对帝国主义的大旗。同时，不再排满，而是主张消除国内民族之间的歧视、一律平等，凸显中华民族的整体性，一致寻求民族的解放。在民权方面，旧三民主义着眼于资产阶级，缺乏广泛性，而中共代表着广大的工农阶级，统一中国为真正的民主共和国是其纲领。所以，在国共合作背景下，孙中山就会考虑国家政权为一般平民所有，彻底破除地主阶级、大资产阶级的私有专政。在民生方面，旧三民主义为平均地权，中共民主革命纲领为废除地主土地所有制、限制资产阶级权利。所以，在国共合作背景下，孙中山为了消除两极分化，调整国计民生，提高国民生活质量，在保留平均地权的同时，增加节制资本。由此，学生就能够理解：新三民主义实际上确立了联俄、联共、扶助农工的政策，与中共民主革命纲领在基本原则上是一致的，成为国共两党合作的政治基础。

学生活动3，学生把自己想象成孙中山，阐述如何让人们相信新三民主义能够实现国民革命的目标，这蕴含着学生已经充分理解了新三民主义。当学生理解

---

① 张汝伦：《意义的探究——当代西方释义学》，54页，沈阳，辽宁人民出版社，1986。

了历史并支配相应的行为——发表演说时，就表现出历史叙事活动。

三、追寻叙事联系·建构整体叙事

材料1：黄埔军校课程内容（表6-2）。

表6-2　黄埔军校课程内容

政治课程		三民主义浅说、中国国民革命运动、中国政治经济状况、帝国主义侵略中国史、世界革命运动简史、帝国主义是资本主义的最高阶段、国际政治经济状况、苏联概况、社会主义原理、政治经济学、中国社会结构、中国农民运动、中国职工运动、中国青年运动、宣传鼓动工作的意义和作用、军队政治工作等。
军事课程	学科课目	战术、兵器、筑城、交通地形。
	术科课目	制式教练、野外演习。

资料来源：根据《世纪之履：李默庵回忆录》整理而成。

材料2：国民党之财政计划，在创立一巩固之财政及经济之基础，以为实行本党一切政治计划之根据。惟使国家有良好之财政基础，方能增进国家之经济，而离去帝国主义之侵略。

——《关于财政案及决议案》（1926年1月）

材料3：故党员今日第一级工夫……一致为三民主义牺牲，而不为升官发财而牺牲。如此，则军队、党员便可成互助之奋斗，而革命之成功指日可期矣。

——孙中山《党义战胜与党员奋斗》（1923年12月）

学生活动1：尽可能多地列举国民革命所需要准备的条件。需要解释为何它们为国民革命做了准备。（提示：可能会用到材料1与材料2。）

学生活动2：结合材料1，分析黄埔军校课程安排有何特点。

学生活动3：第四期学生入校后，黄埔军校门口有一副对联，根据材料3尝试补全下联和横批。

上联：贪生畏死者勿入斯门

下联：×××××××××

横批：×××来

学生活动4：将国民革命还需要做哪些准备试着连接起来，对北伐战争的历史条件做一个完整的历史叙事。

学生活动1列举有关国民革命需做哪些准备，这并非难事。学生通常会从军队建设、财政支持、口号宣传等方面着眼，但这并不意味着这是学生真正理解后的认知结果。学生认识历史，对内指向历史理解，对外呈现历史叙事。据此，可以通过学生建构的历史叙事——解释为何它们为国民革命做了准备，来检测乃至培养学生的历史理解能力。例如，通过对1924年前中国革命的时空分析，学生已认识到依靠军阀力量是不可能完成国民革命的，建设一支革命军队势在必行。故学生的历史叙事就是：在苏联、共产国际及中共的帮助下，孙中山建立了黄埔军校，为国民革命准备了军事条件。此外，国共合作及统一战线的建立、广东国民政府的成立、广东革命根据地的巩固，为国民革命准备了政治条件；整顿军政财务，为国民革命筹措资金做了准备；湖南、广东农民运动为中国革命培养了大批政治骨干；五卅运动和省港大罢工等工人运动推动了反帝爱国运动的高涨。

在学生完成上述历史叙事之后，自然就引出学生活动2，分析黄埔军校建立及其独特之处。根据课程内容可知，黄埔军校学员学习军事知识的同时，还要学习政治知识，正所谓"不仅知道枪是怎样放法，而且要知道枪向什么人放"[1]。此外，其独特之处还体现为设立政治部，"本校唯一的特点，就是有个政治部，政治部是要使军人了解现在的经济政治与明了主义"[2]。政治部的目标是对学员予以政治教育、输送革命知识。根据黄埔军校训令，"关于社会主义、共产主义、

---

[1] 转引自王奇生：《中国近代通史：国共合作与国民革命（1924－1927）》第7卷，61页，南京，江苏人民出版社，2009。

[2] 转引自王奇生：《中国近代通史：国共合作与国民革命（1924－1927）》第7卷，61页，南京，江苏人民出版社，2009。

马克思主义等书籍，以及表同情于本党或赞成本党政策而极力援助本党之一切出版物，除责成政治部随时购置外，本校学生皆可购阅"①。可见，黄埔军校政治教育包括了三民主义、社会主义等思想教育。据此，学生活动2着眼于对黄埔军校课程设计的研习，引导学生认识黄埔军校军事教育与政治教育并重的特点。学生活动3由该特点延伸而来，根据出示的史料，学生尝试补全黄埔军校门口的对联，推动学生理解黄埔军校的办学理念以及军事教育与政治教育并重、军事军官培养与革命干部培植并行的双重目标。

从认识历史而言，涉及基本的历史现象，而这些历史现象又是通过语言等形式来呈现的。语言是一种刺激学生"洞察力的物质源泉"，使学生"重新解释所知觉的东西，从内部重新构造它的意义"。在学生思维作用下，通过语言，"在一个创造性的成型过程中重新表达出来"就构成了学生历史叙事。② 从历史叙事的意义而言，单个历史叙事的意义要小于整体历史叙事的意义。前面对国民革命诸多单个准备要素的探究，学生能够做单个历史叙事，学生活动4需要学生追寻单个准备要素的联系，重新解释和构造意义，创造性地呈现出一个新的、较为完整的关于北伐战争历史条件的叙事，这样有助于学生对国民革命以及北伐战争等历史现象有更深刻的历史理解。

1925年3月，孙中山逝世，国民革命仍在继续。1926年7月，国共号召全国民众群起而助革命，并坚信国民革命一定能取得胜利。9日，国民革命军北伐誓师大会在广州东校场隆重举行，并举行阅兵式。会上，气氛隆重，士气高昂，宣告北伐战争正式开始，也由此将第一次国共合作的中国大革命推向高潮。

四、采用地图绘制·配合历史叙事

学生活动1：小组合作，在北伐战争形势示意图上着色以显示各方势力，一种颜色代表一方势力。（A代表张作霖，B代表吴佩孚，C代表孙传芳，D代表

---

① 广东革命历史博物馆编：《黄埔军校史料(1924－1927)》，79页，广州，广东人民出版社，1985。

② 张汝伦：《意义的探究——当代西方释义学》，77页，沈阳，辽宁人民出版社，1986。

国民政府。）

学生活动2：将以下城市标记在地图中以理解北伐战争过程。（广州、长沙、南昌、武昌）

学生活动3：将北伐军从广东出发后的进军主要路线在地图中用箭头标注出来。

学生活动4：将北伐的主要战场的大致位置圈画出来。

学生活动5：根据绘制的地图，对北伐进程做一个历史叙事。

关于北伐胜利进军不得不涉及地图的讲解，学生建构历史叙事的教学设计突破教师讲解地图的桎梏。同时，吸取《义务教育历史课程标准(2022年版)》中"观察并绘制近代历史地图""展示绘制出的历史地图，解说图中的历史信息"[1]的教学提示，此教学环节采用学生绘制历史地图、配合历史叙事的方式进行。

历史地图反映了历史时期的地理空间信息，历史是地图的主题内容，地图是历史的表现方式。要想绘制历史地图，并基于它做历史叙事，就必须牢牢抓住历史地图的第二语言——地图上的点、线、面三要素。"点"表示的多为点状历史地理事象或几何图形中的点，所以，必须明确点的名称、所表示的历史地理事象，探究影响点变化的因素及点变化的结果等；"线"表示的多为线状或带状延伸的历史地理事象，多条线相互联系就反映了历史地理事象的外在表现(空间结构)和内部联系(区位)，所以，必须明确线所表示的历史事物名称、探究线的空间分布、分析影响线分布与变化的因素等；"面"表示的多为连续分布或不连续分布的面状历史地理事象，面有大小、轮廓、范围、颜色等形态的不同，反映了面状历史地理事象的面积、形状、类别等外在表征，通过这些外在表征就能发现面状历史地理事象内部，以及它们之间性质与数量关系的时空联系特征。[2]

据此，学生活动1让学生在"面"上做功夫，用不同颜色来反映各方势力，当

---

① 中华人民共和国教育部制定：《义务教育历史课程标准(2022年版)》，21～22页，北京，北京师范大学出版社，2022。

② 赵清波：《点线面："简约而不简单"的地图语言——谈地图信息的有效提取与解读》，载《地理教育》，2011(1-2)。

学生准确标注出这一外在表征时，就能建构起各方势力内部及其之间性质与数量关系的时空联系特征。学生活动 2 让学生着眼"点"的功能，当将各点准确标记后，其实学生也就理解了各点的名称以及各点所表示的历史事物，并随着点的移动，为后续探究北伐胜利进军的因素和结果做好了铺垫。学生活动 3 立足"线"的作用，多条北伐进军路线相互作用、相互联系，反映了北伐的空间结构以及多条路线的联系，当学生能够用箭头准确标注时，对多条进军路线的空间分布就有了理解，也为后续分析影响进军路线分布及变化的因素做好了铺垫。学生活动 4 画圈的活动是以"面"状来反映几个北伐主要战役，当学生准确画出圈后，就能理解各个战役的空间分布、空间关系等。

在北伐战争过程的教学环节中，教师重点要向学生补充说明国民革命军第四军独立团团长共产党员叶挺的先锋模范事迹。在学生活动 3 中，教师在学生讨论的基础上，向学生强调共产党员的先锋模范作用、工农革命运动的配合在北伐战争中的突出贡献。学生活动 5 是基于前面 4 个学生活动来做历史叙事的，需要综合运用前面的活动成果，并对相关史实进行编码、空间定位等，所运用的是一个"由教学所提供的外部刺激可能激活对大量事实进行编码的内部策略"[1]。

五、排列原因模式·建构原因叙事

下面有 6 张北伐军节节胜利的"历史原因"卡片：A. 国共合作；B. 共产党员先锋模范作用；C. 工农运动配合；D. 战争正义性质；E. 共产国际帮助；F. 黄埔军校学生英勇。

学生活动 1：至少再加一张"历史原因"卡片。

学生活动 2：你会如何为这些原因分类？说明分类的理由。

学生活动 3：根据卡片呈现的原因，解释它是如何推动北伐胜利进军的，如工农运动配合了北伐战争，并推动了北伐战争的高涨。

---

[1]　[美]R. M. 加涅：《学习的条件和教学论》，皮连生、王映学、郑葳等译，20 页，上海，华东师范大学出版社，1999。

学生活动4：把你认为最重要的"历史原因"卡片放在卡片的顶部，最不重要的放在底部。

学生活动5：将"历史原因"卡片排列成某一个模式（如钻石形状、金字塔形状），对北伐战争节节胜利做一个历史叙事。

历史事件的发生都有其原因，从某种程度而言，"研究历史就是研究原因"①。鉴于此，历史教学对原因的分析不可谓不重视，不同学习理论指导下的历史原因教学策略又不尽相同。行为主义视域下，教师给定原因，学生死记硬背即可，甚者教师给出原因公式，学生按照政治、经济、文化之类的模式（分类标准）去套用。学生要用原因时，只需要在头脑货物架上按需拿取即可，在知识世界里，这是一个"已知的已知"层次。

学生建构历史叙事的教学设计吸收建构主义精髓，重在学生建构历史原因。学生活动1拓展学生的认知世界，基于"已知的已知"向"已知的未知"发展，让学生思考在已有原因图示中还有哪些可能的空格存在。若是条件允许，学生活动1难度可以提升，将其变式为"在该时空范畴内，列举几个不属于北伐战争节节胜利的原因"，这就处于"已知的未知"层次了。

学生活动2涉及分类。分类是一个"把事物、事件以及有关世界的事实划分成类和种，使之各有归属，并确定它们的包含关系或排斥关系的过程"②。可见，分类关涉方法与标准，标准不同则事物的归属就会相异。按重要程度划分，原因可以分为重要原因、次要原因等；按照时间长短划分，原因可以分为长时段原因、中时段原因、短时段原因等；按照涉及内容划分，原因可以分为政治原因、经济原因、文化原因、社会原因等，还有其他划分标准，不再一一赘述。让学生分类就是使他们建立起分类的标准、方法，虽然分类看似简单，但学生生活处处面临着分类，它背后隐含的是思维的逻辑性、结构性、条理性。可见，分类关乎

① ［英］爱德华·霍列特·卡尔：《历史是什么？》，吴柱存译，93页，北京，商务印书馆，1981。

② ［法］爱弥尔·涂尔干、［法］马塞尔·莫斯：《原始分类》，汲喆译，4页，上海，上海人民出版社，2000。

学生核心素养，它"既为人们提供特定的观察和分析问题的手段，也帮助人们认识纷繁复杂的世界所形成的某种秩序"①。

　　学生活动 3 让学生解释卡片上的原因是如何推动北伐胜利进军的，这关涉到实证。实证需基于证据予以推理，即对事实进行澄清。学生叙事视域下的历史教学是以学生(理解)为中心的，它要求学生从学科性、探索性方面着眼于叙事与实证。引申说，学生不能有效运用叙事与实证，就不能称之为好的、真实的历史教学，所以，"如何引导学生叙事和实证，这已然是历史教师搪塞不了的专业任务"②。

　　往往重要的历史事件不止一个原因，诸多原因并非处于同等地位，这关涉到排序的问题，它与分类紧密相连。"每一门科学都是分析某一个别的运动形式或一系列互相关联和互相转化的运动形式的，因此，科学分类就是这些运动形式本身依其内在序列所进行的分类、排序。"③排序是人脑思维的自我要求④，也是学生一大重要的思维能力，学生活动 4 的设计据此而来。日常生活中人类必然面对各种决策和问题解决，理性决策与有效解决问题关乎生活品质，这势必要求学生准确理解所有可选方案，并对其进行逻辑思考和评价，最后予以排序而选择最佳行动方案。⑤ 对原因重要性的排序必然调动学生的理解力、判断力以及行动力。若是学情允许，学生活动 4 可以提高难度，变为"上述所列原因中，哪个原因最重要？请说明理由。你认为 D 重不重要？为什么？写下理由"。

　　学生活动 5 延伸了学生活动 4 的意义。"多因素中各个因素(属性)的重要性确定是采用从属性表中去掉一个因素，再来考察没有该属性后分类情况发生怎样的变化"⑥，若去掉该属性后，相应变化大就意味着该属性强度大、重要性高，

　　① 赵亚夫：《中学历史教育学》，313 页，北京，北京师范大学出版社，2019。

　　② 赵亚夫：《中学历史教育学》，190～191 页，北京，北京师范大学出版社，2019。

　　③ 《马克思恩格斯选集》第 3 卷，943 页，北京，人民出版社，2012。

　　④ 王琳、朱文浩：《结构性思维：让思考和表达像搭积木一样有序省力》，50 页，北京，中信出版社，2016。

　　⑤ ［美］理查德·保罗、［美］琳达·埃尔德：《批判性思维工具》，侯玉波、姜佟琳等译，141～143 页，北京，机械工业出版社，2013。

　　⑥ 黄定轩、应可福、武振业：《基于事例的多因素重要性排序确定方法及其应用》，载《工业工程与管理》，2003(3)。

反之亦然。历史学科属于经验学科,学生将原因卡片排列成不同的模式是自然之事,因为这背后蕴含了学生的思想体系。学生建构历史叙事的教学鼓励学生有个性地排列模式,但是排序并不是随性而为的,必须是深思熟虑后的结果,否则对北伐战争节节胜利所做的历史叙事就不可能做到逻辑自洽、论证严密。再引申说,这个环节必须以批判性思维为中心,由此学生才能有序、有效地开展判断、推理、辨析、论证、自洽、实证等系列思维活动。

中国近代反帝反封建的民主革命,"端赖于有组织的工农大众的广泛动员和参与",国民革命的农民运动可谓"是左右全国局势的主要力量,特别在后期成为决定这场革命成败的关键"。农民运动由国共发动,并随着北伐战争节节胜利而发展,它动摇了农村的绅权、族权、神权、夫权,农民在经济上也翻了身,这既为士绅所不容,也令一般世俗观念难以接受。"正是在对农运的立场观点以及政策策略等问题上,加剧了本来就存在着的统一战线内部、国共两党内部的政治分歧,并导致分裂。"①所以,对国共合作破裂这部分的教学,如何认识农民运动是一个教学重点。

六、基于史料体悟·形成梯度叙事

以下材料存在某些字迹缺失的情况,现在你是一个史学家,需要仔细研读它。

材料:(　　)的主要攻击目标是土豪劣绅,不法地主,旁及各种宗法的思想和制度,城里的贪官污吏,乡村的恶劣习惯。……农会便成了唯一的权力机关,真正办到了人们所谓"一切权力归农会"。

农民在乡里造反,搅动了绅士们的酣梦。……听到许多的街谈巷议。从中层以上社会至(　　),无不一言以蔽之曰:"(　　)。"……农民,在那里

---

① 中华文化通志编委会编:《中华文化通志·第4典制度文化·社团志》,366~367页,上海,上海人民出版社,2010。

打翻他们的吃人的仇敌……他们的举动（　　　）！……国民党右派说："农民运动是痞子运动，是惰农运动。"……蒋介石、张静江诸位先生的意见，颇不以湖南农民的举动为然。

——1927 年 3 月毛泽东《湖南农民运动考察报告》

学生活动 1：将材料缺失的部分补上。

可供选择的词语有：农民、国民党右派、好得很、国民党左派、糟得很。

学生活动 2：研读材料，推测一下，大革命还会顺利吗？做一个相关的叙事。

叙事需要涉及这些要点：这时期的农民在乡里造反干什么？国民党右派为什么说农民造反"糟得很"？谁又认为农民造反"好得很"？为什么？双方意见矛盾的根本原因在哪里？

之所以选择《湖南农民运动考察报告》作为叙事的史料基础，在于它"是对第一次国内革命战争时期以湖南为中心的全国农民革命运动的科学总结"，"代表着中国共产党的马克思列宁主义路线，代表着中国革命前进的正确方向"，"从理论和实践的结合上正确解决了中国共产党对待农民问题和领导农民革命的理论和路线"。[1] 学生活动 1 的初衷就是让学生理解该报告对农民运动的正确认识，为下一步国共双方对该问题产生分歧乃至国共合作走向分裂的叙事做好铺垫。但为了增加趣味性、思维性、挑战性，不再出示较为完整的史料，而是故意缺失历史角色以及角色的态度，毕竟史料在保存、流传过程中会不可避免出现漏字、脱字的情况。

再者，史学本身就是"推理之科学"[2]，史学家从史料入手，"以一种复杂之

---

[1]　张万禄：《毛泽东的道路：1921～1935》，177～178 页，北京，中央文献出版社，2006。

[2]　[法]朗格诺瓦、[法]瑟诺博司：《史学原论》，李思纯译述，281 页，上海，商务印书馆，1926。

推理进程以达于吾人所欲知之事实"①，所以，这种教学思路借助了历史推断、推理的史学研究方法。引导学生模仿史学家来推断史料缺漏部分时，考虑到学情不同，教师可以提供可选择的历史术语，也可以减少缺漏部分数量。这与以往的填空题思路不同，不再让学生填写既定的、具体的人、事等，而是学生利用求源阅读、语境阅读、确证阅读、精细阅读等手段与史料对话，追问作者身份、意图、主张等，同时与自己对话，反省自己所填补内容是否恰当与合理。若是小组合作，还关涉与他人对话，修正或佐证自己已有的认识。学生活动 1 不是让学生巩固已有知识记忆，而是训练其历史思维能力。

《湖南农民运动考察报告》作为对责难、攻击农民运动的回击与批驳，已经指出农民问题是中国革命成败的关键问题，而高涨的工农革命运动触犯了大地主、大资产阶级的根本利益，加剧了统一战线本身就存在的内部分歧与国共两党内部的政治分歧，尤其是共产党和国民党右派在阶级立场上存在根本不同，革命形势很快发生了变化。学生活动 2 让学生推测大革命还会顺利进行吗，即基于该报告透视出的史实而开展。有时让学生做一个看似简单的叙事，但效果达不到预期那般，一个重要原因在于叙事所涉及的面太宽、太广。为此，学生活动 1 和 2 既让学生叙事有抓手，又让叙事呈梯度进行。

史料不能直接带来历史叙事，更不会直接产生历史叙事的意义。学生活动 1 中关涉的学生对史料的体悟、理解、内化是关键，否则所谓叙事就是空洞的，让学生推测大革命是否还会顺利进行就只能是毫无事实依据的瞎猜和混乱的解释。一旦学生能够理解该报告，就顺利表现出我们期望的叙事，接着要学习的内容就顺理成章了。

七、立足不同观点·重构历史叙事

蒋介石、汪精卫等国民党右派在帝国主义势力的支持下，先后叛变革命。1927 年 4 月，蒋介石在上海发动了四一二反革命政变，并在南京建立国民政府，

---

① 何炳松：《通史新义》，16 页，北京，商务印书馆，2011。

同年 7 月，汪精卫又在武汉发动七一五反革命政变，大肆屠杀共产党人和工农群众，轰轰烈烈的国民革命失败了。面对这样的革命局面，中国革命又该何去何从呢？这既涉及本课的总结、升华，又指向下一课关于中共领导革命内容的学习。据此，设计学生的历史叙事活动。1924—1927 年国民革命的结果，存在两种历史观点：一是国民革命基本推翻了北洋军阀的统治，也沉重打击了帝国主义侵略势力；二是国民革命未实现打倒列强、除军阀的目标，中国社会没有发生多大变化。

学生活动 1：对国民革命的结果重新做一个叙事，需使用这些要素，即叙事角色聚焦中国社会、国民党、共产党等方面，叙事内容包括两种历史观点的合理之处及证据，叙事方向着眼此时中国什么变了、什么没有变。

1924 年与 1927 年都是重要转折点。导入部分是基于学生叙事，还原 1924 年前中国革命的时空，让学生思考此时中国革命应该何去何从。结尾部分的学生叙事与此呼应，再次让学生思考 1927 年之后的中国革命之路又该如何走。此时，中国社会改变的是北洋军阀统治结束，国家在形式上完成统一；不变的是列强仍在，中国仍是半殖民地半封建社会。从国民党角度来看，从革命党变成了反革命党，不变的是仍然号称坚持三民主义。从共产党角度来看，不变的是革命理想、革命信念，改变的是对革命的认识更加准确，认识到仅仅依靠政治工作、群众工作不能取得革命的胜利，同时对农民问题认识更加深刻。所以，国民革命失败后，中国共产党能够及时、自觉地将革命重心由城市转向农村，首先在井冈山开辟革命根据地，逐渐探索出农村包围城市、武装夺取政权的正确革命道路。学生总是"带着他们记忆中已有的各种图式"和"适当的记忆结构"开始新的学习任务[1]，通过这样一个开放性叙事活动，就为下一节课"毛泽东开辟井冈山道路"做好了铺垫，同时，又培养了学生的延续与变迁思维能力。

本课的设计意图就是让学生将第一次国共合作建构出一个宏大叙事，依据"慎重地决定历史故事的开头和结尾"这一流程环节，延伸出策略 1 与策略 7，即

---

[1]　[美]R. M. 加涅、[美]L. J. 布里格斯、[美]W. W. 韦杰：《教学设计原理》，皮连生、庞维国等译，110、114 页，上海，华东师范大学出版社，1999。

通过"匹配叙事要素·建构复杂叙事",还原1924年前中国革命的时空,学生决定本课叙事的人物(国共两党)和确立本课叙事的开头(1911年),同时通过"立足不同观点·重构历史叙事",洞察大革命后中国革命的走向,学生由此决定本课叙事的结尾(1927年共产党逐渐开始探索农村包围城市、武装夺取政权的正确革命道路)。

微观叙事也是如此,如"按时间顺序排列相关历史事件"这一流程环节延伸出"匹配叙事要素·建构复杂叙事"策略。在该策略指导下,学生基于游戏活动,将"历史事件"卡片按时间先后顺序排列在时间轴上,同时结合"历史日期"卡片,将日期卡片与事件卡片匹配。此外,学生根据自己所绘时间轴,为主要历史事件添加结果和影响,由此,为学生思考国共两党各自处境以及洞察国共合作的可能性、必要性等做好了铺垫。再如"排列原因模式·建构原因叙事"策略,让学生调查北伐战争节节胜利原因,即依据"选择部分历史事件组成连贯的叙事"流程环节而来。学生在已有原因基础上,再增加"历史原因"卡片,由此将原因分类,联系实证,形成某一个排序模式,对北伐战争节节胜利做一个连贯的历史叙事。

当然,多个策略也可能指向同一个流程环节,如策略1、策略3、策略6皆指向"研读史料确认某一历史事件的细节"这一流程环节。策略1"匹配叙事要素·建构复杂叙事",为使学生还原1924年前中国革命的时空,除了做相关的卡片游戏外,还研习了相关史料,帮助学生思考国共两党的处境以及是否愿意合作等问题。策略3"追寻叙事联系·建构整体叙事",旨在让学生思考国民革命需做的准备,通过研习黄埔军校课程内容、《关于财政案及决议案》、孙中山的演说等史料,将国民革命这些准备条件连接起来,为北伐战争的历史条件做一个完整的历史叙事。策略6"基于史料体悟·形成梯度叙事",是为了让学生审视第一次国共合作走向破裂的史实,所涵盖的史料研习活动包括推测史料缺失内容、基于史料推测大革命的未来发展态势。

课堂学生建构历史叙事既可能做一个宏大叙事,也可能做多个微观叙事,其是基于课程标准、教学内容、学情等,依照叙事流程环节而延伸出来的。再进一步说,课堂学生建构历史叙事的某一个流程环节可以延伸出多个实施策略,某一个实施策略也可能指向课堂学生建构历史叙事的多个流程环节。为直观表示课堂学生建构历史叙事的流程模型与实施策略的关系原理，我们用图 6-1 表示。总之，课堂学生建构历史叙事的实施策略是多元的、不拘一格的，根据实际学习情况，还会有更多的实施策略，它们共同服务于宏大叙事或运用于微观叙事。

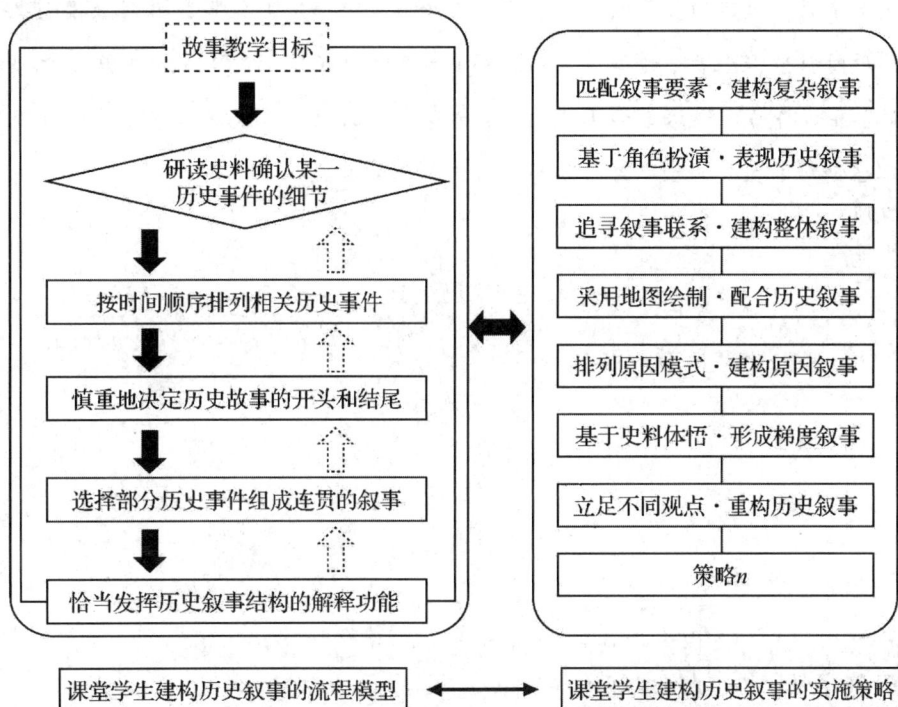

图 6-1　课堂学生建构历史叙事的流程模型与实施策略的关系原理

课堂学生建构历史叙事在叙事流程环节及其延伸的多元实施策略指引下，呈现出生动有趣的、参与性强的教学活动，对传统教与学的方式而言，是一个根本性转变，既拓展了教学空间、丰富了教学方式，又让学生获得了更多的探究视角和机会。

【本章小结】

本章着眼于课堂学生建构历史叙事的实施策略。完全由教师讲历史的做法违背了"叙事即表现"的观念，也与"表现是历史学科的特质"的理念相违背，叙事作用于人们的情感、思维、行为等，通过语言或非语言的形式表现出来，这涉及表现形式与类型、历史思考与态度。所以，有必要使历史叙事主体从教师转移为学生。

据此，通过匹配叙事要素·建构复杂叙事、基于角色扮演·表现历史叙事、追寻叙事联系·建构整体叙事、采用地图绘制·配合历史叙事、排列原因模式·建构原因叙事、基于史料体悟·形成梯度叙事、立足不同观点·重构历史叙事等多种路径，即可实现课堂学生建构历史叙事。这种教学方式深受学生喜爱，他们真正感受到了表达、表现自己理解的历史知识的魅力。

第七章 课外学生建构历史叙事的实施策略

【本章提要】

历史的故事性与过去性，为历史教学打开了故事性与探究性两个可能的向度。那么，谁来建构故事，教师还是学生？谁来探究故事，教师还是学生？除了在课堂中讲故事之外，能否实现课堂之外讲故事？对此，《义务教育历史课程标准(2022年版)》实际上为我们指明了方向。其强调叙事文本类型的多元性，提出了编演历史剧，撰写小论文，编写家庭简史、社区简史和历史人物小传等多种教学活动。上述教学活动已经指向了课堂之外的叙事，并将学生视为叙事的主体。

据此，本章以教师指导学生撰写口述文章为例，探索课外学生建构历史叙事的实施策略，以实现历史课程育人方式的变革。

叙事不仅是学生历史理解的成果呈现，而且是学生深化历史理解的工具。通过历史叙事，学生得以"发现或建构他们以前不知道或不理解的主题观点和看法，区分、归类相关的和不相关的信息和资料，并分出重要的和次要的观点，去做推论，建立语意上的逻辑关系，构思文章结构"[1]。尽管课堂和课外的学生建构历史叙事都强调以学生作为主体，但课外活动在时间和空间上的自由性使得学生有机会持续、深入地参与叙事活动，有条件撰写出完整的历史叙事作品。相较于课堂学生建构历史叙事，课外学生建构历史叙事的实施策略是以推进整体活动进程的形式呈现的。

---

① 赵亚夫等编著：《国外历史教育透视》，69页，北京，高等教育出版社，2003。

　　为了更好地呈现课外学生建构历史叙事的实施策略,本章以学生口述史活动"自我画像:5 岁之前的我"为例进行说明。在该活动中,学生通过查找实物、口述访谈等方式,搜集可反映自己 5 岁前生活的信息和材料,并通过互联网检索和历史阅读的方式,思考哪些家庭或社会因素影响了 5 岁前自我形象的形成。通过该活动,学生能够自主围绕某一历史问题或历史主题搜集并整合史料,或运用访谈、调查等多种方法获取新的历史信息,最终以口述文章的形式呈现自己的历史解释。据此,课外学生建构历史叙事的实施策略大致有:设定叙事目标·把握叙事方向、确定调查主题·搜集故事素材、考证调查内容·拟定故事底本、深描叙事主题·形成历史解释、深化叙事意义·发展个体认知五种。当然,根据学生实际情况,策略可能做出调整。关于课外学生建构历史叙事的流程模型与实施策略的关系原理可参见图 7-1。

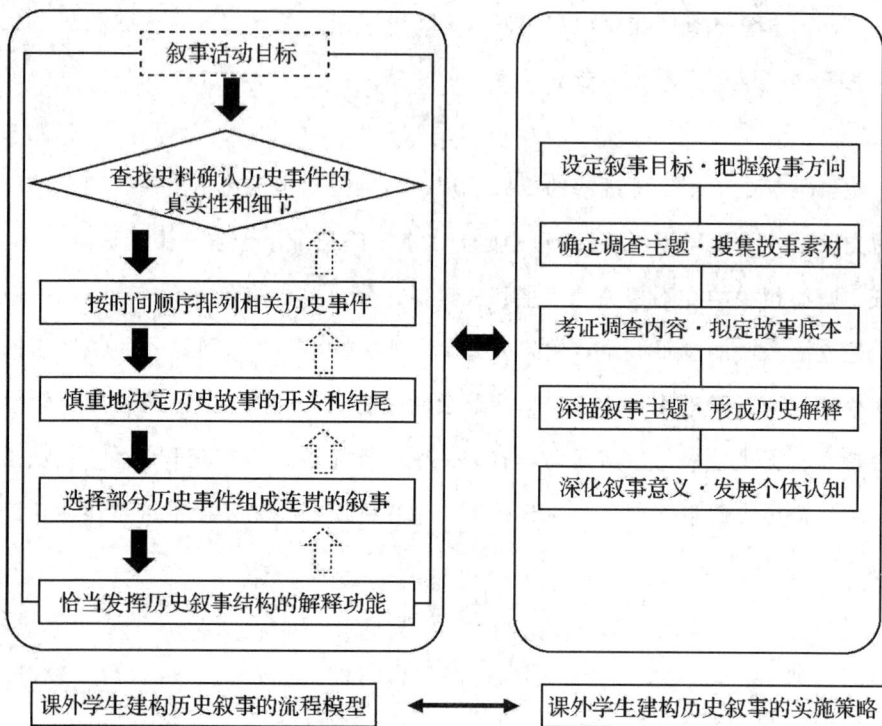

图 7-1　课外学生建构历史叙事的流程模型与实施策略的关系原理

一、设定叙事目标·把握叙事方向

课外学生建构历史叙事以教师指导学生撰写完整的历史叙事作品为基本目标。作品本身指向的是结果，而教学则始终要关注学生在过程中的所思所得。为了使课外学生建构历史叙事教学不流于形式，目标本身应当包含对"此类学习要达到的目的到底是什么，以及哪些证据能够表明学习达到了目的"①等问题的预设。因此，教师在确定课外学生建构历史叙事教学的活动目标前，首先需要把握不同历史叙事作品的内涵以及其对学生学习历史的独特价值。

以"自我画像：5岁之前的我"这一口述史活动为例。根据亚历山大·冯·普拉托的定义，口述史是指"源于口述的，且主要通过目击者的访谈而流传下来的历史"②。1948年，哥伦比亚大学成立口述历史研究室，标志着现代口述史学的诞生。作为研究历史的一种方法和工具，口述史学在保证学术与道德规范的前提下，运用访谈的形式收集当事人或亲历者的口述回忆，从而服务于历史研究。对于历史研究者而言，口述史为其提供了不同于文献、实物、图像等的新的历史理解的视角和途径。

21世纪以来，历史叙事整体上呈现两个大的发展趋势：一是叙事内容从宏大叙事向微观叙事发展，二是叙事主体不断下移。"当公民社会成熟到人民大众必须进入历史并必将成为历史的主人的时候（不仅在观念上是历史的创造者，而且事实上也是历史的创造者），人民大众就自然地关心自己乃至自己的前辈们是如何成为历史的一部分，以及又将如何被历史记住的事实。"③正是在这一背景下，许多人通过自传和口述史等形式表达个人对历史的认知，形成个人对历史的记录。"人人都是他自己的历史学家"的愿景似乎正在实现。

---

① ［美］格兰特·威金斯、［美］杰伊·麦克泰格：《追求理解的教学设计》，闫寒冰、宋雪莲、赖平译，14页，上海，华东师范大学出版社，2017。

② ［德］斯特凡·约尔丹主编：《历史科学基本概念辞典》，孟钟捷译，201页，北京，北京大学出版社，2012。

③ 赵亚夫：《怎样理解"活着"的历史——口述史》，载《历史教学问题》，2008(4)。

　　对于历史教学而言，口述史料有利于弥补传统教学资源的不足。传统教学资源往往无法将更广泛的国家趋势与个人生活联系起来，也无法表现个人的观念和态度是如何随着时间的推移而改变或保持不变的。口述史则让学生"直观地感受历史活在今天，也让他们有可能从身边探询历史的真实存在"①。在历史教育重视历史文化的发展背景下，历史课程不应"仅仅关注过去的知识，而要指导学生注意历史在自身环境中的多种用途"，使学生"学会处理同时代的历史文化"。② 课外的口述史活动有利于引导学生走出课堂，作为主动的探索者和书写者去探寻和记录身边的历史文化现象，使学生成为具有历史素养的公共书写主体。

　　学生口述史活动的目标不能仅仅停留于让学生发现身边的历史文化现象，而更要注重学生的"行动"和"在场"。换言之，教师在设定学生口述史活动的目标时，应将与特定历史文化现象相关的人物或事件作为研究对象，以此引导学生记述该现象形成的历史过程，分析该现象蕴含的深刻意义或感悟该现象反映的历史变迁。在此过程中，学生应着重关注口述史料、影像史料等能够直观展现历史文化现象的史料。学生不仅要对已有历史信息进行处理，而且应运用口述访谈、实地考察等历史调查方法③主动发掘新的历史信息，从而实现对特定历史文化现象的深入考察和体验，尝试还原并分析遮蔽在日常生活之中的历史记忆（表7-1）。教师对活动目标把握得越深入，课外学生建构历史叙事的方向就越明确。

---

① 赵亚夫：《怎样理解"活着"的历史——口述史》，载《历史教学问题》，2008(4)。
② ［德］苏珊·波普：《公众史学与历史教育学》，杨琪译，载《历史教学问题》，2019(1)。
③ 历史调查法是指对现实社会进行调查，发掘新的史料，并结合已有的史料进行历史研究的方法，主要包括社会状况调查、人物调查、史料调查、遗址遗迹调查、考古发掘调查和实物调查等。蒋大椿、陈启能主编：《史学理论大辞典》，146 页，合肥，安徽教育出版社，2000。

表 7-1　学生口述史活动目标组织模型

叙事成果	研究问题			史料资源	活动形式
	研究对象	研究目的	研究内容		
口述史	与特定历史文化现象相关的人物或事件。	1. 记述。 2. 分析。 3. 感悟。	1. 历史过程。 2. 历史意义。 3. 历史变迁。	1. 口述史料(当事人或当时人的口述回忆等)。 2. 影像史料(包括过去的视频音频资料、历史照片等)。 3. 实物史料(旧址、器具等)。 4. 文献史料(历史著述、新闻报道、档案文件及地方志等)。	1. 口述访谈。 2. 实地考察。 3. 互联网检索(新闻报道等)。 4. 历史阅读。

以口述史活动"自我画像：5 岁之前的我"为例，这一活动的设计灵感来源于认知科学的研究。研究表明，人类会丧失 3 岁之前的记忆，而对于 3 岁之后的事情，人类会保留一些记忆。由此，学生可通过这一活动学会还原过去发生的事情。

为了充分挖掘活动的学习价值，教师对活动目标的设计不能仅仅停留于此，而要参照历史课程标准进行拓展和深化。《义务教育历史课程标准(2022年版)》中"在身边发现历史"这一跨学科主题活动的预期目标是"引导学生从身边的生活出发，探寻其中反映的历史，拉近学生生活与历史之间的距离，提升学生对历史的认知，发展历史思维"[①]。这一预期目标同样适用于学生对个人历史的探究。此外，教师还可以基于"学业质量标准"的要求进行活动目标的细化。例如，"学业质量标准"要求学生"能够尝试运用这些史料对重要史事进行简要说明，有理有据地表达自己的看法，表现出正确的价值判断和人文情怀"，据此学生可运用自己脑海残存的记忆和留存的相关史料重构历史，探寻影响自

---

① 中华人民共和国教育部制定：《义务教育历史课程标准(2022 年版)》，48 页，北京，北京师范大学出版社，2022。

我形象生成或认知的重大事件；"学业质量标准"还要求学生"了解历史发展过程中的各种联系"，据此学生可从过去出发，解释自我形象是如何逐步建构而成的。①

因此，学生口述史活动"自我画像：5岁之前的我"旨在引导学生通过口述访谈、查找实物等方式，搜集可反映自己5岁前生活的信息，思考"如何还原过去发生的事情"这一问题。教师应从个人史的角度，引导学生思考"历史是如何被书写出来的""历史和记忆之间有什么关系""个人记忆和群体记忆之间的关系"等问题。

为了帮助学生理解活动目标，从而把握叙事方向，教师设计了以下活动：第一，引导学生根据已有记忆和想象，尝试用3～5个关键词概括5岁前的自我形象；第二，出示并介绍活动目标；第三，向学生提供问题清单并组织学生进行初步作答。学生需要考虑的问题包括但不限于"个人的过去是历史吗""人为什么要回忆过去""我们可以通过什么样的途径了解自己的过去""我们能不能通过回忆还原过去的真实""举例说明你的过去是否影响了你的现在"等。通过上述问题，教师能够把握学生的前理解，并据此指导后续的活动。学生可以通过问题的拆分，深化对活动目标的理解，思考后续进行叙事活动的方向。

二、确定调查主题·搜集故事素材

基于叙事目标，首先，学生应当确定一个调查主题，并据此搜集故事素材。以个人、家族或社区为对象的口述史，其主题往往是基于学生身边可观察、可探寻的现象。在学生进行调查之前，这些现象就已存在于学生的意识中，并以前理解的形式影响学生对于调查主题的判断。换言之，对调查主题的认识是先于材料而形成的。以郑州样本校学生为例，A同学通过前期的问题清单所产生的感受是"童年的事或多或少都会对现在的我有影响，（可以通过）回溯过去，探究整个的

---

① 中华人民共和国教育部制定：《义务教育历史课程标准（2022年版）》，53页，北京，北京师范大学出版社，2022。

(因果)关系链，并且与现在对比，加深与完善自我认知"，她设定的调查主题更偏重于自己 5 岁前的性格。B 同学则考虑到与自己年纪相近的妹妹，他设定的调查主题更偏重于自己与妹妹幼年时的相处模式以及父母的培养模式。因此，教师应当在调查前引导学生审视自己的前理解，并将调查视为扩充或修正学生理解的开放性思考过程。

其次，学生搜集与调查主题相关的材料，据此确定自己需要调查的对象。不同类型的材料在调查过程中能起到不同的作用。例如，真实可信的材料可作为调查背景，使学生形成对事件的初步认识；有争议的材料可与调查对象核对；细节类材料可用于访谈过程，对调查对象提供的信息进行补充或引导调查对象深入话题；观点类材料可提供给调查对象进行评价，以探析调查对象的内心想法等。以学生口述史活动"自我画像：5 岁之前的我"为例，学生预先整理了可用于还原 5 岁前自己的"证据"（如照片、视频、亲人电子或书面的记录、幼儿园学生手册等），小组间讨论如何将"证据"运用于口述访谈之中（"证据"反映了什么事件、"证据"关涉到哪些人、"证据"是如何产生的以及为什么产生等）。

最后，学生需要定义自己调查的对象并设计具体的调查内容。口述史力求真实地呈现过去的故事。这一真实故事可以来源于学生的亲身经历，也可以来源于学生搜集到的反映特定事件的档案、日记或通过采访当事人而得到的口述史料等，以此获得与亲身经历具有相同真实性的内容。在定义调查对象时，前者应当考虑与学生具有共同经历的人群，后者则需要考虑所调查事件指向的典型人物，以此生成具有普遍意义的调查成果。在学生"自我画像：5 岁之前的我"口述史活动中，学生基于搜集到的照片等实物材料，确定了 2～3 位与调查内容相关的访谈对象，并通过分析访谈对象当时的年龄、性格以及居住地等，设计了相应的访谈问题。以上述 A 同学为例，她自主设计了一份口述调查方案(表 7-2)。

表 7-2　郑州样本校 A 同学的口述调查方案

调查目的	
探究 5 岁前我在别人印象里的性格，并与现在的性格做对比，探究发生了哪些变化。探究如今的某些行为习惯与小时候的一些行为习惯之间的联系和变化，发现自己的不足，并加以改正，感受人成长的乐趣，并以此提升访谈经验与能力。	
调查对象	
妈妈、三姨、爸爸	
调查问题	追问
我在 5 岁前有没有发生什么让您印象深刻的事情？	当时您的感受是什么？
我 5 岁前有哪些固定玩伴？	我对他们的态度是什么样的？ 我与他们是否发生过不愉快或争吵？如果有，起因大多数是什么？最终是如何解决的？
我在 5 岁前比较习惯于做什么或者偏好做什么？可以从日常生活习惯、学习习惯（读书等）、饮食（爱吃什么、吃饭特点）、玩乐（爱玩什么、玩乐时的习惯）等方面来说明。	您对我的这些偏好有什么感受呢？
您对 5 岁前的我有什么印象？	您认为我的性格是怎么样的？优点与缺点都可以说。
您对现在的我有什么印象？	您认为我是什么性格？有什么优点，有什么缺点。

郑州样本校 C 同学选择母亲和姥姥作为自己的访谈对象。"由于母亲对我的事情更为清晰，也具有很强的语言表达能力，所以我通常会问一些更具有开放性的问题，并加以追问。另外，由于我在她工作的地方上幼儿园，所以提出的问题更集中于上幼儿园阶段。与之相对的，我的姥姥作为第二位访谈对象，年龄较大，理解能力较弱，所以我问的多为引导式的问题，并通常用最简单易懂的语言去解释。因为姥姥在我很小的时候照顾我，所以我提问的问题更倾向于我 1~2 岁时的经历。通过一次次的'删除'与'重载'，我最终完成了此次访谈。"结合上述经历，C 同学概括了口述访谈的四条经验：第一，要确定访谈的问题，还要确定问题是否好回答，是否切合主题；第二，要确定合适的访谈对象；第三，在访谈过

程中，要用合适的语言去访谈，面对不同的访谈对象，要采用不同的访谈形式与内容；第四，要学会引出问题，并且针对不同的回答，要采用不同的追问，从而使访谈内容更加具体、丰富。

三、考证调查内容·拟定故事底本

历史教育肩负着"保障公民的应有学力，充分满足公民智慧发展的要求"①的特殊使命。在 21 世纪信息革命浪潮的冲击下，信息素养成了公民必备的基本素养。根据联合国教科文组织的界定，信息素养由"定义和阐明信息需求""查找和访问信息""评估信息""组织信息""合乎道德地使用信息""交流信息""使用信息与通信技术(ICT)进行信息处理"七个基本要素构成，涵盖了从问题提出到最终应用信息解决问题的整个过程。② 据此，信息素养强调了解决现实问题的思维技能，进而作用于终身学习者和知情公民的培养。

现实社会中的信息泛滥进一步催动了对信息素养的重视。随着信息渠道的开放以及人们表达意识的增强，大量良莠不齐、来源不明的信息涌入网络。人们的知觉选择性又导致了对信息的误读和错读。③人们评估、处理信息的能力不足，其思维就会被少部分信息生产者的思维裹挟，被不断放大的偏见填满，信息应有的价值更是无从发挥。对于心智发展不完全的青少年来说，提升其信息素养是学校教育必须承担的责任。

由于历史学科以提供大量信息为基本特征，因此历史教育在涵养学生的信息素养方面具有天然的学科优势。相较于教师将讲授知识和出示史料作为信息传递渠道的传统教学模式，课外学生建构历史叙事的活动则是将学生视为信息处理与创作的主体，更加强调以学生主动获取、协作探究的形式进行历史信息的评估与

---

① 齐健、赵亚夫等：《历史教育价值论》，19 页，北京，高等教育出版社，2003。

② UNESCO，*Media and Information Literate Citizens*：*Think Critically*，*Click Wisely*！，Paris，UNESCO，2021，p. 9.

③ 张汉林：《后疫情时代的跨文化交流：历史教育应有何作为》，载《课程·教材·教法》，2022(3)。

建构。

在课外学生建构历史叙事活动中，学生对历史叙事的解构与建构还需符合历史研究的原则，即运用批判性视角搜集、评估已有的历史信息，运用最真实、准确的信息进行历史解释。此外，历史叙事作为学生的探究对象，本身即承载历史信息的人工制品。因此，课外学生建构历史叙事的活动以历史叙事中的信息为探究基础，这有助于培养学生通过定义、查找、评估和组织历史信息进行合理解释的能力。尽管该过程在一定程度上体现了史学家进行研究的方式，但它并非以培养史学家为目标，而是引导学生将历史教育中获得的信息处理能力迁移至现实世界的问题情境中，使他们真正成为具有批判性思维和信息素养的知情公民。

置身于具体的口述史活动中，学生需要对调查过程中获得的访谈记录以及相关材料进行整合和分析，并思考哪些材料更符合主题、哪些材料包含的信息更具价值、访谈对象的陈述是否具有差异等问题。访谈对象陈述的差异既可能存在于不同访谈对象之间，也可能存在于同一访谈对象前后数次访谈之间。针对访谈对象陈述的差异，学生应当结合已收集到的材料，尝试对产生差异的原因进行解释。

在此过程中，将已收集到的材料作为实物史料，在还原历史的过程中起到了至关重要的作用。以郑州样本校 D、E 和 F 同学为例。D 同学在整合访谈记录的过程中，发现家人们对同一件事的陈述并不相同。于是"我就开始找（与这一事件)有关的照片、视频或者关于我的(记录)手册"。在此过程中，上述实物史料起到了与口述史料相互印证的作用。此外，D 同学还发现实物史料与口述史料的结合，更有利于自己"挖掘历史背景与现在的差异"，从而更好地理解调查内容。E 同学则选择一位已参与过访谈的对象，结合实物史料进行了第二次访谈，深入挖掘"某一家人眼中 5 岁前的我"。在此过程中，实物史料起到了帮助访谈对象从不同角度发掘过去信息价值的作用。

F 同学认为，"实物史料对于还原历史起到了辅助作用。我收集到了录音、旧日记本以及留下来的旧照片等证据，并进行了实地考察。虽然这些证据十分零散，但是我可以通过它们表现出来的相同点来建构整个历史的一个框架。不同点则需要严格审视其真实程度，判断其是否可以被采纳"。但在缺乏实物史料的情况下，还需要辅以自己的逻辑判断。F 同学在访谈过程中，了解到自己幼年时曾举着某一物体大喊"肉肉"，但当时在场的母亲和哥哥对这一物体的回忆却出现了差异。母亲记忆中是辣椒，而哥哥则坚持是黄瓜。F 同学认为，这一差异可能是由于同一场景下访谈对象的视角、所处身份或环境是不同的，并结合"妈妈是在厨房里匆匆瞥了我一眼，而哥哥却是直直地在院子里盯了我好久，因此黄瓜的可能性更大"这一分析，对口述史料的真实性进行了判断。

通过实物史料与口述史料的互证，学生能够提炼出相对准确的信息。由于这些信息仍然是零散的，学生可以通过绘制时间轴、撰写大事记或按事件性质分类等方式，将零散信息按照时序或主题进行关联，以作故事的底本。

四、深描叙事主题·形成历史解释

叙事主题是一种"连接或容许连接文本各成分并表示该文本或部分文本是关于什么的宏观结构分类或框架"①。在传统的叙事模式中，叙事主题指向"作者通过叙事作品表达了什么"这一问题，对主题的理解是驱使作者撰写并分享这一叙事的主要原因。因此，叙事主题在本质上是作者对于所述事件的概括性观点，既暗含了对事件状态变化的一种解释，又超乎事件本身所具有的意义。环境、角色、情节、视角等诸多叙事要素服务于特定主题的呈现，并由作者以有意义的逻辑结构组织而成。读者所要做的就是阅读完整的叙事文本，以此探寻作者思路并提炼叙事主题。换言之，读者是与作者割裂的，并始终跟随作者的理解而理解。但在后结构主义的视域中，作者和读者的角色并不是固定的。"历史叙述者在成为叙述者之前，首先是一位读者，他在阅读过程中同时进行理解活动，而确认自己获得了理解的表现是：读者能够给被理解物提供一种解释……当对事物有了合理理解时，读者、理解者便能够将事物的解释融入他在历史中生成的意义体系，

---

① ［美］杰拉德·普林斯：《叙述学词典》，乔国强、李孝弟译，230 页，上海，上海译文出版社，2016。

使该体系中的各种要素相互协调一致。"①

　　基于此，学生在口述史活动中首先是作为故事素材的搜集者和阅读者，形成对事件意义的初步理解，再作为故事的创作者而整合建构出一个全新的历史叙事。"在历史阐释的发展过程中，能够把各个彼此孤立的生活领域联系起来的能力是口述史天生的力量。"②而这一力量的发挥有赖于学生与口述对象反映的历史文化现象的接近。口述史料的特殊性决定了它仍鲜活地存在于学生的生活中，学生是带着对历史文化现象的前理解参与到口述史活动中的。在此过程中，他们所关注的问题不仅仅是"这个历史文化现象的主题是什么"，而且是"我如何理解这一历史文化现象""我要通过什么样的叙述让读者把握我所理解的主题"。正是在这一目标驱动下，学生得以建构自己的历史解释。

　　在"自我画像：5岁之前的我"这一口述史活动中，学生对于叙事主题的把握是步步深入的。首先，学生基于探究的主题自然形成一个可以贯穿整个活动的普遍的叙事主题。以郑州样本校学生提交的第一次作品为例，学生们普遍关注到的主题是"成长"与"爱"。在这一普遍主题的驱动下，学生得以形成故事的初稿。

　　其次，学生基于这一普遍主题进行深描。非虚构的叙事图景本质上是一系列描述性解释。换言之，尽管非虚构作品着重呈现对过去事件的描述，但其内在必然蕴含了作者的解释。这一解释旨在通过深描调查内容，凸显过去事件的历史意义。

　　根据格尔茨的定义，深描是人类学家进行民族志写作的一种手法，即"描述一定要深入到文化现象和文化行为内部"③，以此厘清其中蕴含的意义结构。引申至口述史活动，深描指代的是学生对于历史文化现象的重构与解释。重构体现为将个体的事件与广泛的社会文化背景相关联，将个人的记忆置于集体记忆中进

---

　　①　陈新：《论历史叙述中的理解与解释》，载《史学理论研究》，2000(2)。
　　②　[英]保尔·汤普逊：《过去的声音——口述史》，覃方明、渠东、张旅平译，316页，沈阳，辽宁教育出版社，2000。
　　③　李清华：《深描民族志方法的现象学基础》，载《贵州社会科学》，2014(2)。

行深入思考，如将家庭的迁徙与 20 世纪的"打工潮"相联系或将个人的成长经历与城市的变迁相联系。解释体现为对历史文化现象的当代理解。在"自我画像：5 岁之前的我"这一活动中，学生需要思考"如果选择该主题，可能会对自己当下的成长产生什么影响?""其他人能够从学习这个话题中受益吗?"等问题。据此，深描实际上是从历史和当代两个视角，发现事件所蕴藏的意义的。对事件意义的发现必须基于调查后掌握的真实信息和资料，合理关联事件和时代背景。在此基础上，学生得以对特定历史文化现象形成自己的解释。

再次，明确主要主题和次要主题。叙事主题可以分为主要主题和次要主题。作者从他们希望传达的中心思想开始写作，但往往能够在不同的部分中发现新的主题，尽管不同于涵盖整个文本的主要主题，新的次要主题仅仅能反映部分文本，但这个主题也同样能够引发作者的叙事共鸣。例如，H 同学在回忆自己 4 岁左右的经历时，着重描述了"留守儿童"这一社会问题。"那是 2011 年的夏天，我在电视上看见一些衣着破烂、家徒四壁的小朋友。我对妈妈说，他们好可怜，为什么不和他们的爸爸、妈妈在一起? 妈妈对我说，那是留守儿童，在我国还有很多这样的孩子。小小的我并不能理解什么是留守儿童，只知道他们在山沟沟里，吃不饱穿不暖。我对妈妈说我想帮他们，妈妈让我自己赚钱，不能赚自己家人的钱。于是我开始了捡瓶子卖钱的漫漫长路。留守儿童，这个时代的孤儿。他们就像一根根刺，刺在我们心上……生活水平在提高，时代在飞速发展，一切都在变，可不变的是那份帮助他人的真心。"

最后，运用不同的叙事要素凸显叙事主题。学生对叙事主题的强调应以组织不同的叙事要素为基础。教师可提供叙事要素的组织框架(表 7-3)及口述文章范例作为学习支架。通过识别主角是如何参与、出于何种动机参与了主要冲突，分析主要冲突引发了事件状态的何种转变及其最终的解决方案，学生得以了解作者运用叙事要素凸显叙事主题的策略，并将之应用于自己的叙事建构中。

表 7-3　叙事要素的组织框架

叙事要素	定义及作用	问题
环境	定义：故事中使用的时间段、地理位置、文化背景、周围环境等。 作用：作为叙事背景提供事件的基本信息；作为情节的组成部分，铺垫冲突；暗示事件氛围或人物状态。	1. 作者通过环境说明了什么？ 2. 故事的环境如何影响人物对于冲突的反应？ 3. 故事的环境如何影响主题？
角色	定义：故事中的重要人物，包括主角与配角。 作用：影响叙事视角；角色引发或经历的事件构成叙事内容；作者可能借助角色的对话或言论，暗示自己的观点。	1. 主角与配角间是什么关系（如支持者或反对者）？主角对配角具有什么影响？ 2. 角色具有什么个性和特征？随着事件发展是否发生了变化？ 3. 主角的行动如何影响情节组织？ 4. 主角对故事中重要问题或事件的看法是什么？
情节	定义：情节是由重要事件转化而来的故事要素，多围绕着某一冲突设置开头（形成冲突的背景和事件）、经过（扩大冲突的事件）、高潮（最激烈的冲突事件）和结尾（冲突的解决）。 作用：体现作者对重要事件的判断；展现角色的性格和行动；体现角色之间、角色与环境之间的互动。	1. 情节由哪些事件转化而来？如何传达主题？ 2. 故事中最重要的冲突是什么？ 3. 角色是如何参与冲突或被冲突影响的？ 4. 冲突是如何发展的？是否得到妥善解决？冲突的解决是否传达了主题？ 5. 是否包含重复出现的细节？意味着什么？
视角	定义：作者讲述故事的视角，包括参与者、旁观者、后来者等视角。 作用：有重点地选择事件并传递观点。	1. 作者反映了故事的内在还是外在视角？ 2. 作者为什么选择这个视角？ 3. 如果从不同的角度讲述这个故事，会有什么变化？ 4. 叙事视角如何影响主题的呈现？

五、深化叙事意义·发展个体认知

以学生口述史活动为代表的课外历史叙事活动有利于将课堂的历史学习拓展

到课堂之外，从教师的历史叙事拓展到师生乃至生生共同形成的历史叙事中。从本质来说，上述转变实为历史学习观念的转变，即从"了解历史"发展为更高层次的"做历史"。

概括来说，"了解历史"指向的是对历史知识的识记，而"做历史"则强调通过"做中学"来学习历史。它"要求学生思考原因与结果的关系，获得合理的历史解释，进行历史的探究，求得可资在现实生活中作出明智决定的知识"[①]。进一步来说，历史为我们提供的不是已定型的历史知识，而是分析和解释过去发生问题的工具。"做中学"有利于学生在实际探究中掌握这一工具，以此形成对当下社会现象的历史理解，获得解决未来可能存在问题的视角。"没有'做'和由此产生的自动、自主的探究行为（发现和解决问题），就不能带来真正的历史教育"[②]，历史教育的意义也无从彰显。

课外学生建构历史叙事的活动对多元叙事方式的强调，有利于打通历史叙事、历史阅读以及知识建构和表现，"使学科原有的基础和结构发生变化，让学习者获得阐释人的思想与行为的机会和能力"[③]。学生通过解构和建构历史叙事，将历史知识的建构和历史思维能力的运用相贯通。根据不同类型叙事探究活动，"了解历史"指向的是叙事探究过程中需要进行认知和建构的历史知识，"做历史"则指向的是叙事探究过程中需要运用的思维工具。传统历史课堂上对权威叙事的接受往往停留于"了解历史"的较低层次，解构已有叙事和建构新的叙事则是在了解历史的基础上，向"做历史"发展。两者都需要运用历史思维能力进行知识建构（图7-2）。

[①] 转引自王正瀚：《从美国中学教学实例看"做历史"方式》，载《全球教育展望》，2011（9）。

[②] 赵亚夫：《中学历史教育学》，13页，北京，北京师范大学出版社，2019。

[③] 赵亚夫：《中学历史教育学》，74页，北京，北京师范大学出版社，2019。

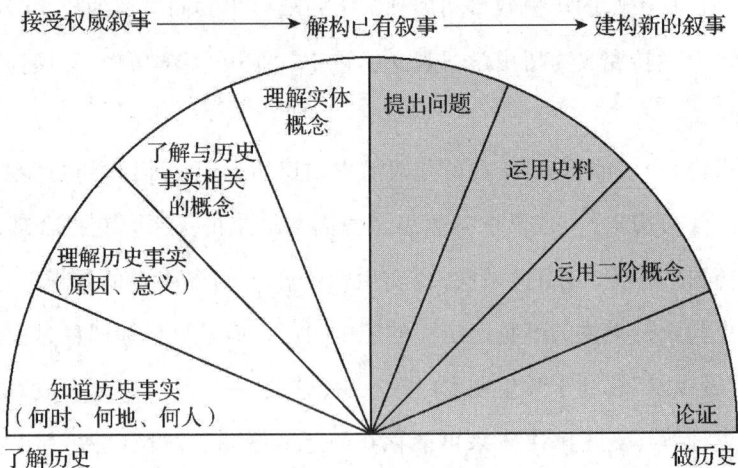

接受权威叙事 ——————→ 解构已有叙事 ——————→ 建构新的叙事

理解实体概念

提出问题

了解与历史事实相关的概念

运用史料

理解历史事实（原因、意义）

运用二阶概念

知道历史事实（何时、何地、何人）

论证

了解历史

做历史

图 7-2　叙事探究活动中历史知识与历史思维能力的关联[①]

为了进一步深化"自我画像：5 岁之前的我"这一口述史活动的意义，教师指导学生根据已有成果，再次尝试用 3～5 个关键词概括 5 岁前的自我形象，思考活动过程中自我认知是否发生了改变，分享自己学习中的感悟。通过这一步骤，教师有效地引导学生深化了叙事活动的意义，并将个人认知的发展以外显的方式呈现出来。

以郑州样本校 I 同学的感悟做总结。"关于 5 岁前自画像的调研报告，我一直在思考它的意义以及它到底让我收获了什么。通过实物史料和口述史料来追溯过去，它的意义何在？在活动过程中，我突然明白了它的意义。我很久没有跟家人这样谈话了，这样融洽、温馨地回忆过往、感叹岁月，看一看时间留下的痕迹。知道这些过去，不仅仅是为了有趣，而且是为了了解自己的性格，对自己有一个更深的认识。童年的事或多或少都会对现在的我有影响，回溯过去并且与现在对比，有利于加深与完善对自我的认知。我们总说以史为鉴，对过去的自己有更深的了解也有利于完善自己，面向未来。"

---

① H. Havekes，P. A. Coppen & J. Luttenberg，et al.，"Knowing and Doing History：A Conceptual Framework and Pedagogy for Teaching Historical Contextualisation，"*International Journal of Historical Learning*，*Teaching and Research*，2012(11)，p. 75.

概括地说，郑州样本校学生通过"自我画像：5岁之前的我"这一口述史活动，主要有了以下几点发展。

首先，郑州样本校学生在历史调查的过程中普遍掌握了口述访谈的方法，对于史料的分析、组织能力也有了较大提升。部分学生能够根据访谈对象的特征，设定相应的访谈问题。例如，在与文化水平较低的爷爷、奶奶访谈时，学生侧重于询问具体的事件；在与父母访谈时，则增加了对价值性认识的反思，如"个人的过去是否算是历史"等问题。同时，学生在历史调查的过程中也提升了人际交互和自我规制等非认知能力。

其次，郑州样本校学生能够较好地关联个人生活与社会背景。在活动后期，部分学生能够深挖调查内容，将个人的家庭变迁与移民潮或城中村改造联系在一起；部分学生则着重探究当时国内的重大事件对个人成长的影响，如父母采用奥运福娃的名字给孩子命名、金融危机对家庭经济情况的影响等。

最后，郑州样本校学生的历史认知发生了较大的转变。在探究过程中，学生能够积极发掘身边的历史。学生对不同访谈对象之间的调查内容进行互证，运用实物史料支撑调查内容，能够在一定程度上做到"论从史出，史论结合"。此外，学生对于历史叙事的理解也发生了较大的改变，既能够将已有的叙事材料作为探析个人生活的佐证，又能够通过建构新的叙事呈现自己对于过去的理解。

【本章小结】

本章着眼于课外学生建构历史叙事的实施策略。了解和掌握叙事，关乎着历史教学的方向和质量，历史教师如何引导学生叙事和实证已然是其搪塞不了的专业任务。当然，课外学生建构历史叙事的活动不仅仅是教师指导学生撰写口述文章，还包括"编演历史剧""撰写小论文""编写家庭简史、社区简史和历史人物小传""编写历史题材的板报""采访历史见证人"等。它们旨在以学生为主体、以师生互动和生生互动为特征、以探究历史问题为目的，以达到打通教师建构历史叙事和学生建构历史叙事、衔接历史课堂教学和历史课外活动、用学生建构历史叙事来搭配教师建构历史叙事、以历史课外活动来推动历史课堂教学等目的。

据此，本章以教师指导学生撰写口述文章为例，探索课外学生建构历史叙事的实施策略，即设定叙事目标·把握叙事方向、确定调查主题·搜集故事素材、考证调查内容·拟定故事底本、深描叙事主题·形成历史解释、深化叙事意义·发展个体认知，希冀从课堂之外的学生建构历史叙事的实施策略入手，实现历史课程育人方式的变革。

第八章　基于叙事的历史教学工具开发

【本章提要】

历史教学离不开历史故事，那么选什么样的历史故事才契合我们的教学目标呢？如果说历史故事的选用是教师对既有历史故事的原景再现，那么历史故事的建构则涉及教师如何基于教与学的内在逻辑，重新组织历史材料，建构新的历史故事内容，并以不同的方式加以叙述。所以如何建构历史故事呢？历史故事因具有保证讲授趣味性、生动性、流畅性的特点，而被教师青睐，信奉应将历史课故事化者也不在少数。但不可忽视的是，教师讲历史故事时常常忽略对"语言结构"与"意义"的理解与把握。那么，历史课堂如何讲历史故事？如何把无效的历史故事讲授优化成有效的历史故事讲授呢？引入历史叙事进行教学，需要不断叩问、反省历史故事选用、建构等一系列问题。

据此，我们开发历史故事选用、建构、研习、评价工具就有了重要的意义，有助于帮助教师实施叙事教学时有更多的反思视角，也能够指引学生做好历史叙事，加深对历史的思考和理解。

在新形势下，历史教师有必要掌握历史叙事教学的基本准则与原理，并以此来指导自己的常态化教学实践。

一、历史故事的选用逻辑

历史教学离不开历史故事。以历史故事活跃课堂气氛者有之，将历史故事视为历史课的主要形式者有之，认为历史故事揭示历史教学本质者亦有之。然而，无论是出于哪一种目的，都不得不思考"选什么样的历史故事"这一基本问题。历史故事选用的标准由历史教学的目的决定。本节拟从历史教学中需要处理的四个逻辑出发，探讨历史故事的选用工具。

(一)依据课程标准和教科书的内容逻辑

课程标准是对学生理应形成的学科知识、技能和态度及其相应的教学内容、学业水平的规定。[①] 也就是说，课程标准是对教师为什么教、教什么、教到什么程度的要求。历史故事的选用，首先要考虑课程标准对历史教学的指导性。这种指导性不仅是内容上的，而且是理念上的。因此，教师不能只顾"课程内容"对教什么内容的限定，而忽视"课程性质""课程理念""课程目标"等部分的说明。

例如，在"贞观之治"的历史学习中，教师常选择唐太宗与魏徵的君臣和谐、唐太宗会见吐蕃使臣等故事，来落实"贞观之治"的原因与表现等知识。但这并不是教学的终点。如果我们基于"教—学—评一体化"的思路，对照课程标准中的"学业质量"部分则会发现，这仅完成了"掌握历史发展过程中的重要史事"的学习，而没有完成"了解历史发展过程中的各种联系"和"认识历史发展的基本规律和大趋势"的学习。如果我们反过来思考，由预期学习成就出发，思考如何选用历史故事，则可以将其进一步优化。例如，"了解历史发展过程中的各种联系"，对于"贞观之治"而言，君臣和谐、对外交往、制度建设等方面的历史故事，则围绕"能够对一定时空条件下的政治、经济、文化等之间的相互关系与相互影响作出合理的解释"这一目标而选择与组织；"认识历史发展的基本规律和大趋势"，对于"贞观之治"而言，唐太宗与周边民族交往的故事，应围绕"了解统一多民族国家巩固和发展的重要历史意义"这一目标而选择与组织。[②]

当然，课程标准是纲领式的，它更多的是对历史教学的方向性指导，具体的课程内容在教科书中得以丰满。一般认为，"教材是以特定年级的学生为对象，

---

① 赵亚夫：《追寻历史教育的本义——兼论历史课程标准的功能》，载《课程·教材·教法》，2004(3)。

② 中华人民共和国教育部制定：《义务教育历史课程标准(2022年版)》，53～54页，北京，北京师范大学出版社，2022。

根据特定时间的教学任务和条件，对特定教学内容进行解释的教学用书"①。教科书是教材的物化材料，在教学中具有不可替代的作用。历史教科书是中学历史课堂开展教学活动的核心资源，它根据国家总体教育目标和学科课程标准编写，包含中学历史教学的基本知识结构，是教师教的依据和学生学的媒介工具。因此，选用历史故事，除了要落实课程标准的要求，还要依据历史教科书的内容。

根据当前的历史教科书编写结构，历史教科书被分为"课文系统"与"课文辅助系统"两大部分。其中，课文系统是对主干知识的叙述，课文辅助系统为主干知识提供辅助性材料与问题思考。针对课文系统，教师在选用历史故事时，侧重于为历史发展的骨架增添血肉，将概述性知识变为细节性故事。例如，教科书讲到"安史之乱"时写道"各地的节度使逐渐集军权、行政权和财权于一身，势力膨胀"，对学生而言，这种描述是空洞的，教师可以根据主干知识，去选择恰当的历史故事，如安禄山所辖属地的情况等。这样学生对这段历史就更有感知了。

而针对课文辅助系统，教师侧重于用足教科书的栏目设计。这里所谓"用足"，有两层含义：其一，尽量以教科书中的资源为主要教学资源；其二，深度挖掘辅助栏目的学习价值。例如，初中历史教科书中有"相关史事"栏目，其提供了丰富的历史故事，教师可以直接采用，指导学生阅读。在"唐朝的中外文化交流"一课，"相关史事"就提供了"遣唐使传播中国节日""鉴真十二年东渡""新罗人崔致远入唐求学""玄奘西行"的故事，教师可以借助这些故事，勾勒出唐朝时中外文化交流的基本面貌与特点。

综而观之，课程标准、教科书约束了教师选用历史故事的深度与广度。一方面，课程标准为选用历史故事提供方向性指导，教师要思考"为什么要选这个故事而不是那个故事"等问题；另一方面，教科书为选用历史故事提供内容性指导，教师要思考教科书中的历史叙述文本已有什么样的历史故事，还需要什么样的历史故事。当然，建基于二者之上，还有一层隐性的逻辑，即课程标准与教科书合力之下，为教师选用历史故事提供了技术性指导。直观理解并帮助教师操作该选

---

① 于友西、赵亚夫主编：《中学历史教学法》，52页，北京，高等教育出版社，2017。

用工具，其工具指南见表 8-1 所示。

表 8-1　历史故事选用逻辑一

选用工具	思考路径	可供思考的问题
依据课程标准和教科书的内容逻辑	分析课程标准的规定	课程标准的内容规定了哪些核心知识？
		课程标准中的性质与理念在教学内容中是如何具体渗透的？
	细化教科书的内容	教科书的叙事结构是什么？
		教科书已经提供了哪些历史故事？
		已有的历史故事是否可用？
	评析已有和未有的素材	为达成目标要求，还需要哪一类或哪几类历史故事？

(二)依据历史教师的教学逻辑

所谓教师的教学逻辑，即"教师通过备课或教学设计梳理出来的历史知识逻辑"①。从教学逻辑出发，选用历史故事首先要考虑的是，历史故事是否围绕教学立意展开。也就是说，选择什么样的历史故事，是基于教师对教学思路整体的把握。

从历史教学研究看，学者们对教学立意的界定各有侧重，如认为教学立意是核心概念、是灵魂、是主题、是教学目标、是核心观点等，层出不穷。质言之，教学立意是对历史学习内容的凝练，是对知识、技能与价值观的综合。一方面，它是历史内容的主旨；另一方面，它也是历史内容的认识视角。此外，它还是思维方式的集中表达。用时下流行的教育学概念来说，它表现为一节课的大概念。一节课的设计思路都围绕教学立意展开。历史故事的选用自然也围绕教学立意展开。

举例言之，在学习"清末民初的社会生活"相关内容时，有教师将教学立意拟

---

① 赵亚夫：《历史教学设计的流程、诊断与策略(第一讲)》，载《中学历史教学参考》，2014(9)。

定为"黄土地沉沦下的蓝色文明，老城厢涅槃中的西洋风气"①。围绕这一教学立意，教学逻辑就被梳理出来了。近代中国遭受西方列强侵略的同时，又不可避免地被西方文化影响，将其与本土文化相杂糅。而这种新变化并非狂风骤雨般席卷全国的，而是有层次性的。新变化主要出现在沿海开放口岸，对内陆乃至于农村，则少有影响。即便是城市，也是变与不变并存的。由此，教学立意中暗含的对近代社会发展的辩证认识也得以凸显。

这样，教师在选用历史故事时，就有了明确的目标。教师可以讲述"穿着传统婚服的新娘的头饰，穿着传统长袍马褂的新郎手中拿的礼帽"②等相关的历史故事，引导学生从整体视角观察近代生活。

课程标准、教科书的内容逻辑以及教师的教学逻辑，这是历史教学中最常见的两种逻辑。实际上，大多时候二者会合二为一，出现逻辑一致的现象。这就是所谓教师中心、内容中心的历史教学。教师在选用历史故事时，更多的是顾及用什么历史故事能够使自己的课讲得顺畅、讲得生动、讲得深刻，很少或者说不顾及学生的实际学习情况。直观理解并帮助教师操作该选用工具，其工具指南见表8-2所示。

表8-2　历史故事选用逻辑二

选用工具	思考路径	可供思考的问题
依据历史教师的教学逻辑	明确目标	这节课的教学立意是什么？
		我要达成什么样的教学目标？
	思考素材	什么样的历史故事可以体现教学立意？
		我要从哪个角度切入教学立意？
	评估效果	我选的历史故事在何种程度上可以达成教学目标？

---

① 王长芬：《初中七年级〈欧风美雨下清末民初的社会生活〉教学设计及说明》，载《历史教学》，2011(13)。

② 王长芬：《初中七年级〈欧风美雨下清末民初的社会生活〉教学设计及说明》，载《历史教学》，2011(13)。

(三)依据学生的历史学习逻辑

学生的历史学习逻辑，即与学生年龄特征、智力和学习经验相关，通过教师引导、自主阅读等获得的认知历史的逻辑。[①] 在以学生为中心的背景下，教师不得不考虑如何使自己的教学设计逻辑转化为学生的历史学习逻辑。具体到历史故事的选用上，教师要多从学生的年龄特征、认知基础等方面考虑，选择恰当的历史故事。

因此，教师可以从以下三个问题入手，对选择什么样的历史故事加以考虑。第一，历史故事是学生喜欢的吗？从功能角度看，历史故事本身就具有激趣（趣味性）、凝神（意义性）的功能。教师选用的历史故事首先要是学生喜欢的，而不是枯燥的描述、干瘪的情节、老生常谈的论调。当然，这也并不意味着教师选用历史故事要一味标新立异，哗众取宠，走向另一个极端。

第二，历史故事是学生熟悉的吗？如果是熟悉的历史故事，教师就要进一步思考，既然学生已经熟悉了故事内容，那么是否需要详细讲，是否需要变化讲述方式，来突出历史故事的意义。如果是学生不熟悉的故事内容，那么如何处理才有助于学生消化故事内容，才能反映出历史学习的目标来。例如，孔融让梨的故事是为学生所熟知的。孔融得到夸奖，除了因为他谦让之外，更重要的是因为孔融年纪虽小，却遵守儒家的礼仪。这样的故事选用，建基于学生熟悉的素材，但也给学生以认知上的冲突感，从而激发学生对历史故事反映的历史面貌做进一步发掘。

第三，历史故事是学生可理解的吗？历史故事的选用是以帮助学生理解历史为目标的。学生透过历史故事理解历史，首先要确保历史故事是可以被理解的。学生的这种理解当然是有前提的。从心理学上讲，历史故事处于学生的最近发展区内，学生可以基于自己已有的认知水平，对历史故事做出识读、分析、整合与发挥。从解释学上讲，历史故事与学生在视域上达成一定程度的"融合"。总之，

---

① 赵亚夫：《历史教学设计的流程、诊断与策略（第一讲）》，载《中学历史教学参考》，2014(9)。

"一切诠释学条件中最首要的条件总是前理解，这种前理解来自于与同一事物相关联的存在"①。无论是哪种角度，教师要选择学生可理解的历史故事，都需要充分考虑学生的前理解状态。例如，某教师在讲统编版初中历史七年级上册"东汉的兴衰"一课时，选用了毛泽东与黄炎培"窑洞对"的故事作为新课导入。从效果上说，这或许可以帮助学生发现王朝兴衰的深层原因。但换个角度看，学生是否能够真正理解该故事呢？"窑洞对"的故事对于初中生而言，是相对陌生的；"窑洞对"所反映出的王朝兴衰的密码，对于刚刚学习秦汉历史的学生而言，更是没有认知基础的；教师讲完"窑洞对"后，又将教学引向东汉历史，跨度之大，对于初中学生的思维习惯来说，显然也是跳跃性极大的。因此，这样的故事选用存在不恰当之嫌疑。其理由便是学生难以理解历史故事，难以在历史故事中探究历史面貌与历史意义。直观理解并帮助教师操作该选用工具，其工具指南见表8-3所示。

表8-3　历史故事选用逻辑三

选用工具	思考路径	可供思考的问题
依据学生的 历史学习逻辑	抓住学生兴趣	历史故事是学生喜欢的吗？
	勾连学生经验	历史故事是学生熟悉的吗？
	提升学生认知	历史故事是学生可理解的吗？

(四)依据历史的自身发生逻辑

历史自身的发展、演变逻辑，即历史本身所隐含的事实逻辑。② 毫无疑问，历史故事必须遵循历史事件的发生逻辑，即便在教学处理上有序列的调整，那也只是讲述技巧上的，从逻辑上看仍然要符合历史发生的脉络。这表现在两个方面：其一是历史故事内部的意义内涵，其二是历史故事外部的因果关系。

历史故事内部的意义内涵要符合历史本身的意义。也就是说，不能过度解

---

① ［德］汉斯-格奥尔格·伽达默尔：《诠释学Ⅰ 真理与方法——哲学诠释学的基本特征》，洪汉鼎译，417页，北京，商务印书馆，2017。

② 赵亚夫：《历史教学设计的流程、诊断与策略（第一讲）》，载《中学历史教学参考》，2014(9)。

143

读，或是贴标签式地附加本不属于它的内涵。这是教师历史教学要遵守的"史德"。因为过度解读，或是贴标签式地附加本不属于它的内涵，一方面破坏了历史课求真求实的环境，另一方面也扭曲了学生正在养成的历史观。例如，范文澜在其 1951 年发表的一篇文章中，承认他在 1940 年和 1941 年完成于延安的《中国通史简编》片面强调了中国历史上统治者的专制和野蛮，却忽视了他们对历史的贡献。他进而承认自己为了将三国时期吴蜀联合抵抗魏国的做法，与抗日战争时期的统一战线相比拟，或者将吴国的孙权与破坏统一战线的国民党领袖相比拟，完全用负面的笔调来描述孙权，这与历史事实并不吻合。[①] 这种历史与现在的联系是政治化的笔调，是忽略历史事实而进行的影射，并不能呈现历史人物和事件的时代风貌，也就失去了时代性与历史感。帮助学生建构这样的历史与现在的联系，不但不能使学生树立历史意识，反倒有害，不利于学生理解过去和现在。

历史故事外部的因果关系，通常表现为历史故事与相关事件之间所形成的时间顺序。将历史故事置于较为宏大的历史背景之下加以审视，是对历史故事语境的准确把握。历史故事要符合历史事件实际的发生、发展轨迹，谨防在故事选择上出现时空错位、倒置因果的问题。以前面第五章"结构的设计·把握故事逻辑"中所列举的"楚王问鼎"的历史故事为例。如果单从故事本身看，是有关楚国在楚庄王的治理下，日渐强大，意图挑战周王室权威，显露出不臣之心的故事。如果将故事放在楚国的历史中来看，在楚庄王之前，楚武王"请王室尊吾号"被拒绝，愤而自立为王，自称"南蛮"，称霸南方；在楚庄王之后，楚灵王又"求鼎以为分"，楚顷襄王也欲图周之宝器，那么"楚王问鼎"的故事就变成了作为"南蛮"的楚国希望进入华夏文化圈，成为中原诸侯国的一分子，体现了由"华夷之辨"到"华夷交融"的认同建构史。如果将故事放在整个春秋战国的历史发展中来认识，它与齐桓公葵丘会盟等同为王室衰微、诸侯争霸的时代缩影。[②] 直观理解并帮助

---

① [美]李怀印：《重构近代中国——中国历史写作中的想象与真实》，岁有生、王传奇译，151 页，北京，中华书局，2013。

② 刘波、王傲：《认同建构视角下"楚王问鼎"的另一种讲法——兼论如何讲好历史故事》，载《中学历史教学参考》，2021(6)。

教师操作该选用工具，其工具指南见表 8-4 所示。

表 8-4　历史故事选用逻辑四

选用工具	思考路径	可供思考的问题
依据历史的 自身发生逻辑	确定事实	故事反映的历史事件是什么？
		历史故事有史料依据吗？
	厘清过程	这个历史事件是如何发生与发展的？
		故事是否遵循了历史事件的发生顺序？
	建立关联	历史事件与相关事件是如何建立联系的？

　　课程标准和教科书的内容逻辑、历史教师的教学逻辑、学生的历史学习逻辑、历史的自身发生逻辑，这四个逻辑并不是孤立存在的，它们相互交织，形成了历史故事的选用工具。历史故事的选用不是越多越佳，也不是越离奇越好，而是要明确教师讲故事的基础、视野与结构。基础，即学生的经验；视野，即从历史知识、历史思维、历史意识的角度看待历史故事的选择意图；结构，即历史故事所反映的学习内容应是结构化的，是符合学生认知结构的，同时也是建立在学生原有认知之上发展出新的结构的。而要做到这三点，教师选用历史故事时必须平衡处理四个逻辑关系。

二、历史故事的建构策略

　　如果说历史故事的选用可以是教师对既有历史故事的原景再现，那么历史故事的建构则涉及教师如何基于教与学的内在逻辑，重新组织历史材料，建构新的历史故事内容，并以不同的方式加以叙述。

　　从建构过程来说，历史故事建构的过程是对历史故事情节的预设。从要素来说，历史故事可以细化为史料、主题、人物、结构、情节和意义六要素，如图 8-1 所示。而历史故事的建构以历史故事六要素为基础，围绕史料要素，可以分为以下五个建构策略。

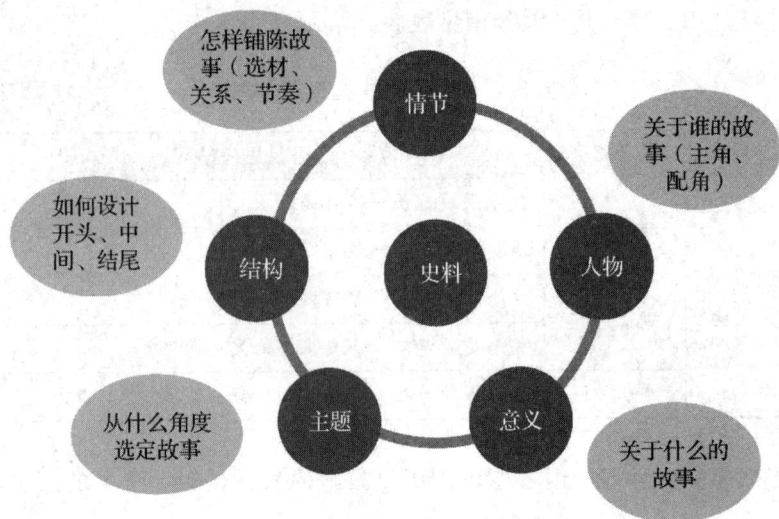

图 8-1　历史故事六要素

(一)故事主题的建构策略

故事主题是叙事者进行观察和叙述的位置与角度,包含叙事者的情感、观念、意识形态立场等内容。故事主题的选定,影响着故事主角的确定、故事情节的组织、故事意义的表达等具体问题。

那么如何选定故事主题呢?我们可以尝试以下三种方法。其一,找准历史故事的存在语境。"叙述应该是一个系统,只有在整体的语境中,部分的叙事才能获得相关的解释,考虑一个孤立的叙述是没有意义的。"[①]如果忽视历史故事的存在语境,就失去了观其源、断其义的可能,也更谈不上理解历史。我们要考虑,历史故事发生的时代主流价值观是什么,历史故事的记载者与历史故事的内容角色是什么样的价值观,历史故事的内容角色在解决什么问题,等等。

其二,将历史故事放在更大的整体中理解。历史故事只是漫长历史进程中的一粟,也是那个时代社会面貌的一瞥,我们可以将其放在一个更大的整体中来认识。例如,对于陈尧咨与卖油翁的故事来说,《归田录》就是一个整体;对于晚年

---

① 韩震、孟鸣歧:《历史·理解·意义——历史诠释学》,109 页,上海,上海译文出版社,2002。

的欧阳修来说，他的一生就是一个整体。从《归田录》，我们可以推知陈尧咨与卖油翁这个故事的主角、预期读者和写作目的；从欧阳修的一生，我们可以推知他一贯信奉的价值观。只有将陈尧咨与卖油翁的故事置于整体之中，我们才能更好地理解欧阳修的真实意图。①

其三，关注到历史故事的多面影响。一个历史事件发生后，犹如光线由三棱镜折射出去，形成多个面相。所以在选择历史故事的主题时，可以关注历史故事的多面性，"关注某一事件或者某个人的生活的不同或互相矛盾的方面，或者描述一件事情发生期间和发生后的不同观点"②。例如，北魏孝文帝改革对于中华民族整体而言，有利于各民族之间的交往交流交融；对于鲜卑族而言，则改变了本民族的生活方式与文化传统。之所以造成意义的差异，是由于选择了不同的主题，从不同的群体、不同时期看待历史故事。综上，我们可以总结故事主题的建构策略，见表 8-5。

表 8-5　故事主题的建构策略

方法类型	思考角度	具体问题
语境化	发生语境	故事发生在什么时间？有什么特殊性吗？ 故事发生的时代的主流价值观是什么？ 故事中的人持有什么样的价值观念？ 故事中的人是在解决什么问题？
	书写语境	故事是由谁提供的创作基础？写于何时？ 故事是以哪个（类）人的立场书写的？ 故事的原初受众是哪类人？
时空感	短时段	故事发生于什么样具体的时间与空间条件下？
	中时段	故事是否是孤立的？与前后事件是否具有连续性？
	长时段	故事在某个时代主题下处于什么地位？

---

① 邓敏、张汉林：《如何阐释历史意义——以陈尧咨与卖油翁的故事为例》，载《中学历史教学》，2021(9)。

② Daisy Martin, "Using Core Historical Thinking Concepts in an Elementary History Methods Course," *The History Teacher*, 2012(4), pp. 581-602.

方法类型	思考角度	具体问题
影响面	主体变化	故事更强调对哪类人的影响?
	方面变化	故事重点倾向于哪个方面(如政治、经济、文化、民族关系、对外关系等)的影响?
	时空变化	故事更重视长远效益还是短期效果? 故事更重视事件对哪一地域的影响?

(二)故事人物的建构策略

历史故事谁是主角、谁是配角,或者全是主角多线并进,决定了历史故事是"关于谁的故事"。选定的主角不同,历史故事的选材也会随之变化,历史故事的意义表达也是另一番模样。当某个人物被推向历史舞台时,可能会有另一些人隐入幕后,成为历史故事的支线与背景。例如,讲"新航路开辟",可以选择哥伦布等人为主角,讲述他们的冒险精神;也可以选择美洲原住民为主角,讲述外来者破坏他们家园的强盗行径;还可以选择西欧市民为主角,讲述经济结构与生活的变化;更可以选择一个现代人为主角,讲述新航路开辟带给世界的福利与恶果。叙事者在做出选择时,就成了认识论上的局中人,必须面对艰难抉择——"为何要讲他们的故事"等更深层的问题随之而来。[1]

如果从实践的角度看,故事人物的建构策略见表 8-6。

表 8-6　故事人物的建构策略

故事人物角色选定的问题思考	故事有主角吗? 故事是唯一主角吗? 故事的主角是谁? 主角与配角是什么关系? 如果是多主角,他们之间是什么关系?他们的认知之间是什么关系?

---

[1]　刘波、王傲:《历史教学中讲故事的意义阐释》,载《教育学报》,2022(4)。

续表

故事人物角色选定的范畴参考	历史事件的主导者、参与者、旁观者。 历史事件的主动者、被动者。 历史事件发生中的人、发生后的人、现代人。 历史事件的启蒙者、首倡者、追随者、反对者。

(三)故事结构的建构策略

讲一个历史故事，"应当有一定的结构安排和节奏变化"①。历史故事的结构可以大致分为三类。其一，依据确证的历史事件，按照简单的时间顺序排列，如"英格兰国王死了，接着王后悲痛欲绝，随后公主开始焦虑"。这是一种简单的编年式历史故事，为将其"改变成一种有意义的叙事，就必须对它作情节编织；也必须将它编码"②。这就有了后两类结构。其二，依据主要事件与相关事件间的联系，以情节化为手段，确定叙事结构。叙事结构一般以开头、中间与结尾赋予事件序列，事件序列的不同选择呈现出差异性历史故事。例如，关于"一战"的故事，若始于1871年，终于1933年，则传达这样的信息：普法战争给"一战"埋下隐患，到1933年纳粹上台，德国才开始走出法国在"一战"后对德国的重罚。如果以1914年为"一战"开端，以1919年为"一战"结尾，这将成为从各帝国主义国家之间的均势平衡出现裂隙，到尝试建立新的世界秩序的故事。其三，将事件依据不同主题分组，再将各主题按照核心主题进行排序。这适用于共时性历史故事。例如，以太平天国失败为核心主题，可将洪秀全的阶级局限、起义军与清军的交锋等分主题集结一处，展示它们之间的适切性与冲突性。

显然，后两类结构呈现了"得自于讲述故事这一行为的结构，而不是来自事

① 于友西、赵亚夫主编：《中学历史教学法》，113页，北京，高等教育出版社，2017。
② ［英］基思·詹金斯：《论"历史是什么?"——从卡尔和艾尔顿到罗蒂和怀特》，江政宽译，192页，北京，商务印书馆，2007。

件本身"①，其为学生提供了历史故事内部的论证关系、总主题与分主题的关系与排列等不同层面的探究。② 由此也可以想见，设计历史故事是复杂的，根据学情不同，可以设计难易程度不同的历史故事，见表8-7。

表 8-7 故事结构的建构策略

难度程度低的历史故事： **给出开头与结尾，** **让学生补充中间环节**	方式 1：教师展示重要事件，进行讲解，或带领学生分析。
	方式 2：教师展示部分重要事件并进行讲解，作为范例，学生补充剩余的事件。
	方式 3：教师提供若干事件，学生选择部分并说明理由。
	方式 4：学生分组，自主填充事件并说明理由。
难度程度高的历史故事： **给出若干事件，让学生** **自由排序组合成开头、** **中间与结尾**	方式 1：教师展示无序的相关事件，由学生选择部分事件组成历史故事，并说明理由。
	方式 2：教师提供叙事主题与部分重要事件，由学生自主补充强相关事件，按照一定的情节加以排列，并说明理由。
	方式 3：教师展示有序的若干事件，由学生排除弱相关事件，将剩余事件组成历史故事，并说明排除理由与叙事的意图。

(四)故事情节的建构策略

所谓情节，"指的是一种关系的结构，即记述中含纳的事件通过被认定为一个互相协调的整体中的部分而具有某种意义"③。情节化则是将诸多陈述纳入关系中，构成一种具有意义顺序的故事的过程。

当然，历史故事情节的编排并非随意的，它需要遵循史学规范。择其要者，第一，历史故事的情节编排要基于史料，或者更进一步说，是要基于历史

---

① 陈新主编：《当代西方历史哲学读本：1967—2002》，159 页，上海，复旦大学出版社，2004。

② 熊巧艺、刘波：《核心素养背景下历史故事的设计与呈现》，载《教学与管理》，2022(13)。

③ 陈新主编：《当代西方历史哲学读本：1967—2002》，206 页，上海，复旦大学出版社，2004。

的事实逻辑。为弥合史料描述间的断裂，叙事者有必要借助合理想象对其修补，将历史故事置于一个虚实交织的中间地带，即"填补的想象"。但仍需要注意的是，想象不等于虚构，虽然二者存在一定的相似性，但二者最大的区别在于前者是"确有其事"，而后者则否。第二，历史故事的情节编排要考虑其自身的适切性。这包括历史故事的可接受性与恰当性两个方面。对于前者来说，历史故事的情节化需要考虑到社会的基本价值认知。如果将海登·怀特的元史学构想运用于对大屠杀的解构中，其结果是可想而知的，必定招致群体性反对。对于后者而言，历史故事的情节化要符合恰当性，这是从中学历史教育的实际考虑的。

表 8-8 为我们提供了故事情节的建构策略。故事情节的建构是对故事结构建构的细化与反思，将原本仅是骨架的历史故事变得丰满、生动起来。

表 8-8 故事情节的建构策略

问题指向	具体内容描述	分析问题示例
历史故事讲的是什么	通过开头和结尾看其解释架构	这是关于谁的故事，他与开头、结尾的设计有什么关系？
		为什么以此为故事的开头？
		故事在这里结尾有什么意图？
	通过事件的选择与组合看其倾向	为什么选择这几个事件组成故事？
		是否还有其他事件可以被选入故事中？
		事件 A 与事件 B 都可以进入故事文本，有什么异同？
	挖掘情节中的隐性的因果关系	故事中的事件存在什么样的因果关系？
		触发这一事件的特定原因(直接原因与促进原因)是什么？
		这一事件造成的直接影响是什么？受到直接影响的是哪些人？
		事件是否造成了更深远的影响？哪些人或群体牵涉其中？
		你认为哪种关于原因与影响的解释最有说服力？为什么？

问题指向	具体内容描述	分析问题示例
历史故事为何这样讲	分析历史故事创作的时间及背景	故事底本创作于什么时间？
		故事底本的形成背景是什么？
	分析叙述者的立场、态度、文化背景、目的	叙述者对故事底本做了什么样的改造？
		叙述者是基于什么文化背景考虑故事的？
		叙述者对故事的内容持什么态度？
		叙述者讲故事的用意或目标是什么？
我们怎样理解历史故事	批判地看待历史故事传达的意义	故事是否具有意义？为什么？
		这种意义是由什么造成的？
		谁认为事件有意义？为什么？
		如果将故事置于不同的情境下，它可能具有怎样不同的意义？
		经过编排的故事是否具有了新的认识？
		还能讲出故事的其他意义吗？

(五)故事意义的建构策略

历史故事的建构最终指向意义的显性化。"在任何对实在的记述中，凡是叙事性出现的地方，我们可以肯定，道义或一种道德说教的冲动也会出现。"①也就是说，历史故事的建构背后是有价值层面上的导向的。历史故事是一种意义化了的故事文本，对学生历史认识与历史价值观的形成发挥着重要作用。

总起来说，意义要素是对历史故事在教学中起到什么样的效果的一种预定。关于历史故事的意义，我们可以从以下三个角度来考虑。其一是以历史课程标准为依据，把握历史故事的教育价值取向。除了要看内容标准对某一节课的要求，还要将理念、目标、内容、评价等进行一体化认识。其二是从历史学科角度考虑历史故事的定位，把握宏观线索与微观细节。其三是从当下或社会现实角度回看

---

① ［美］海登·怀特：《形式的内容：叙事话语与历史再现》，董立河译，31 页，北京，文津出版社，2005。

历史故事的意义，把握历史故事的当代回响（表 8-9）。

表 8-9　故事意义的建构策略

	参考要素	具体方面
故事意义	1. 故事服务课程与教学目标。	知识与技能目标。
		态度目标。
	2. 故事须体现历史意义。	历史意义的时距。
		历史意义的范围。
	3. 故事须具有教育意义。	历史故事的人文性。
		历史故事的现实性。

简言之，历史故事的建构过程是教师出于特定的教学意图考量，基于历史学科特征，从内容、形式与价值导向三个方面，把握史料、主题、人物、结构、情节、意义六要素，重新整合形成新的历史故事文本的过程。如果从更上位的角度对其加以审视，这种对历史故事文本的设计，要指向学生历史意识的养成，而不是任意为之。其关系如图 8-2 所示。

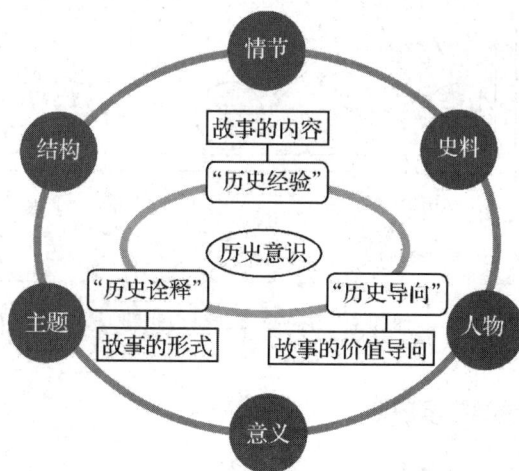

图 8-2　历史意识与历史故事建构的关系

三、历史故事的研习指南

建构历史故事，是为了作用于学生的历史学习。而历史学习并非听或读历史故事就可以，它需要基于建构了的历史故事开展研习活动。这样，历史故事就不再是静态的文本，而是参与到了动态的研习过程中。具体来说，这种研习过程是教师与学生协同，基于历史故事开展探究研习的过程。它是建立在历史故事文本之上的学习者互动场。而作为互动场，就不能只有一个主体、一个故事、一个声音，它应具备多重要素。择其要者，我们可以将学习者互动场的要素细化为挑战性问题、多元性文本、自反性行为。历史故事的研习过程如图 8-3 所示。

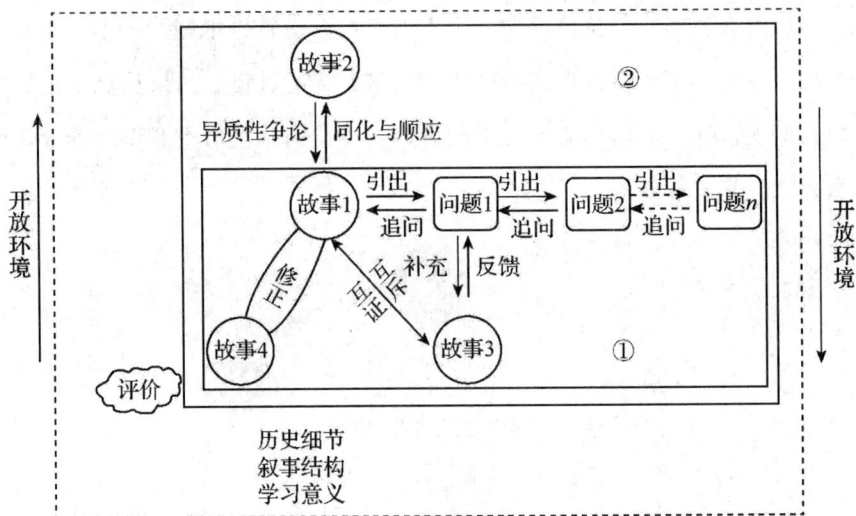

图 8-3　历史故事的研习过程

(一)挑战性问题类故事研习

按照一般的叙事交流程序——作者(编码)—文本(产品)—读者(解码)①，教师设计了历史故事，接下来就是引导作为读者的学生如何"解码"了。而学生面对

①　申丹：《何为"隐含作者"？》，载《北京大学学报(哲学社会科学版)》，2008(2)。

的并不是不言自明的历史故事，而是兼具显性信息与隐性进程的可探究文本。为了使学生透过表层信息捕捉到故事中的关键信息，就必须依靠有挑战性的问题设计，围绕历史故事开展关键信息的质询与查证活动，促进质疑、探究、情境体验等方式实现。

设计挑战性问题是教师推进历史教学过程的重要手段，其目的一是将学生的思维发展引向更深层次，二是促进学生对历史的发散性理解。基于此，挑战性问题的设计如表 8-10 所示。

表 8-10 挑战性问题类故事研习指南

设计环节	遵循原则	参考要素	具体方面
使用	问题性	1. 使用问题来驱动学生对故事的理解。	问题是如何将故事引向深入的？
			问题是如何深化学生对故事的理解的？
		2. 问题设计注重层次和逻辑。	问题处于思维的什么层次？
			问题之间呈现出什么关系？

这种问题设计由历史故事本身引出，又由表及里追问历史故事。对于前者，问题针对故事本身的含义，从语义角度加以理解，主要是追问故事的主角、基本内容、史料支撑、故事中的合理想象等。对于后者，用问题去叩问讲故事人的意图，如为何故事会以此为开端、故事要传递什么主旨、故事在当时人看来是什么样子、叙事者的角度等。① 每一次对原有历史故事的提问，都有可能生成新的历史故事。对于问题来说，新的历史故事有助于学生对问题的深化理解，补充问题解决的新的证据。对于原有历史故事而言，新旧历史故事之间可能存在互斥或者互证的关系，这种差异有助于学生通过比较的学习方法，进一步探究二者之间出现差异的现象与原因。基于新的认知，学生可以修正原有的历史故事，形成对历史面貌的更恰当的认识。

---

① 刘波：《深度学习视域下历史故事的建构路径》，载《课程·教材·教法》，2021(10)。

（二）多元性文本类故事研习

由问题设计出发，多元性文本已成为定局。随着叙事载体、叙事主体越来越多元，历史课堂也应该允许多元的故事并存，形成多元化的历史叙事成果。这里所说的"多元"，有两重含义：其一是多元再现，即引入多种不同的历史叙事文本，交由学生去自主探究；其二是多元共生，即基于相关材料与叙事技巧，学生自主、自由、自为地生成多种历史叙事文本。前者可以由教师代劳，后者则师生处于共享权威的状态。

在图 8-3 中，标识①的方框所呈现的，更像是多元再现的情况，由教师提供相关素材，组织学生探究历史问题。标识②的方框包含标识①的方框，又有所拓展。遇到同一问题的不同叙事，就会产生异质性争论，即对以哪个为主观叙事、哪个为客观叙事的判定。但在实际教学中并不是要非此即彼，而是要认识到多元叙事存在的合理性成分与缺失性成分，所以更多的是学生面对多元故事所做的同化与顺应，形成新的认知图式。

也就是说，每个学生基于自己的历史叙事，吸收其他叙事文本的合理性成分，使自己的叙事文本更为完善。抑或是改变自己的既有叙事文本，在充分分析其他叙事文本后，并基于新的认知基础，形成新的叙事文本。当然，同化与顺应的过程并不是一过性的，而是一个循环，新的叙事文本也会成为学生进一步学习过程中的既有叙事文本，它将面对又一轮的同化与顺应。这也就是伽达默尔所说的"解释学循环"的过程。而从更为微观的角度看，在多元叙事之下，历史课堂可以围绕图 8-4 所示的教学流程展开。当然，这个流程并非封闭固化的，教师可以在此基础上把握其开放性，创造出适合本班学生的教学流程。

单文本
分析

基于学习主题，设计与讲述故事

・素材有哪些？
・选择什么样的叙事结构？
・故事与主题的契合度如何？

回归主题
评估

围绕单则故事，追问故事细节

・故事结构是如何划分的？
・故事中的主角是谁？
・故事表达了什么观点？
・作者以什么视角叙事？
・史料依据是什么，是否可靠？
・是否存在不同的史料？

学生为主体的
历史故事
设计与呈现

跳出既有文本，生成完善故事

・既有故事中存在哪些优势与
不足？
・如何通过对史料与叙事的处
理使故事更加完善？
・相比而言，新故事与既有故
事之间有何差异？
・还可以选择其他叙事形式吗？

引入多则故事，对比故事间差异

・他们的故事在多大程度上是
可靠的？
・多则故事中哪些是相同的，
哪些是有差异的？
・他们分别站在什么立场上组
织故事？
・当时人们可能更赞同哪一种？

多文本
比较

跨文本
创造

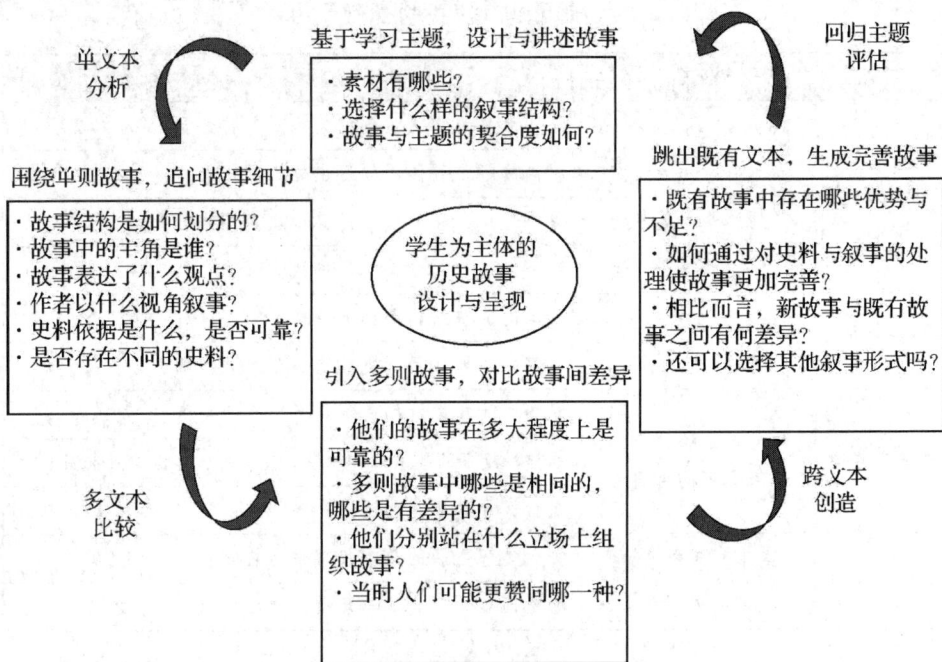

图 8-4　多元性文本类故事研习指南

(三)自反性行为类故事研习

当然无论是挑战性问题还是多元叙事，其自身都只是历史学习的方式，而非目的。而这些学习方式的程度越深，对学生认识他者、反视自我的要求就越高，学生面对的学习任务也就越复杂。所以就引出遍布于图 8-3 中的隐含要素——自反性行为，即自知。自知是"知道自己无知的智慧"[1]，是学生通过理解历史来理解自我、反思自我，并对认知的发展保持开放的态度。择其要者，可以包括目标设定、过程监控、清晰度监控与准确度监控四个方面(表 8-11)。[2]

---

① ［美］格兰特・威金斯、［美］杰伊・麦克泰格：《追求理解的教学设计》，闫寒冰、宋雪莲、赖平译，114 页，上海，华东师范大学出版社，2017。

② ［美］罗伯特・J. 马扎诺、［美］约翰・S. 肯德尔：《教育目标的新分类学》，高凌飚、吴有昌、苏峻主译，85 页，北京，教育科学出版社，2012。

表 8-11　自反性行为类故事研习指南

类型	描述	举例
目标设定	学生对完成目标的计划的再思考	不同故事与学习主题的关系是怎样的？
		不同故事是否体现学习主题的要求？
		除讲述外，还可以选择其他叙事形式吗？
		还可以讲出更完善的历史故事吗？
过程监控	学生对目标执行情况的再思考	不同的叙事结构是如何选择的？
		如何清晰地展示历史故事与证据之间的关系？
清晰度监控	学生对是否清晰地了解知识的再思考	对不同故事中的哪些信息是感到困惑的？
		在分析故事的叙事结构和情节安排的技能上有什么困惑？
		是什么导致了这些困惑？
准确度监控	学生对能否准确地把握知识的再思考	关于某一主题的几个故事中存在哪些优势与不足？
		相比而言，新故事与既有故事之间有何差异？

而上述的历史故事的研习得以顺利实施，则有赖于开放性学习环境。开放性学习环境表现在三方面：一是内外部关系上，表现为包容协同；二是师生关系上，表现为共享权威；三是学习机会上，表现为尊重个性。

所谓内外部关系，是就课堂与校园而言的，这是一种体制性的基础。学校、社会、国家都应该给予教师与学生充分的自主权。尤其是在"立德树人"为根本任务、"核心素养"为教育导向的当下，如果学生还处于僵化、封闭的环境之中，那么他的素养、德性都极大可能是被注入的，而非自主建构的。这样的素养体系、价值观念都是不牢固的，一旦学生的认知受到冲击，就很容易遭遇价值崩塌的危险。

相较而言，后两个表现对于历史故事的研习影响更为直接。历史是一个对话过程，既包括史学家与历史事实之间的对话，也包括史学家与公众之间的对话，更包括公众与历史事实、公众与公众之间的对话。① 由此审视历史教学中历史故

---

① Marko Demantowsky, *Public History and School：International Perspectives*，Berlin，Boston，De Gruyter Oldenbourg，2018，p. 177.

事的研习活动，学生与教师同样拥有进行历史叙事的权利，即便有叙事水平的高低之分，也不能因此就抹杀了学生的权利，而使之失去自我成长的机会。当然，共享权威并不是历史教学的目的，相反，它是一个起点。它与教育民主化相联系，其目的是使学生形成自己的思考与表达，并促进不同历史认识间的互动与对话。学习机会与此相关联。开放性学习环境给学生平等的学习机会，更尊重每个学生的个性表达。有学者从课程开发的角度提出"蛛网型"学习机会组织模式，即课程设计者提供给教师一套启发式命题、材料和活动，它的使用在学生群体中将产生不同的结果。其前提假设是，教学需要的活动和项目要能够引发参与而不是控制。① 也就是说，在这种组织模式中，教师的任务是促进学生的参与。由于学生并非头脑空空地来到教室，而是带有各自的经验特征，所以也就产生不同的学习结果，形成各异的意义理解。进言之，在历史故事的研习活动中，隐含着尊重学生个性的意涵，教师要给学生提供丰富的机会来形成个性化的教育结果。

总起来说，历史故事的研习过程体现了历史叙事的教学性，是将历史叙事的静态建构结果运用于历史学习之中的结果。而开放性学习环境则从整体上提供土壤与助推力，将历史故事文本由静态建构变为动态研习。

如果将历史故事的静态建构过程与动态研习过程结合起来，则可以将其简化为如图 8-5 所示。历史故事的建构，因"目标"而起，由"目标"定位，这是对"为什么要建构历史叙事"的回答。明确目标后，设计"评价"，确定适合的评价学生学习的证据，包括拟定评价指标与评价方式等。"实施"则提供证据来支撑"评价"的可行性。"实施"包括"目标"与"评价"得以实现的场域，教师、学生、历史叙事文本构成经典三角结构，并没有谁处于绝对高的位置，而是平等性地面对历史材料形成文本，建立对话关系。最后，再回归"评价"，在实施评价之后反馈给学生。这样，一个循环式的历史故事建构—研习模型就初步形成了。

---

① ［美］埃里奥特·W. 艾斯纳：《教育想象——学校课程设计与评价》，李雁冰主译，147 页，北京，教育科学出版社，2008。

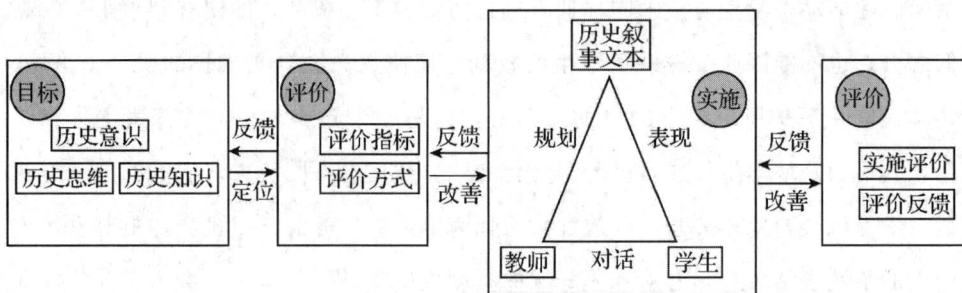

图 8-5　历史故事建构—研习流程简图

四、历史故事的评价量表

基于叙事的历史教学需要不断叩问、反省一系列问题，诸如选用的历史故事有价值吗？使用哪些策略能使历史故事编排得更好？如何引导学生从历史故事中获得有意义的认识？它们都不约而同指向了历史故事的评价问题。

(一)历史故事评价量表的基本要素

制作历史故事评价量表，最关键的是确定评价基本要素，而评价基本要素又与历史故事六要素紧密相连，即史料、主题、人物、结构、情节、意义。

一是故事的依据，即史料。历史故事建构的基础和依据是留存的史料，历史故事的建构最终要受史料的约束。然而，史料书写者的利益瓜葛、情感取向、认识水准、学养层次、表达素养等皆会影响史料的可信度，"一室之事，言者三人，而其传各异"就是例证。建构历史故事时，应该采用多源史料、多视角史料。

二是故事的主题，没有主题的故事是难以想象的。故事主题能够有效聚合故事素材，将不同的故事素材置于彼此之间的意义关系之中，从而使故事与更为宏观的叙事要旨发生意义关联。

三是故事的人物。推动历史事件发展的人物存在主、配角之分，所以历史故事的建构离不开人物角色的取舍、安排。历史故事从宏大叙事走向微观叙事，在故事人物角色选定、安排上就要从传统的伟人、主流人物等，扩展到普通民众。人物角色不同，叙事视角就不同。视角就是"每个人都有自己的位置，并从这个位置上去看身边的事物，而且每个人将因此而看到不同的事物显相"①。故事主角的选定不同会导致所用史料、立意不同，造成叙事视角也不相同。任何一个叙事视角都会折射出某种关系，这种关系进而延伸出相应的教学意义。

四是故事的结构。历史故事与序列事件不同，它将事件"记录在其最初发生的编年框架内"，且展现出一个结构或一种意义顺序。"一个按照时间序列排列的事件并不能构成有意义的事件链条。只有当时间顺序被赋予了关系性时，时间才有了重量、有了意义。"②一个叙事结构包括恰当的开头、中间、结尾，三部分被合理设计、有逻辑地安排，有助于形成结构良好的叙事，这是历史故事被人们理解的关键，由此延伸出的教学意义也更易达到。当然，"在编排故事这一构建叙事性历史话语的比较初级的阶段"，历史故事建构关注的问题"是个别事件之间所可能具有的在时间顺序和因果关系上的关联"。在同时空下，试图把握整个历史构图，"将特定的历史事件与某个更大的整体关联起来而赋予其意义"，体验对于同一历史事件"所可能具有的不同历史构图之间所可能具有的关系"③，那么就形成了更为宏观、立体、复杂的历史故事。与此同时，我们会发现，这些宏观、立体、复杂的历史故事，虽然都是基于同样真实的若干单一历史事件所勾连形成的，但它们最终呈现的历史图景可能大不相同，这就是历史故事结构的魅力所在。

五是故事的情节。叙事来自历史和叙事者的心灵，叙事者讲述的故事情节是人物、行动、思想的综合体。④当铺陈故事情节时，教师会把自己的经验、想象等加入故事中，罗织情节、增奇附丽，从而使故事的讲述"带着叙述人的印记，

---

① ［德］胡塞尔：《纯粹现象学通论：纯粹现象学和现象学哲学的观念（Ⅰ）》，李幼蒸译，39 页，北京，中国人民大学出版社，2004。

② 陈然兴：《叙事与意识形态》，153～154 页，北京，人民出版社，2013。

③ 彭刚：《叙事的转向：当代西方史学理论的考察》，10 页，北京，北京大学出版社，2017。

④ ［美］罗伯特·斯科尔斯、［美］詹姆斯·费伦、［美］罗伯特·凯洛格：《叙事的本质》，于雷译，313 页，南京，南京大学出版社，2015。

宛如陶罐带着制陶者的手工印记"①。换言之，历史故事是客观历史与主观意识结合的产物。既然叙事以语言学存在体表现开头到结尾，就说明它与生俱来就涉及故事情节的铺陈。故事情节一方面受到史料的制约；另一方面也渗透着叙事者的主观因素，包括立场、情感、观念等。

六是故事的意义。倘若在不改变历史事件以时间顺序排列的情况下，论证自洽、合理，富有逻辑，但以不同的故事情节构思，那么所建构的历史故事将呈现不同的历史意义和解释。所以，在建构历史故事时，可以通过对某些要素的选择性强调和赋予其特殊地位，使用叙述言辞结构来强调关键细节或主要观点，并将其施加于事件序列之上。

总之，史料、主题、人物、结构、情节、意义要素互动，构成了历史故事评价量表的维度。

(二)历史故事评价量表的组成要件

由于评价对象、评价过程等方面存在差异，因此所呈现的评价量表可能随之不同。不过评价量表本质是"一种评分工具，描述的是对某项任务的具体期望"②，据此，评价量表大多由任务描述、评价标尺、评价维度、维度描述四个要件组成。

一是任务描述，它置于评价量表之中，是为了时刻提醒教师最初的目标任务。基于叙事的历史教学分为教师建构历史叙事和学生建构历史叙事。若是前者，评价量表是为了规约教师讲述的故事要合理、恰当、有教学意义，可以不必呈现任务描述；若是后者，特别是将评价量表发送给学生，用以指导、引导他们建构自己的历史认识、叙述出好故事时，则可以呈现任务描述。从某种意义而言，任务描述传达的是教师对学生将要建构历史叙事的一种期望。例如，对"杯酒释兵权"故事的任务描述：每个学生对北宋"杯酒释兵权"故事进行3分钟的陈

---

① [德]瓦尔特·本雅明：《发达资本主义时代的抒情诗人》，王才勇译，112页，南京，江苏人民出版社，2005。

② [美]丹奈尔·D.史蒂文斯、[美]安东尼娅·J.利维：《评价量表：快捷有效的教学评价工具》，陈定刚译，3页，广州，华南理工大学出版社，2014。

述，学生可以任意选择故事呈现的辅助载体和形式，但必须基于多个版本的史料进行故事建构，顺畅、有依据、有细节地刻画故事。

二是评价标尺，旨在描述、评定故事建构的好坏程度。表现水平的描述性词语应尽量恰当、明确。描述好坏程度必然涉及等级或层次等标尺，如优秀、合格、不合格，高级、中级、初级，精通、普通、有待改善等。有时为了避免偏见、增加鼓励色彩，描述表现水平的形容词可以带有期待，如能够、部分能够、有待进步等词语，至于表现等级设定为多少级，无须硬性规定，需根据实际情况以及评定时间等来设定。

三是评价维度，它指向故事建构任务的各个环节。换言之，它将故事的构成要素予以拆分、解构。所以，评价维度即历史故事的史料、主题、人物、结构、情节、意义六要素。各个维度代表一个任务，有利于指引学生历史故事建构的方向。

四是维度描述，它依据评价维度延伸而来。在评价标尺视域下，维度描述将评价标尺更细化地展现出来，既描述了一种最高的历史故事建构期望水平，也呈现出与理想情形之间有差距的水平。在评价量表中，维度描述的呈现形式不同，评价量表的呈现类型就会不同。

(三)历史故事评价量表的多元呈现

1. 评分指南类评价量表

在维度描述中，若是只呈现最佳或者最初期望的水平描述，就是评分指南类评价量表，如表 8-12 所示。

表 8-12　评分指南类评价量表

任务描述：略。			
维度	标准	评论	分数
故事史料	1. 整合不同来源的史料，形成一个故事。		
	2. 注意史料语境，准确理解故事的特定意思。		
故事主题	3. 有明确的故事主题，并将故事素材有机聚合。		

续表

维度	标准	评论	分数
故事人物	4. 故事的主、配角搭配合理，折射出特定的教学意义。		
故事结构	5. 依据不同的叙事逻辑选择故事开头、中间、结尾。		
	6. 融合不同时空的多则故事，呈现立体性叙述。		
	7. 使用叙述结构来强调关键细节或主要观点。		
故事情节	8. 故事情节富有节奏感、逻辑性、条理性。		
	9. 借助合理的想象，填补史料空白，形成融贯叙事。		
	10. 故事蕴含因果关系/冲突/并发事件/性格或特征等情节。		
故事意义	11. 为培养学生核心素养而建构故事。		
	12. 教师与学生皆为叙事主体，旨在服务教师的教与学生的学。		

2. 等级评价类评价量表

在维度描述中，不仅呈现最高水平的描述，而且呈现其他水平的描述，这就是等级评价类评价量表。为了能够有效指导、反思我们的教学设计，以评促教、以评促学，在制定各要素的评价标准上仅分出合格与优秀两个层次，以便确定在进入各个设计环节时，能够正确定位自己的教学，准确评价某一个叙事环节，为叙事教学提供参考，如表 8-13 所示。

表 8-13 等级评价类评价量表

任务描述：略。		
维度	优秀	合格
故事史料	1. 整合不同来源的史料来建构故事。	1. 故事有史料做支撑，具有真实性。
	2. 注意语境，准确理解故事的特定意思。	2. 较为准确理解故事的本来意思。
故事主题	3. 有明确的主题，将相关素材有机聚合。	3. 故事有明确的中心主题。
故事人物	4. 主、配角搭配合理，折射出特定的教学意义。	4. 故事呈现明显的主角与配角。

续表

维度	优秀	合格
故事结构	5. 依据不同的叙事逻辑选择故事开头、中间、结尾。	5. 故事合理设计开头、中间、结尾。
	6. 融合不同时空的多则故事，呈现立体性叙述。	6. 基于同一时空的单则故事，呈现线性叙述结构。
	7. 使用叙述结构来强调关键细节或主要观点。	7. 有明确的叙述结构（如时间顺序、比较、因果关系）。
故事情节	8. 故事中融入了事实、观点和合理的判断。	8. 故事的前提、主张和证据等能够自洽，情节富有节奏感、逻辑性、条理性。
	9. 将修饰语言/特定事实等融入故事，提升情节性。	9. 借助合理的想象，填补史料空白，形成融贯叙事。
	10. 故事蕴含因果关系/冲突/并发事件/性格或特征等情节。	10. 故事呈现单一情节（因果关系/冲突/并发事件/性格或特征等）。
故事意义	11. 故事着眼于教学结构层面，以改善某些教学形式。	11. 故事着眼于教学建构层面，建构对某些史实的新认识。
	12. 为培养学生核心素养而建构故事。	12. 为吸引学生兴趣而讲述故事。
	13. 教师与学生皆为叙事主体，旨在服务教师的教与学生的学。	13. 教师为叙事主体，旨在服务教师的教。

【本章小结】

本章着眼于基于叙事的历史教学的历史故事选用、建构、研习、评价四个工具的开发。其中，课程标准和教科书的内容逻辑、历史教师的教学逻辑、学生的历史学习逻辑、历史的自身发生逻辑并不是孤立存在的，而是相互交织的，形成了历史故事选用的准入规则。历史故事的建构以历史故事六要素为基础，围绕史料要素，形成了五个建构策略。历史故事的研习旨在体现历史叙事的教学性，将历史故事的静态建构过程与动态研习过程结合起来，初步形成了一个循环式的历史故事建构—研习模型。历史故事的评价呈现出对基于叙事的历史教学的具体期望，它由六个基本要素、四个要件组成。

下　篇

基于叙事的历史
　　　　　教学改进效果

　　在大历史教育观指导下，基于叙事的历史教学改进主题分为基于叙事的历史教授和基于叙事的历史学习两个子课题，二者有机地将历史与过去、历史与史料、认知与情感、校内与校外、个人与社会、学科与育人结合了起来。近两年的教学改进实施、推进卓有成效。

　　第一，使样本校的教研氛围更加浓厚，教研模式发生变化；第二，使参与教师的专业素养明显提高，课堂教学呈现创新趋向，教研意识不断提高；第三，带动了金水区和郑州市举办各种研修活动，对全区乃至全市的教研模式产生了积极影响；第四，使学生的学科核心素养、学习兴趣等均呈现良好发展势头。

第九章　基于叙事的历史教学对教师发展的影响

【本章提要】

在基于理论学习的教学尝试以后，教师真切、直观地感受到了历史叙事的重要性和它在教学中的价值，也体会到理论并非空中楼阁，它对于指导实践有着巨大作用。

据此，本章内容认为通过备课、磨课等步骤，能够改变教师教学理念，丰富教师基于叙事的历史教学经验，促使教师形成科学有效、操作性强的基于叙事的历史教学设计方案，并助推教师教研能力不断提高，促使教师个体不断发展。

一、推动教学理念持续更新

基于叙事的历史教学改进项目在历经一年的活动后，参与活动的核心成员教师聚焦历史叙事进行了诸多有针对性的尝试与反思，其基于叙事的历史教学实践能力得到了显著的提升。为此，在改进项目第一年活动结束之后，我们随机选取了参与活动的多位核心成员教师，对他们进行访谈，试图挖掘教师教学理念发生转变的心路历程，为总结基于叙事的历史教学提供借鉴和参考。

值得关注的是，教师专业成长会呈现阶段性发展态势，基于叙事的历史教学改进项目也不例外。"理念的作用，既指引觉悟的路径，也平和观念的冲突。"① 我们追踪这些教师教学理念转变的过程发现，他们对基于叙事的历史教学的理解普遍经历了三个阶段，表现出从浅层次认识到深度理解的发展趋向。

(一)将叙事视作课堂的"调味剂"

在对核心成员教师的访谈当中，受访教师对历史叙事理论的认识存在诸多共

---

① 赵亚夫：《理解历史 认识自我：中学历史教育研究》，123 页，北京，光明日报出版社，2020。

通之处。其中，陈雨老师的观点不仅极具代表性，而且深刻地剖析了自己进行理论思考的过程。在访谈中，陈雨老师分享了她对于历史和历史叙事的理解："在参加项目之前，我认为历史是一个真实的存在，我们做的很多工作都是想去试图还原一个真实的历史。"

陈雨老师的观点反映出两个紧要的问题：一是历史是什么，这是历史本体论要回答的元问题；二是历史研究与历史教育的关系，这是历史教育原理要回答的元问题。第一个问题是从事史学研究的人一直在追寻的答案。关于历史的定义，近代以来有过诸多探讨。陈雨老师的认识，即历史是超越人的主观认知的独立的、绝对真实的存在。换句话讲，在原本教师的认知当中，更多地认为历史实在就是历史的全部，人的作用就是"让历史说话"，还原真实的历史。以兰克为代表的客观主义史学认为，历史是纯粹客观的，史学家的任务就是把过去发生的事还原再现。但是，人们在试图还原真实历史的过程中，总是无法避免地受到各种主观因素的影响，并将它们渗透到历史书写当中。因此，我们所能够知道的历史并非仅仅历史事实本身，还蕴含着不同时代、不同人对于历史的理解与解释。

历史课程是否也如史学家一般去还原历史呢？非也。至少，从近代中小学历史课程开设以来，就有这样的认识。[①] 一是历史教育的对象是学生，并非史学材料；二是历史教育着眼未来——人的培养，并非关注过去——还原历史；三是由于时间、条件等限制，教育不可能做史学家那般的工作。

当下，对于历史研究与历史教育的关系认识得更清晰，即对于培养人的历史教育不能只讲历史学术性知识，"把史学的一套东西拿来用在基础教育上，是偷懒的、不专业的简单化处理方式"。历史教育"首先是教育范畴的事"，历史学科"因其有教育的价值才有存在的必要"，所谓历史学科"都是历史教学或历史教育'学科'，一定后缀了'教学''教育'的"。现代历史教育"强调体现'真实的历史'的教育性"，而学生则在教师帮助下"围绕着历史事实来做，从知识到认识，从现象到价值"，寻找史实、理解史实、尊重史实。与历史研究一样，历史教育也探索

---

① 陈德运：《民国历史教育与历史研究之争》，载《历史教学问题》，2017(5)。

历史真相，但在一定的理论指引下，教师"帮助学生追寻和认识史实"，所以，"历史教育要用史事说话，而且史事欲（你认为）实（真实的）就只能赋予它教育意义（追求真相、真实）"。①

正是由于前期教师对历史教育定位不准、认识不清，所以教师对基于叙事的历史教学的理解不充分，对历史教学中的故事价值也缺乏应有的关注。比如，陈雨老师最初讲"百家争鸣"一课通过讲述历史故事，旨在突破教学重难点，提高学生的兴趣。但是此时陈雨老师的教学设计也仅仅是将"讲故事"作为吸引学生的一种手段，未能深入挖掘历史故事背后的历史价值。她在教学中使用"八佾舞于庭"这一故事来说明孔子对"礼"的认识时，未能由此设置问题，引导学生探讨孔子对"八佾舞于庭"的态度所反映的春秋晚期礼乐崩坏的情况。

在项目推进的前期，教师只是认为历史课堂中的叙事就是讲各种故事，从未使故事获得主体的地位，而只是将其视为历史教学的辅助角色。具体而言，教师在课堂中运用历史故事主要有两种目的：一是吸引学生兴趣，二是拓展相关知识。从教师的经验来看，这两种目的都可以轻易实现，甚至可以不用故事而采用其他教学方式也可以实现。基于叙事的历史教学之所以被忽视或者说被误解，是因为很多教师过度关注故事的兴趣性，忽视了故事的思维性，"以为讲求历史叙事的课就不需要史料，不需要思维，不需要其他解释了"②。更甚者，有的教学将故事异化，换言之，教师为了吸引学生兴趣而放纵了讲故事的欲望，不惜将讲故事变成摆龙门阵、八卦聊天、故意歪曲史实等。

当然，若是从学生学习兴趣和知识拓展角度将故事视为"调味剂"，只能说对故事的认识可能处于浅层次。随着项目的推进，教师基于相关理论的学习与教学实践的反思，对故事的理解、认识得以提高，所以，教师逐渐意识到这两种目的过于浅显、简单。例如，陈雨老师就发现了原本历史课堂中故事运用的不足之处，认为仅仅实现这两种目的是远远不够的。"第一种目的最大的缺点是，学生

---

① 赵亚夫、徐赐成：《历史教育学展望》，载《中学历史教学参考》，2016(1)。

② 鲍丽倩：《历史教学：史料研读与历史叙事的有机融合》，载《中学历史教学参考》，2017(6)。

兴趣引入之后是没有后续的；第二种目的，以前我们在补充一些事实的时候，是没有一系列问题跟进的，所以学生在认知上可能过于肤浅。"此时，教师对故事的认识已经突破浅层次，一是开始思考故事引入教学的意义，除了激发学生兴趣之外，还有什么，这其实是在追问基于叙事的历史教学的价值何在，未来还应该走向何方；二是从基于叙事的历史教学的策略、技术上做反思，看到问题之于故事的作用，认识到故事需要问题的互动、配合，让学生对故事的研习、理解走向深入，避免学生对故事的认知停留在肤浅层面上。

（二）发现故事背后具有丰富的意义蕴含

基于叙事的历史教学背后蕴含着丰富的理论体系，它表现出来就是有着一套成体系的操作系统，而理论体系与操作系统又指向意义蕴含、教育目标。要纠正以往人们对基于叙事的历史教学的误解、偏见并非短时间或者靠听两次讲座即可，而是需要教师基于教学理论与自己教学实践的结合，在实践中反思、在反思中成长。

参与访谈的王雅倩老师反思自身前期对于基于叙事的历史教学认识上的不足："在平常的教学中，只是知道将历史故事运用到历史教学中，增强历史课的趣味性……并未意识到历史故事背后所蕴含的有助于历史理解的问题。"王雅倩老师在项目推进中，基于反思、实践、提升等螺旋式发展过程，开始重视起历史课堂中的历史故事，逐渐意识到历史故事不仅仅是有趣的课堂调剂，其背后也蕴藏着巨大的教育能量。

在真正理解了历史故事的重要价值以后，如何让历史故事最大限度地发挥其功用，成了教师反复思考的重要问题。所谓真正理解，并不是将历史故事的价值停留在口头上，也不是静态地印刻在头脑之中，而是从心里真正认同，并能付诸行动。

随着理论认识的不断深入，教师对历史叙事的功能的认识逐渐清晰起来。陈雨老师说："我更多地认为历史本身就是一种解释。历史叙事的作用远远大于历史事实的作用……有些史料是存在的、真实的，但是对于史料的解读，或者说史料真正起到的作用，有时候并不是我们能够穷尽的。"基于叙事的历史教学的价值超越了对历史事实的教授的价值，基于叙事的历史教学基于史料来讲故事，给了教学很大的空间，因为史料的价值有多大，历史故事的价值就会延伸到多大。换言之，对史料并不是挖掘出"应有"的事实有哪些，而是基于史料的历史故事"还有"的价值是怎样的。这就涉及教学的主旨、设计思路、策略方法等。

基于上述反思，陈雨老师对"百家争鸣"一课重新进行了设计，有意识地在讲故事的同时，创设层层递进的问题，深入挖掘故事背后蕴含的历史意义。思想史教学本来就是一大教学难题，有的内容无趣无味，让学生兴趣减弱。该教学设计从基于叙事的历史教学的视角讲解思想史：孔子的爱徒颜渊去世，孔子没有卖掉车马为其买椁木，这是因为他当过大夫，是不可以步行的，体现了他"礼"的思想；可是当马厩失火时，孔子先问的却是人的生命安全，说明在孔子眼中，人和马相比，人更重要，体现了他"仁"的思想。讲授这些故事在消解思想史学习难度的同时，也通过一些问题推动学生深入思考，最终使学生有效地理解到故事背后所反映的孔子的"仁""礼"等思想。

该案例是教师对历史叙事的深层次认识所带来的结果，教师对历史故事价值的认识有了极大的提升。更进一步来说，也是教师对于历史故事和历史课堂趣味性的更高层次的追求，教师对于历史叙事的作用开始聚焦到了探索叙事蕴藏的意义和历史思维培养方面。正如王雅倩老师在一次心得中谈到的那样："以故事来推动历史思考，这才是讲故事的意义。教师要在趣味之上推动学生深度思考，重新看待历史叙事，思考讲故事的深刻内涵。"

除此以外，教师也开始从整体的角度看待基于叙事的历史教学，思考历史故事的编排与运用。王雅倩老师反思道："我发现自己走了弯路，没有理解选用故事的意义和价值，着眼于了故事的'新'，而忽视了常规故事，忽视了挖掘故事背后的内容，对故事的情节性与问题性缺乏专注。"从中可以看出，王雅倩老师已经不仅仅将关注点落在历史故事的内容上，而且还意识到了历史叙事背后蕴含的意义，意识到了故事情节编排和问题设置在意义生成中起到的作用。值得注意的是，王雅倩老师提及使用常规故事与新故事的做法，需要我们进一步思考。常规故事处于最直接、最核心、最重要的位置。例如，学习孔子的"仁""礼"等思想，"孔子问人不问马"等故事就是常规故事；学习宋朝政治，"黄袍加身""杯酒释兵权"等故事就是常规故事；讲秦末农民起义，"大泽乡起义"的故事就不得不讲。这些常规故事与课程内容及其教学重难点紧密结合。常规故事应该是容易得到的，与新故事迥然不同，在中学教学有限条件下，最经济有效的还是利用好常规故事，但这并不否定新故事的利用，我们反对为了刻意求新而耗费大量精力去搜寻新故事。若是费尽千辛万苦找来的新故事与易得的常规故事都起到相同的教育作用，又何必舍近求远呢？

(三)认识叙事、史料与问题"三位一体"的关系

王雅倩老师的认识转变并非个例。如果说，教师对于历史叙事的认识在前期呈现出"从无到有"的状态，看到了历史叙事的意义和在历史教学中的价值，明晰了"历史叙事是什么"，那么自此以后，教师的反思重点可以概括为"基于叙事的历史教学是什么"。随着项目的推进，教师普遍将视线从"历史故事"上挪开，在自身教学实践尝试的基础上，开始反思叙事、史料与问题究竟如何才能构成基于叙事的历史教学。

对于叙事、史料与问题三者的关系，教师在参与项目之前普遍是模糊的，无法将这三者有机地结合在一起。在项目开始前，教师对于史料的认识一方面如张友军老师曾经认为的"史料就是事实，一成不变，不能够以我们的目的去选择"，将史料作为展现历史真实的金科玉律；另一方面如王雅倩老师所见的"我们经常在课堂上看到的是把史料用来印证教科书或教师心中已有答案"，将史料作为论证教科书或教师自身观点的工具。但是无论是哪一种观点，本质上都忽视了史料作为文本所蕴含的人的主观性：正是因为忽视了史料背后的人，所以才会将史料视作信条，奉为圭臬；正是因为忽视了人与史料的关系，所以才会拼贴史料使其为我所用。随着项目的逐渐深入，教师逐渐认识到了人与史料的关系，如张友军老师发现："叙事的基本史实需要保证真实，但是（叙事）角度是可以由我们选取的。"教师意识到人可以通过不同的方式理解历史，可以在自身历史理解的基础上

选取史料，进行个性化的历史解释，教师开始逐渐关注并认同差异的存在。但是与此同时，教师对于人的主观性的认同，不意味着忽视对于史料客观性和真实性的追求："历史毕竟是要基于一个事实的基础，包括我们现在所做的历史叙事，它还是要立足于一定的史料做支撑，不能凭空去想象。"(张友军老师)因此，史料是基于叙事的历史教学的基础——教师对于这一观点达成了共识。

但是也像朱雷雷老师所反思的那样，当前中学历史课堂中的史料运用普遍存在三方面问题：一是史料来源丧失学术严谨性，"史料不够'原始'，多为史家著述，是二手甚或三手材料，离历史现场太远，历史气息散失殆尽"；二是史料选择不够精心，史料过多过滥，一节课动辄使用二三十则材料，造成学生目不暇接，无思考的可能；三是史料运用的目的单薄，"用'新瓶装旧酒'的方式去使用史料，目的不在于启迪学生的批判性思维，而是佐证教师认同的某个权威观点"。如果教师在教学设计的过程中出现了这三个方面的差错，那无论采用何种教学模式都将会是空中楼阁。

那么，历史教学中的史料应当如何取舍与运用呢？教师在数次教学实践之后对此进行了思考，并形成了自己的认识。其中，朱雷雷老师曾反思道："万万不能看见史料就拿来用，需要查史料的时间、上下文意图，进行基于史料的深入挖掘和剖析，让这份史料发挥出最大的作用。"他认为教师有必要考证史料的来源，考证史料原本的含义。考证本是史学研究的基本功，虽然历史教育与历史研究有区别，但是这并不意味着历史教师无须具有这样的技能。事实上，现代历史教育非常强调史料阅读，而史料阅读的重要维度就包括史源的考证、评估。[1]

王雅倩老师也提出了自己的思考，认为："课堂教学史料的选择要以学情和教学主旨为依据，化繁为简，避免过多史料堆砌造成课堂难度提升，而应当把关注点放在史料的挖掘与合理运用之上。"教师要基于学情和教学主旨选择适量、适当的史料，优化教学环节。

---

[1]　Sam Wineburg, Dasiy Martin & Chauncey Monte-Sano：《像史家一般阅读：在课堂里教历史阅读素养》，宋家复译，4页，台北，台大出版中心，2016。

　　何一帆老师更是将史料运用与问题设置建立起了联系，深化了史料运用的目的。"之前使用史料是为了证明和补充说明事实，一则史料对应一个问题。现在更多去思考史料怎么拓展学生的认知，怎么从浅入深设计更多的问题引导学生进行更有深度的思考。"他认为历史教学设计时优化史料运用的关键在于挖掘有梯度、有层次的问题，推动学生对史料的深度思考。何一帆老师认识到需设计有效问题进行引导，从而在叙事理论的指导下，让教学"既有知识又有能力，既有框架又有情节，既有教师又有学生，既有问题又有思维，既有故事又有故事中的人"。

　　正是基于这样的思考，教师一次次在教学中摸索史料取舍的策略。例如，陈雨老师"安史之乱与唐朝衰亡"一课的教学设计，初稿涉及的内容过多，尤其是在处理黄巢起义和五代十国部分时，未能抓住重点，内容过于繁杂，使得主线不够清晰。陈雨老师对此进行了反思，并在之后进行了改进，努力突出节度使发展这条线索，而黄巢起义等部分内容只作为叙事结构下的枝丫，一带而过，使得本课的教学设计线索更为清晰，便于学生理解唐朝衰亡的原因与五代十国的实质。

　　王雅倩老师"从'贞观之治'到'开元盛世'"的教学设计最初存在完全依赖史料来讲故事，导致史料繁杂的问题。王雅倩老师对此进行了反思，删减了部分史料，通过语言讲述和灵活运用地图、图片等形式的史料，使得教学设计中的叙事结构更清晰，也更符合初中学生的理解水平。

　　刘梦莹老师"北宋的政治"一课的教学设计更显著地体现了这一点。在初稿中，刘梦莹老师选用了大量史料推导北宋的政治措施，使得叙事的主线不够清晰明确。刘梦莹老师在活动的反思中指出了自己设计中存在的问题，并对此进行了较大程度的改动，将原本的 23 则材料精简为 12 则，辅以讲述和问题设置，极大程度地突出了叙事结构，易于学生深入思考历史问题。

　　这种建立起层层递进的"问题串"的意识，尤其是通过问题深挖史料背后意义的意识，是教师在项目前期所欠缺的。"我们很少系统地问问题，可能很多时候一个史料也就是问出所谓知识层面、能力层面两个层次的问题。"(张友军老师)那么，历史课堂中的问题设置能够起到怎样的作用？我们为什么要关注历史教学中的问题呢？张友军老师对于问题设置的反思非常具有代表性："历史事件的发生，作为当事人必定要面对自己的问题。那么这个问题是什么？他是如何思考的？同时期其他身份的人是否面对同一问题，他们思考的角度和结果是否相同？同一问题经过时间的洗礼，你还会认同当时的决策吗？在此基础上，我们设置问题的时候就需要从不同视角去考虑。"可以看出，张友军老师认识到了问题设置在历史教学中的关键作用，意识到了提问不仅仅是为了获得解答，更是为了引领学生与历史对话，进而引发学生思考。

综合而言，教师逐渐认识到了叙事、史料与问题并非相互独立的个体，也并非只有两两之间简单的关系，它们三者是相互联系、共同成就的。例如，张友军老师对于叙事、史料与问题之间的关系是这么认为的："我觉得史料是叙事的基础，而历史叙事最重要的是它的结构，也就是它逻辑结构的设立，那问题实际上又起到导向性作用，把孩子的认知导向教学目标和叙事意义的生成。"所以叙事、史料与问题三者应当是一个有机的整体。

陈雨老师也对三者的关系进行了形象的比喻："历史叙事就像一个大的框架，帮助我们厘清这节课的很多线索，以及内在的关系。史料是基础，而提问更像是方法，是帮助我们认识历史叙事的一种指导。"

在教师如今的认识当中，史料背后蕴藏着丰富的信息。历史叙事通过某种叙事的结构，将史料及其背后蕴含的无形信息串联成有形的，或者说是可供人理解的框架；再通过问题的设置，将这一基于史料的叙事框架指向意义生成以及教学目标达成，促进学生历史理解的形成，实现基于叙事的历史教学。

二、促使教学设计趋向周全

上文已经介绍了教师理解基于叙事的历史教学的三个阶段，反映了教师认识上的转变。教师对基于叙事的历史教学认识上的转变也直接反映在了他们的教学实践当中，最直接的是教师在充分理解历史叙事之后，对自身的教学设计步骤进行了重组。以陈雨、张友军、刘梦莹三位老师在访谈中分享的运用历史故事进行教学设计的相关步骤为例(表 9-1)。

表 9-1　教师教学改进前后的教学设计步骤

教师	改进前的相关步骤	改进后的相关步骤
陈雨	先确定这节课的一个教学目标，然后围绕教学目标去选择一些合适的故事，再来进行设问。	先把这节课里面涉及的重要的历史事件挑出来，进行时间上的排序；再探寻这些事件之间的内在联系，找到线索，建立大的框架；之后搜集相关的史料，通过层层提问把这些史料串起来；再把史料和整节课的结构串起来；最终指向历史意义。
张友军	先对教材的内容和结构进行分析，通过对教材的分析找到我们认为可能引起孩子兴趣的故事作为导入或史料补充。	先看教材，但是我会大量地去阅读与这节课相关的史料，重新理清楚教材给我们的时间顺序或者逻辑顺序；之后把我们的意义生成目标确定，重新设计故事的逻辑顺序；最终再去适当地选取史料。
刘梦莹	我一般会在备课环节思考哪个地方适合讲故事，然后在网页上进行相关故事内容搜索，最后用自己的语言组织故事。	先根据课程标准、教学内容、学情，选取第一手史料；再根据史料对故事进行编排，在编排过程中格外注意问题的设置，通过问题的设置落实历史学科核心素养。

从表 9-1 我们可以看出，在改进活动开始前后，教师对于课堂中历史故事的处理发生了明显的转变。教师在基于叙事的历史教学实践上的转变包括三个方面，而这三个方面正是基于叙事的历史教学中得到教师普遍关注的三个要点。

(一)遵循严谨的学术要求

史料是史学研究的基础，亦是历史教学的基础。但是在实际历史教学当中，太多教师渐渐忽视了史料考证这项基本环节。例如，刘梦莹老师的经历："工作后，由于教学任务重，加之承担班主任工作，我很少有时间查阅专业的历史期刊……我很少去深究史料，很多备课都是'拿来主义'，别人怎么写，我就怎么上。"

比较上述三位老师前后的步骤可以发现，在改进活动前，教师谈及"选择""找到""搜索"的对象都是"故事"，却没有对"故事"的来源、标准等做出限定。而在改进活动开始以后，教师"搜集""阅读""选取"的对象则变成了明确的"史料"，与故事相关的史料，甚至是第一手史料。这说明教师已经能够有意识地对故事加以考证，并将故事的史料基础放在了非常重要的位置。

参与改进活动的核心成员教师之所以能够重新加强对于史料考证的重视，不仅是因为指导专家的屡屡强调，而且是自己或同伴因为忽视史料考证而"栽跟头"之后的反思结果。以刘梦莹老师为例，这位老师在改进活动最开始的"战国时期的社会变化"一课的教学设计当中，直接套用网络上对于商鞅"徙木立信"这一历史故事的叙述，如下：

> 孝公既用卫鞅，鞅欲变法，恐天下议己。令既具，未布，恐民之不信，乃立三丈之木于国都市南门，募民有能徙置北门者予十金。民怪之，莫敢徙。复曰："能徙者予五十金。"有一人徙之，辄予五十金，以明不欺。卒下令。
>
> ——《史记·商君列传》

刘梦莹老师希望通过"徙木立信"这一故事，让学生理解商鞅希望通过展现自身诚信的品格，以便更好地开展变法运动。项目专家团队认为该故事与原文有出入，"徙木立信"这一故事应当从法家"法、术、势"的角度展现商鞅之"术"，而非商鞅个人的诚信品格。商鞅骗取公子卬信任而乘机俘虏他就是例子。"孝公以为然，使卫鞅将而伐魏。魏使公子卬将而击之。军既相距，卫鞅遗魏将公子卬书曰：'吾始与公子驩，今俱为两国将，不忍相攻，可与公子面相见，盟，乐饮而罢兵，以安秦魏。'魏公子卬以为然。会盟已，饮，而卫鞅伏甲士而袭虏魏公子卬，因攻其军，尽破之以归秦。"①所以，项目专家团队认为该故事的设计意图与故事本意有冲突，建议考证故事的史料来源，在原文中联系上下文理解故事的含义。在之后的修改当中，刘梦莹老师仔细考据了"徙木立信"故事的原文出处。在查阅第一手史料基础上，再联系上下文，刘梦莹老师将这一故事进行了重新编排，关注到了商鞅本人属于法家，不再从商鞅个人的诚信品格，而是以法家"术"

---

① （汉）司马迁撰：《史记》卷六八，2232～2233 页，北京，中华书局，1959。

的角度审视商鞅"徙木立信"的故事。在项目专家团队指导下，刘梦莹老师做了如下故事研习活动：

孝公既用卫鞅，鞅欲变法，恐天下议己。卫鞅曰："疑行无名，疑事无功……"……孝公曰："善。"以卫鞅为左庶长，卒定变法之令。

令民为什伍，而相牧司连坐。不告奸者腰斩，告奸者与斩敌首同赏，匿奸者与降敌同罚。民有二男以上不分异者，倍其赋。有军功者，各以率受上爵；为私斗者，各以轻重被刑大小。僇力本业，耕织致粟帛多者复其身。事末利及怠而贫者，举以为收孥。宗室非有军功论，不得为属籍。明尊卑爵秩等级，各以差次名田宅，臣妾衣服以家次。有功者显荣，无功者虽富无所芬华。

令既具，未布，恐民之不信，已乃立三丈之木于国都市南门，募民有能徙置北门者予十金。民怪之，莫敢徙。复曰"能徙者予五十金"。有一人徙之，辄予五十金，以明不欺。卒下令。①

①如果是你，你会去搬木头吗？为什么大家不愿意去？

②你认为商鞅担心秦民不相信他的什么措施？为什么？

③法家主张君主应该法、术、势兼用。你觉得这个故事体现的是信还是术？

④你还能找到法家运用术的其他例子吗？

修改后的教学设计不仅明确了故事的含义，而且通过一系列的问题设置，从法家的视角深化了对于商鞅变法原因与目的的历史解释。

放弃史料考证无疑是犯史学研究之大忌的行为，而这却经常成为中学历史教学的常态，刘梦莹老师的例子不仅是参与改进活动的核心成员教师在历史教学实践上的缩影，而且是部分中学历史教师在历史教学实践上的缩影。参与改进活动的核心成员教师以其亲身经历说明了史料考证的重要性；不仅在于保证历史故事

---

① （汉）司马迁撰：《史记》，2229～2231 页，北京，中华书局，1959。

的真实性，而且在于保证对历史故事含义理解的正确性。只有正确地理解一个故事、一段史料，才能对此给出正确的解读，才能使教学导向正确的方向。因此，严谨的学术要求不仅需要在基于叙事的历史教学中得到重视，而且需要在全部中学历史教学中得到重视。

(二)关注整体的历史叙事

在改进活动以前，教师对于历史故事的处理非常简单、直白，往往是依据教科书或教学目标选择一些"有趣""合适"的故事进行讲述，从而突破某些教学环节。此时对教师而言，"讲故事"也仅仅是讲个故事而已，历史课堂中的叙事处于次要的、工具性的地位。

在改进活动进行的过程中，教师对待历史课堂中的叙事的态度发生了质的转变，对于"如何讲好一个故事"这一问题的理解开始复杂化。最明显的是教师无论以怎样的步骤来进行故事的编排和目的的实现，归根结底是将整个教学设计视作一个整体，视作一个完整的历史叙事。

正因如此，教师不再只将历史课堂当作一个又一个故事的简单叠加，而是能够从宏观的角度有目的地、有逻辑地组合故事或史料，使其能够在组织的过程中生成某种意义。正因为教师将整节课视为一个完整的历史叙事活动，所以此时对于教师而言，历史课堂中的叙事无疑应当处于主要的、功能性的地位。

那么，如何在将历史叙事作为历史教学的一个主要环节的同时，体现"以学生为中心"的教学原则？这就需要教师在叙事的过程中适时设置问题。就如上文刘梦莹老师比喻的那样，如果基于叙事的历史教学是在"盖房子"，那么我们可以通过故事编排设计出房屋的建设图纸，却无法凭空将其转变为实物，需要借助一定的步骤身体力行地完成楼房的修筑。进一步来说，基于叙事的历史教学就是由教师绘制蓝图，并为学生提供明确的行动指南，让学生能够自己动手将图纸变为现实。教师的问题设置正是这样的"行动指南"，在它的引领之下，历史叙事才能够真正发挥它的解释功能，学生才能够透过历史叙事理解其背后蕴藏的历史意义。

(三)养成积极的创编意识

除了上述两个方面的转变，表 9-1 还出现了一些值得关注的关键词，如线索、框架、结构、时间顺序、逻辑顺序等。从整体上来说，这些关键词的指向可以用一个词概括，即"编排"。通过教学改进活动，教师不再将教科书中的历史叙事结构当作唯一的教学设计依据，而是会依据制定的教学目标或是回到历史事件本身，探索历史事件之间的内在联系，从而有选择性地打破教科书中固有的叙事结构，重新组织更适合教学活动开展或教学目标达成的叙事结构。对于这一点，陈雨老师在访谈中表示深有体会："可能教科书会给我一定的指导，但是更多的时候会给我提供一个固定的思维，把我圈在一个框架里面。只有跳出或者打破教科书本身的框架，才能够根据历史内在联系去编排一个故事。"

依据教科书的结构组织教学活动是一件很平常的事，但是只盯着这样一种叙事，就可能导致忽视对于差异性的关注。基于叙事的历史教学的一个突出的特色正是在于各样历史叙事及其所带来的各样历史解释。张友军老师形成了这样的观点："基于叙事的历史教学最能够吸引一线教师的更多的是一种创意空间，它会把更多的对于才华、创意的包容给到设计者……在遵循基本规则的前提之下，我们可以去发挥我们的才智，呈现出自己的教学特色或者历史理解。"

体现在教学实践当中，最有代表性的成果就是张友军老师"七七事变与全民族抗战"一课的教学设计。张友军老师用历史时间轴将日本的侵略过程、中国共产党与中国国民党在不同时间点的表态与行动串联起来，最后分别选取两个时间点将三方在同一时间所做的不同选择整合在一起，搭建起了非常新颖、富有解释力的叙事结构框架，令人眼前一亮。其设计如下：

> 一是利用历史时间轴，将 1937 年 7 月 7 日至 1937 年 9 月 22 日作为短时段历史考察的时间限定范围。同时用历史时间轴将空间分成上下两部分，上为中国共产党方面的措施，下为中国国民党方面的措施，以此形成对比效果。

二是确定两个事件为历史叙事的原发点：一是七七事变，二是淞沪会战。这样做既可以将教科书中的重要子目加以强化，又能将历史叙事的整体性加强。

三是通过对国共两党对两个事件的态度与采取的措施的对比，分析在日本全面侵华局面下，中国历史的发展趋势。国共两党对日本侵华问题的态度与采取的措施，高下立判，也为中国人民最终选择中国共产党埋下了伏笔，留下了凭据。

七七事变后，即 1937 年 7 月 8 日，中国共产党发表《中国共产党为日军进攻卢沟桥通电》，而我们也找到了蒋介石的日记，它们对于日本侵华目的的判断对比鲜明；随后，7 月 15 日中国共产党发表《中共中央为公布国共合作宣言》，7 月 17 日蒋介石发表《庐山讲话》，再次形成对比。针对如何取得抗战胜利问题的答案又是高下立判，中国共产党主张通过国共合作、全民族抗战来取得胜利，也就有了后来的《论持久战》的经典论述，而蒋介石则还寄希望于国际帮助。

八一三事变后，即 1937 年 8 月 25 日，中国共产党发布《中革军委关于红军改编为国民革命军第八路军的命令》，奔赴抗日战场。9 月 22 日，国民党发表国共合作宣言，国共合作进行坚决的全民族抗战拉开大幕。中国共产党军事行动率先开展，中国国民党也在民族危亡之际做出了正确的选择，促成第二次国共合作，共同缔造抗日民族统一战线，为中华民族的抗日战争胜利奠定了基础。

可见，基于叙事的历史教学包容差异，给予了历史教师更多的创意空间，使历史教师能够在一定理论规范下，丰富历史教学的内容，激发历史教学的活力。

然而，要想历史教师都能够参与到教学创意的交流中却并非易事。有很多教师对待故事或史料的态度是"拿来主义"，非但不会有意识地对故事进行创编，甚至对于拿来的故事也不加斟酌与修改。在访谈当中，教师们不约而同地认为进行基于叙事的历史教学难度最大的部分就是养成积极的创编意识。"很多老师入职很多年，在这么多年的教学过程当中，肯定会更多地采用服从或者顺从于课本的固定的叙事方法，现在你要他从中跳出来，打破自己的思维定式，这其实是很难的。"（陈雨老师）

如果教师无法跳出已有的思维桎梏，不只意味着他难以做出更有新意的教学设计，也意味着他在进行基于叙事的历史教学设计之初，就将面临难以逾越的障碍。就像陈雨老师谈到的那样，教师将会被教科书中的叙事结构困在原地，"教材在设定的时候有一些逻辑顺序，包括时间顺序、关系顺序……它并不是非常完整或者符合教学的思路，实际上它是需要加工的……如果我们按照教材的顺序，从第一段开始讲到最后一段，那么我们的逻辑关系有的时候将是混乱的"。因此，创编意识所带来的不仅是教学创意，而且是更流畅的教学思路。教师只有厘清教学内容之间的内在联系，并将其按照自身的理解重新组织起来，才能够更清晰地掌握教学主旨，深入浅出地开展教学活动。由此可见，创编意识格外重要，教师只有首先养成了积极的创编意识，才能在教学设计过程中进一步培养历史叙事的编排能力。

三、助推教师教研能力不断提高

中学历史教师做研究往往以行动研究为主，目的是通过教学研究活动改进教学实践，提升教学能力，提高教学质量。然而中学历史教师的研究内容常停留于策略和方法而缺少思想和理论的架构，总止步于动嘴皮子而缺乏动笔杆子的自觉。

基于这种现状，基于叙事的历史教学改进项目从教师熟悉的课堂教学实践入手，围绕"叙事教学"这一历史教学主题，不断引导教师从实践中发现课堂教学问题，从研讨和学习中挖掘和思考问题背后的原因，进而逐渐上升到历史教学的本质。通过这样的实践和思考研究过程，提升教师学养，提高教师将实践问题转化为思想理论，将思想理论转化为研究论文的教学研究意识和能力。

在基于叙事的历史教学改进项目开展的近两年时间里，我们看到参与项目教师在教学研究意识、研究方法、研究成果等方面的明显成长和变化。

比如在教研与教学的关系上，参与项目教师由只知疲于应付日常教学，疏忽思考为什么要这样教；只注重教的内容和方法，忽视学科学习的目的和价值，到逐渐认识到"不仅要教历史知识，而且要培养历史思维""教学没有科研做底蕴，就是一种没有观点的教育""教学中的实践问题为科研提供隐形的动力和依据"（何一帆老师语）。

随着改进项目的推进，参与项目教师对教学的反思也日益深入并开始触及历史教学的本质问题。季禾子在总结中这样谈自己的感悟："通过学习，我也渐渐感悟到，一堂好的历史课往往通过有吸引力的叙事方式来彰显历史的客观性与真实性，最大限度还原历史的发展脉络，勾勒历史的发展面貌，进而让历史解释尽可能变得通俗易懂，使学生对历史的认识不断深入。"

"所有历史叙述本质上都是对历史的解释。"[1]"历史叙事从本质上来说，也是一种历史解释。在叙事教学中，通过搭建叙事结构，可以帮助学生掌握事件发展的过程，培养学生动态的、变迁的历史思维。"张友军老师在关于叙事教学的论文中这样表述自己对历史叙事的理解。

思想的转变开启了行动转变的闸门。参与项目教师在实践经验的基础上，实现了从被动动笔杆子到积极主动撰写教研论文的转变。

有五位教师组成了课题组，他们以叙事教学项目活动为基础，以"基于叙事的历史教学与学生时序思维养成"为课题，进行了一系列的课题研究活动。他们的课题研究按照这样的流程进行：前测（了解学生学习现状）—制订研究计划和分工—进行课堂教学实践—后测（了解实践效果并进行调整改进）—整理研究所积累的资料，形成研究成果（研究报告、教学案例、研究论文等）。

课题组的教师以自己所在学校八年级学生为研究对象，通过课堂观察、问卷调查、测试数据等方式了解、分析学生时序思维方面的现状。课题组结合教学实际，按照不同类型的课，采用叙事教学方式进行教学设计、研讨和实施。在此过

---

[1] 中华人民共和国教育部制定：《义务教育历史课程标准（2022年版）》，5页，北京，北京师范大学出版社，2022。

程中，针对具体问题不定期召开课题组研讨会，反馈教学中的经验，分享各自心得，讨论修改建议，调整实施方案。经过两个学期，课题组教师整理研究所积累的资料，并进行筛选、优化、整合，最后形成了研究报告、教学案例、研究论文等。

在整个研究过程中，课题组的教师借助项目组专家团队的指导，不断总结反思，调整课题方案，最终形成了有价值的研究成果。课题也获得郑州市 2022 年重点课题二等奖。

课题研究既促使教师将项目培训中习得的叙事教学的理论与教学实践相结合，又激发了教师对历史教学的深入思考，就像课题组教师在开题报告中所说的："史学家追求通过证据建构知识，这种建构是可以商议的，历史不再是一成不变的既往事实，历史包含叙述和解释；历史不再是一门死记硬背的学科，而是一门解决问题的学科；历史也不只是帝王将相的学问，而是关于像你我这样的普通人的思维智慧。"这样的认知表明，教师已经开始思考自己所从事的历史教学的本质和价值所在。

从课题开始，教师们才思泉涌，结合实践而引发的教学思考写就了一篇篇充满智慧的文章。

刘梦莹和陈德运老师的《追求历史故事的意义化——以"杯酒释兵权"为例》一文，以统编版《中国历史》七年级下册第 6 课"北宋的政治"中关于"杯酒释兵权"的故事记载为例，引用不同时期不同人的记载，通过层层设置的问题链，最终引导学生思考"北宋加强中央集权的措施"这一核心问题。在同一历史故事多元化的史料补充，追求历史故事意义化的过程中，释放出历史故事更大的价值空间，也培养了学生的历史思维能力和品质。这篇文章后来发表在《中学历史教学》2021 年第 10 期。

何一帆老师同样富有研究精神，其着眼于历史叙事开头与结尾的选择，将"新文化运动"课例的叙事结尾定于 1919 年。此后其与陈德运写成《基于历史叙事的新文化运动教学实践》一文，后发表在《中学历史教学》2022 年第 2 期。

随着项目的深入开展，参与项目教师在实践经验的基础上，纷纷将教学实践和思考转化为教研论文。张友军老师以"革命先行者孙中山"一课为基础,写出了《历史叙事之时空建构的意义:以"革命先行者孙中山"为例》一文。张老师在这节课中以 1905 年这个特殊年份为切入点,将这一年发生的 7 个历史事件列出来,让学生将事件分类并说明分类标准。此项活动引导学生建构特定历史时空,并在这个框架下进行历史探究。张老师以此课堂教学实践为例,分别从多维视角,建构特定历史空间、中时段叙事,呈现历史人物的真实性、特定时空下的伟人。王雅倩老师依托"明朝的对外关系"这节研讨课,写出了《多重叙事视角下的郑和下西洋》一文。贺笑笑老师在"活动课:让我们共同来感受历史"一课的基础上写出了《从历史故事中挖掘历史意义:以"介子推故事"为例》。季禾子老师依据展示课"新文化运动"撰写了《建构契合教学的历史叙事结构:以〈新文化运动〉为例》。

这一篇篇凝聚着教师对历史教学热爱、对历史教学深入思考、对无数不眠之夜回馈的文章,纷纷呈现在我们眼前。这些文章的意义是深远的,它们是打开教师专业成长的一把把钥匙,让教师实现了从被动应付日常教学任务到主动思考教学问题,从只动嘴皮子到动笔杆子的转变,让我们看到了教师发展的无限可能。

李百栋老师在总结中写道:"原来的时候我是个'空想派',总是想象着教科研如何开展、科研论文应当怎么写,所以每次的探索都如同水中月、镜中花一样虚幻。……参与项目后,我逐渐明白了教科研不是去想问题,而是应当先去发现教学中的问题并尝试采取相应的方法解决问题,最终形成具体可行的操作方法,并进行文字性的总结。"

贺笑笑老师的《我的科研之路》让我们看到了项目带给教师的教研的热情和巨大转变。下面是贺笑笑老师这篇文章的节选。

近两年来,通过在项目活动中参与的一次次磨课,我意识到了历史课堂对历史学科专业知识要求的严谨性和科学性,历史教学环节设计的有效性,教与学的联系与区别,问题意识对教学的有效性等,而获得的这一切认识都潜移默化地提高了我的教科研意识,转变了我对科研的理解。

1. 从"我想研究什么"到"我要研究什么"

2016 年，我入职的第一年，恰巧是初中历史统编教材使用的第一年，新旧教材的对比是热点话题，我虽然没有教过旧教材，但是当学生时我学习的是旧教材。从学生身份到教师身份的转变，我重新看了一遍新教材，学习新教材编写的理念，对新旧教材的变化有了初步的认识。2017 年 9 月，我在有了一年教学经历的基础上，开始尝试选择一节活动课作为我着重实践和研究的对象。

我选择了七年级上册第 21 课"活动课：让我们共同来感受历史"这一课，先从学生熟知的传统节日——春节入手，将生活中的历史引入历史课堂。整个设计从寒假学生参与春节习俗，到采访三代人春节的感受，再到课堂教学。活动课上学生积极性很高，使我对活动课的期待更高了，并萌发了做传统节日系列活动课研究的想法。经过磨课、查找资料，我第一次开始了课题"中国传统节日教育在初中历史教学的实践探索"的申报。但申报结果不尽如人意，给了我打击，也让我再次认识到科研路漫漫其修远兮。

今天再回头看当年的课题申报书，我发现我最大的问题是我只知道我想做传统节日课，我想研究传统节日教学对中学生正确看待传统节日的影响，然而我却不知道我该怎么落实这一想法，研究成果如何呈现。简言之，就是我只想做我想的，忽略了学生学什么、怎么学、学到什么程度。

申报课题失败，我意识到自己在科研路上还需要更加努力。然而最令我无奈的是我不知道怎么去寻找一个抓手，也不知道如何去突破、去改进。我也向同事们学习，本着课题研究为教学解决问题的出发点再思考，然而并没有进展，我感觉自己的思维进入了一个死胡同，但是直觉告诉我，传统节日这个主题有研究的价值，只是我没有找到好的切入点。

接下来两年我一直在试图寻找传统节日活动课的突破点，但总也不得要领。

工作的第四年——2020 年 9 月，项目开始，我拥有了一次宝贵的学习和提升的机会。在观摩课中专家们对历史专业知识的解读，对教学环节处理的建议，都让我受益匪浅。尤其是项目组团队在观摩了我的"中国传统节日的起源——清明节"后，给予了非常系统的点评和建议。我还记得张汉林和陈德运老师跟我聊了好多，针对我的教学设计提出了可以用逆向思维将我的设计进行倒置的想法——先布置学生设计节日徽标，课堂上学生阐述设计理念，在学生已有理解的基础上深层次挖掘节日蕴含的历史意义。这样的活动课设计直接颠覆了我已有的认知，而且他们还建议可以通过项目式学习来开展系列课形成课程。我在那次教研后非常激动，更坚定了要将传统节日的课题研究下去的想法。结合专家关于叙事教学的理论和实践指导，我进一步认识到真正的科研并不是教师想要研究什么，而是结合教学实践、学生认知，思考教学如何为学生的学习服务。

2. 从"我要研究什么"到"我能研究什么"

在我知道"我要研究什么"之后，我在科研路上找到了切入点。我大量查询史料，对项目式学习相关理论进行学习，并结合自己的实际情况和学生情况，再一次进行课题申报。虽然申报结果依然不如意，但是我比之前更有信心了，不会惧怕科研，因为我知道了"我能研究什么"。在未来的教学中，我不断积累、反思，拓展思路，丰富自己的理论知识，优化教学设计，梳理研究思路。

3. 从"我能研究什么"到"我应该研究什么"

2020 年 7 月，教育部公布的《大中小学劳动教育指导纲要（试行）》明确大中小学要设立劳动教育必修课，要求"在学科专业中有机渗透劳动教育"。我将之前做叙事教学方面的科研积累进行整合，积极与其他学科有经验的教师进行交流，成功申报了"基于学科融合理念的初中劳动教育实践探究"郑州市专项课题，以了解传统节日及其相关故事为基本内容，以传统节日中的劳动活动体验为途径，开展初中劳动教育实践探究。

我的科研之路经历了"我想研究什么"—"我要研究什么"—"我能研究什么"—"我应该研究什么"，即从关注我自身的研究意愿到关注学生、关注教学问题，再到结合自身研究能力现状、实施现状，最后找寻理论支撑。我真正认识到了科研是为教学服务、解决教学实际问题的研究过程。

回顾这一路，我很幸运能够在入职的第四年，在迫切需要提升科研能力的时候拥有这样一次机会，遇到如此优秀的专家团队，经历一次头脑风暴式的学习，不断提升自己。近两年来的学习是充满压力的，也遇到过挫折，但是成长带来的喜悦和充实感是不可替代的。

我们知道，教研活动的最终落脚点应该在于教师观念的认同和教学行为的跟进。一次次的线上线下研讨是参与项目教师之间思维、观念、思想的交流和碰撞，而产生改变的动力在于教师深入的自我思考和在实践中内化转化。我们从这些教师身上看到了教研力量，也看到了教研力量对一个区域的影响。整个项目带来了金水区教研的新气象。

气象一表现在教研氛围更加浓厚。专业的吸引力和榜样的力量是巨大的，在每学期的全市展示之后，都有很多教师自觉要求加入我们的团队。在项目活动中，专家为大家提供了很多专业阅读的素材以及专业阅读的方法，在他们的带领下，一些教师开始尝试按照教学主题自制阅读书单，打卡分享并交流心得。

气象二表现在教研模式的变化。受到"三课两反思"改进路径的启发，我们的教研活动在同课异构中，除了异人同课异构，也尝试了同人同课异构，围绕一堂课进行教学磨课。从课前一磨、课后二磨到后续三磨再到四磨分享，执教教师和听课同伴一步步"磨"出对课堂教学内容的理解，"磨"出对课堂问题设计的细化，"磨"出对自我教学的认知和思考。例如，在2021年度郑州市优质课比赛一等奖中，金水区有6位教师，居全市之首位。

气象三表现在历史教学活动的创新。受到"自我画像：5岁之前的我"和"编演历史剧"两项项目式学习活动启发，一些教师开展了相应的项目式学习活动，来提升学生学习兴趣，以课外活动促进历史课堂教学。例如，郑州市龙门实验学校的"走进博物馆"的研学活动等。

回顾近两年的改进教学实践，在金水区初中历史教学中，一支专业水平过硬的教师队伍正在成长，一种更具专业品质的区域教研氛围正在形成。

四、促使教师个体不断发展

(一)一位"乘风破浪"的历史老师

刘梦莹，一位从教多年的历史老师。在此次项目活动中，她实现了从观察者到践行者、从教师叙事到学生叙事、从动嘴皮子到动笔杆子的转变。在项目的推进过程中，刘老师身为一个"挑战者"，从加入项目挑战历史叙事，再转向学生叙事、撰写学术论文，取得了多项成果。

1. 缘起：一个偶然的机会

2020 年 9 月的一天，刘梦莹老师接到了金水区教研员王红兵老师的通知，到郑州市第六初级中学听课，做好会议记录。在她看来，这是一次再寻常不过的听评课，然而正是这一次偶然的听评课，开启了她与历史叙事的"初次相遇"。

刘老师到达会场后，发现了"意外惊喜"，看到了平时只有通过屏幕才能见到的张汉林教授。刘老师怀着激动的心情开始了会议记录，然而随着张教授对历史叙事的介绍，诸多疑问涌上心头。"觉得(历史叙事)和我们平时的教学是八竿子打不着的，甚至觉得根本无法把一个非常高大上的历史叙事理论，有效地和日常的教学相结合。"在与历史叙事相识之初，刘老师对它的怀疑大于兴趣。这是什么教学方式？它能提高教学质量吗？能培养学生兴趣吗？种种问题使刘老师选择做一个观察者，局外观望。

刘梦莹老师 2017 年参加工作，2018 年正式担任班主任。工作后的刘老师，获得了省市优质课奖项，评上了中学一级教师，一切都很顺利。"大学的时候你会满怀一腔热血，要把老师教给你的知识全部都用上。但是等真正上班之后，你就会被工作的各种琐事给磨平。"大量的教育教学工作，使刘老师的课堂慢慢成了老师讲、学生记，没有思考、没有灵魂。

张汉林教授在会议上的两句话深深触动了她，他说："历史本应是一门关于思考的学科，充盈着调查、取证、质疑、推理、分析、综合、比较、概括、论证等多种活动，但在现实教育中却往往被异化为听讲。由此可见，历史教育亟待正本清源，从提出问题开始，在解决问题中思考，在思考中获得新知。"张汉林教授的话让刘老师相信他及其团队，也相信基于叙事的历史教学的力量。由此，刘老师开启了长达三个月的观摩学习。

2. 转变：从观察者到践行者

(1)从局外观察到躬行实践

刘梦莹老师在项目的跟进学习与观摩若干名师的现场授课后，对历史叙事的态度发生了转变，"这些课让我对这个方法不再困惑，并认为它还不错"。尤其是在听完陈雨老师的"百家争鸣"后，刘老师感受到历史叙事是可以和教学相结合的。"陈雨老师通过几个关于孔子的故事，层层设问，让学生觉得理论不再抽象。整节课的设计我觉得非常棒，我想自己去试一试能不能将历史叙事和教学实际相结合。"

刘梦莹老师通过三个月的观摩学习，体会到历史叙事的魅力，感受到讲好历史故事的重要性，怀着求知的渴望，她提交了申请书。项目组也看到了她这三个月来的用心，同意她正式参与项目。转正后的第一天，项目组安排刘老师上一节关于历史叙事的常态课，刘老师完成了从观察者到践行者的角色转变。

正式参与项目后，刘老师用历史叙事的教学方式在"西汉建立和'文景之治'"一课中设计了缇萦救父的故事，对该故事进行重新编排，用第一手史料设计了一系列问题，让学生通过小人物的平凡故事感受时代的特征。"西汉建立和'文景之治'"这节课更是明确回答了她一开始的疑问——这种教学方式能提高教学质量吗？"在这节课里面有一则史料学生理解起来有一定的困难，而且当时我在设计这个故事的时候，就在犹豫要不要去用它。因为毕竟一旦用到比较难的史料，整节课可能就会花的时间比较长，超出预期时间。但是后来我还是用了，毕竟我找了那么久，不用也挺可惜的。结果在我们那一年期末考试中，选择题里面出了一模一样的史料，而且问题也基本上和我上课问的一样。所以那道题我教的这几个班的学生的正确率基本上是100％"，而且"这种教学方式的影响是潜移默化的，会使学生在教学过程当中慢慢喜欢上历史课"。

(2)从教师叙事到学生叙事

在历史课堂中，根据叙事权的不同可分为教师叙事和学生叙事。教师叙事，指教师为学生提供一个版本或多个版本的叙事，学生在教师提供的叙事上展开思考；学生叙事，指学生主动建构历史叙事，并在这个过程中形成自己的认识，凸显其主体意识。刘梦莹老师提到，自己有幸对两种叙事都进行了尝试，并由此产生了截然不同的感受。

2021年3月，刘梦莹老师通过教师叙事的方式进行"北宋的政治"这一课的授课。她选取了不同时期对"杯酒释兵权"故事的不同记载进行历史叙事，通过层层设问引导学生对四个版本的原始史料进行探究，挖掘细节。在刘老师看来，在进行叙事教学时对细节的把握是很重要的。"从细节入手，能够反映人物的一些心理特征。缇萦救父的故事就是从小细节入手。'杯酒释兵权'这个故事则体现得更多，如对比每个版本中人物的动作、人物的回答。所以对我来讲，微观叙事可能比较好把握一点，或者是对于一个刚接触历史叙事的人来说，应该是微观叙事会比较好操作一点。""北宋的政治"一课非常成功，学生对课堂的喜爱程度远远超过了刘老师的预期。师生的巧妙配合、课堂教学的有条不紊，使她深深感受到了历史故事的魅力。与此同时，"北宋的政治"一课也让刘老师获得了金水区基本功比赛第一名。"当时这个课上完之后，很多评委老师都觉得这一课非常不错。第一名这个成绩鼓励了我，让我还想继续去尝试，从教师叙事转到学生叙事。"

2021年12月，刘老师在"北伐战争"这节课开始尝试学生叙事，开展以游戏为载体的学生历史叙事活动。不同于教师叙事，学生叙事更加考验教师对课堂的把控能力。"北伐战争"这一节课上下来，刘老师感到有些措手不及。

"在备课方面，教师叙事更耗费精力，因为基本上是让学生跟着你的教学设计往下走。但是在学生叙事的时候，我备课是很轻松的，不需要找特别多的史料，只需要把活动组织好就可以了。教师叙事的课堂是比较好把控的，一节课我完全可以让学生按照我的节奏来，但是学生叙事是不可控的。比如说我让他们在时间轴上排小卡片，我本来觉得他们一分钟就可以完成，结果他们花了五分钟才做完这个事情，然后整节课的时间就会特别长。"

同时，在"北伐战争"这节采用学生叙事的课堂上，有一个学生的问题使刘老师印象深刻。当她问学生"还有哪些是需要为北伐做准备的"时，一个平时非常活跃的学生回答道："武器。"然而"武器"这一点，刘老师在课前备课的时候并没有注意到，因此在课上并没有给学生一个很好的回应，只是简单说"这个也是需要的，那么同学们再想想还有什么"。在之后的教研中，陈德运老师就指出"武器"这一点是需要在课堂上对学生进行一下补充和说明的。学生叙事的课堂，教师作为"旁观者"，课堂是放开的，学生的回答是开放的。"学生敢去说。在课后，通过学生的回答我也会反思自己哪里做得不是特别好。"

从"北宋的政治"到"北伐战争"，从教师叙事到学生叙事，刘老师抱着尝试的心态，一步一步来。"其实如果真正愿意去做叙事的话，每节课都可以。我马上要教九年级了，想尝试在世界史中做叙事，比如说英国、法国、美国这几个国家，那些大的事件其实还是比较好做叙事的。在世界史的叙事中我还是会偏向以学生叙事为主，通过游戏拉近学生与世界史的距离。"

在参与项目前，刘老师进行的更多的是传统课堂"讲练背"式的教学。"上课我讲，学生把重点画下来，然后回家做题，第二天上课再去提问，更侧重于学生对知识的记忆"，但是历史叙事的课堂更强调学生的"学"，让学生处于时代背景下去理解为什么会发生这样的事情。"对学生来说，他们对于知识的理解能力提高了，并且这种提高是在课堂中完成的。他们其实是挺愿意上课的，在课上很活跃的氛围中就把历史给记住了。虽然说他们可能记得不会那么清楚，但是他们课下稍微再背一背、理解一下会记得更快更好。"历史叙事的课堂教学，提高了学生的历史学习兴趣，使学生真正爱上了历史课，在课堂中感受历史。

对于刘老师本人来说，她的能力获得了很大的提升。原来在备课方面，繁重的教育教学工作使刘老师不得不简化自己的备课流程。"在课前我会去找找中学历史教学园地上的课件，多下载几个，拼在一块，看看哪个合适就拿来讲。"但是在进行基于叙事的历史教学时就不能按照此前的备课方式了，"我一点都不会去看中学历史教学园地上的东西，因为只要我看了，那么我的思路一定会被束缚"。刘老师的备课过程是这样的：首先，看教材、看课程标准、看教师用书，确定重难点；之后，按照课程的内容去找原始史料，根据时间和本课的重难点去设计教学环节，在教学环节的设计中有意识地把历史叙事的流程环节套用进去。在历史叙事的课堂上，教师关注的更多的是学生的状态，教师被弱化掉。作为教师很在意自己在课前设计的活动学生是否可以理解，很注意学生在课堂中的回答与表情反应。较于传统的"讲练背"式的课堂，历史叙事的课堂不再是通过习题反馈，更多的是让学生进行开放性的反馈。"比如说你对这节课的看法是什么？你有什么感兴趣的地方，或者是你觉得这节课哪个地方出彩，还有哪些地方需要改进？包括后期给学生进行一些相关的知识拓展等，这就是一些和之前不太一样的地方。"这其实都是对学生的核心素养、必备品格和关键能力的一种提升。

（3）从动嘴皮子到动笔杆子

前面提到，2021 年 3 月，刘梦莹老师通过教师叙事的方式进行"北宋的政治"这一课的授课，这节课让她获得了金水区基本功比赛第一名。此时，陈德运老师鼓励她，将课堂成果学术化。"我觉得能发表在《中学历史教学》上的文章都很厉害，而且我从来没想过自己能够去发表文章。其实我一开始很拒绝，不知道该怎么写，然后陈老师就给我发了几篇文章让我看，他说你参考一下写教学实践的东西，剩下的东西交给他写。"一开始，刘老师硬着头皮写，想好了大概架构后写完交给了陈老师。一个月左右，陈老师直接把写好的文章发给了她。"我看完这篇文章之后，我就想感叹：这些做学术研究的老师真的好厉害，能够把一篇平平无奇的教学设计变成论文。后来我仔细看了陈老师的修改稿，一是在实践基础上凝练了理论，二是找到一个核心点或视角来组织全文。后来陈老师去投稿，然后我们的这篇文章（《追求历史故事的意义化——以'杯酒释兵权'为例》）就发表了。"

这篇论文强调要根据课程标准和教材中每课的子目来选择核心故事，在访谈中针对此问题也对刘老师进行了追问，即在选定故事的时候，除了关注课程标准和每课的子目，还需要注意一些什么。据此，刘老师提到首先要和学生密切贴合，贴近学生的认知。"我当时设计第一版的时候讲了很多故事，但这些故事离学生很远，我讲的时候，学生要么不想听，要么就是眉头紧锁，不知道我在说什么。但是'杯酒释兵权'这个故事，你问任何一个学生，他都能说出来几句，哪怕他说的不对，但他至少能把这个故事里面的人物说出来。"其次就是选取的故事要贴合重难点，"我反思了第一版的教学设计，我用了很大篇幅设计了一个王安石变法的故事，到后来我发现跑偏了，因为这节课的重点并不是王安石变法，王安石变法只是对北宋政治的一个问题的补充和说明"。

之后，刘老师在项目组的指导下又进行了"北伐战争"与"秦末农民大起义"两课的叙事教学。在"北伐战争"课后，刘老师主动向陈德运老师提出希望可以再次尝试一下，写一篇文章出来。之后刘老师用游戏化的方式去讲"秦末农民大起义"这节课，课后刘老师完成了 6000 字的论文初稿。刘老师提到，从第一篇教研论文到第三篇教研论文，她的态度发生了很大的转变，主要体现在两个方面：第一，"一开始我不愿意去做或者是被动去做这个事情，现在变成我想去做这个事情"；第二，"在写的过程当中，我一开始不知道写什么，没有方向，只是依葫芦画瓢去写，后来我慢慢开始找到几个方向，就更愿意去尝试这个事情了"。

刘梦莹老师通过历史叙事项目的实践发现了撰写学术论文的可能性。她提到张汉林教授曾经说过"一开始所有人都是不愿意去做这个事情的，觉得好难。但是当你真正去做，并且做成的时候，你会发现它没有那么难"。不论是叙事教学，还是撰写学术论文，刘老师一开始其实是犹豫退缩的，但在她慢慢实现的过程中却发现并没有那么难。

3. 小结：一路走来，一路盛开

2020 年 9 月，刘梦莹老师第一次接触到历史叙事项目。在项目的推进过程中，刘老师在不断挑战新的领域、迈向新的台阶，身份也在不停地转换。在这一过程中，她的心路历程也是一直在变化的。在项目初始，她更多是被推着前进的。转折点是在 2021 年 3 月，刘梦莹老师的"北宋的政治"一课获得了金水区基本功比赛第一名。这个成绩鼓励了她，让她想继续尝试基于叙事的历史教学，基于叙事的历史教学唤醒了刘老师在学生时代对于历史教学的热爱。

刘老师指出，她非常感谢张教授和陈老师的指导。"给我印象最深刻的就是张教授和陈老师，他们给我的帮助特别多，而且非常有耐心，还很细心，不厌其烦地给我指导。"

刘老师还强调，"基于叙事的历史教学需要遵循认识理论—实践理论—深化认识理论的阶梯式提升过程"。在参与项目的过程中，她收获满满，却也并不是一帆风顺的。在刘老师看来，在基于叙事的历史教学中，从认识到实践是最难的。刘老师认为，在学习了近两年后，她还需要通过理论学习一步步摸索。"但是当你有了理论之后，还想进一步提高的时候，你还需要再回到第一步去重新认识，要深化认识。"

一路走来，一路盛开。刘老师一路乘风破浪，不断成长。每一次的收获都给予了她莫大的鼓励与前进的动力，使她深刻体会到了历史叙事的魅力。刘老师提到，通过此次项目，她成了更好的自己，也成就了更优秀的学生。通过基于叙事的历史教学，她和学生实现了与古人对话、与人类过往经验共思，一起站在了历史的肩膀上前行。

(二)一位勤于思考者的再出发

在参与项目的核心成员教师中，张友军是年龄最长、教龄最长的一位。他不仅教学经验丰富，还担任着班主任和副年级长的职务。虽已人到中年而且日常工作繁忙，但张友军积极参与项目举办的各种活动，还依托项目资源和金水区教研员王红兵一起申报了课题，撰写并发表了论文。与年轻教师相比，他的斗志和冲劲有过之而无不及。

分析自己为何具有极强的斗志和冲劲的时候，张友军表现得格外谦逊。他首先高度赞扬了专家团队的帮助和指导，其次又感谢了郑州市教育局提供给他的参与项目的机会，最后才谈到个人的责任心和好奇心。张友军坦言："作为历史老师，如果我们自己都不愿意为自己的能力提升去付出、去克服自己的惯性思维、去接受新事物，那么我们很难去教学生，所以这算是我们的责任心驱使。"张友军还强调好奇心的作用，把好奇心与终身学习以及学生发展联系起来。"我们在跟学生说要终身学习的时候，其实我们自己作为老师也要有终身学习的意识。而这种终身学习的意识，我觉得内在的驱动力应该还是好奇心。"正是受责任心和好奇心的驱使，张友军在项目中取得了突出的成果。

值得一提的是，张友军是在加入项目之后才开始正式了解基于叙事的历史教学的，用他的话说就是"这个词儿也是第一次听说"。之前的课堂上张友军也讲历史故事，但那时所讲的历史故事和历史叙事是有很大差别的，张友军概括为"以前用的应该叫作历史的叙述，并不能叫作完全意义上的历史的叙事"。张友军认为，以前讲的历史故事，只是在一个环节或者一个阶段里来使用，比如说导入部分，通过一个生动的历史故事引入，而一旦引入之后这个历史故事就失去了它的意义；基于叙事的历史教学中的历史故事，是贯穿于一节课授课始终的。在学生培养方面，以前讲的历史故事可能还停留在简单的知识层面；基于叙事的历史教学中的历史故事，其重心更多地放在对学生的历史思维和史学素养的提升上，已经进入了更深层次的思维方面。从一开始的对历史叙事一头雾水，到能够对历史叙事进行基于自己理解的总结性陈述，张友军着实下了一番苦功。

在接受专家团队指导的近两年时间里，张友军一直用心学习相关领域的知识，看了许多国内外有关历史叙事的专著以及历史哲学类的书籍，关注基于叙事的历史教学的前沿理论。项目刚开始的阶段，教师们对历史叙事确实不太了解，所以从阅读相关文章开始，当时张汉林教授大概发了七八篇有关历史叙事的专业文章。张友军阅读这些文章很费劲，但他咬着牙，用了几天时间，把这些纯理论的文章读了下来，感觉受益匪浅。之后张友军又根据教学设计过程中遇到的困难，自行搜集和阅读了很多有关历史叙事的文章，对基于叙事的历史教学的理解不断深入。

张友军在专家团队帮助下，设计了许多节基于叙事的历史教学的新课，将理论运用到了实践中去。已经工作多年，张友军对教学基本上形成了自己的一个固化的模式，也形成了自己一定的风格。所以刚开始进行基于叙事的历史教学的时候，他很痛苦。最初每一次接到任务去做课例的时候，张友军脑子里浮现的都是自己用原来的方法取得成功的一些经历，然后往往让自己陷入一个死胡同里，就是想按照专家团队的历史叙事方法去设计，但是设计到一半的时候又回到了自己原始的逻辑里边，最后发现基于叙事的历史教学的设计无法完成，这时常让他处于苦恼之中。

例如"八国联军侵华与《辛丑条约》签订"一课，这节课他试图用历史叙事的方法进行设计。但是这节课的内容、环节比较多，而且教材提供的史料也比较丰富。所以张友军就面临史料取舍的困境，不自觉地又回到了知识本位，感觉教材上的内容都很重要，都需要给学生交代清楚。项目组专家团队一直鼓励教师进行历史叙事时要有自己的架构，这个架构不一定是非常全面的，只要能够说明一个问题、让学生参与其中、达成一定的目标、有一个完整的设计便足矣。因此，张友军做了大胆的取舍，几乎把这节课的知识性内容全部交给学生去处理。他把大量的时间留给学生，让学生去做知识列表，让学生去做历史叙事时间轴，然后他以问题引导的形式带领学生深入探究。张友军还进行了课堂实录，现场的效果和课后的反馈都体现出学生对于当时中国比较复杂的三种政治力量的博弈的认识是比较深刻的，基本上达到了张友军最初的基于叙事的历史教学的目标。可以看出张友军在从传统故事教学向基于叙事的历史教学转变的时候，确实克服了许多已有的惯性。

张友军进行了多节课的设计与实践，对基于叙事的历史教学的理解也不断深入，在学术上有了更进一步的想法。他决定和金水区教研员王红兵一起申报课题，打算对时序思维进行深入的研究。该课题借助了本项目的资源，在申请后便拿到了郑州市重点课题的立项。在本项目即将结束的时候，张友军的课题也顺利结项，并且获得了郑州市重点课题二等奖，相关论文也已发表。作为一个为期只有一年的课题，切口不宜过大，所以课题组把时空观念里边的时序思维单独提了出来进行研究。张友军和几位老师利用他们现有的资源，结合当时教学的内容，选取了八年级的上册部分，设计了10课左右的教学课例，并进行了研究。首先是他们对教材的时序特征做了分类，然后根据分类对他们经过教学试验的、相对成熟的一种时序思维予以比较，归纳出了三个类型，以此建立了引导学生进行时序与思维训练的三种教学范式。最终发表了论文作为成果，当然辅之还有很多教学实践的反馈、问卷等其他成果，最后汇成了一个课题研究的综合绩效报告。

近两年时间参与项目学习，张友军认为自己提升最多的就是教科研能力。张友军曾和同事开玩笑说："这相当于弥补了我当年没有上研究生的一个遗憾，近两年的学习相当于进行了一次研究生的学习。"教科研能力的提升主要体现在两方面。一是科研成果的输出，主要是论文。其实一线教学一直在强调教科研的一致性，但是很多教师忙于教学和行政事务，难以在科研上注入大量的精力，张友军也是如此。借助项目开展的机会，张友军把自己的一些感受和想法，和团队朋友们一起努力形成了一个课题，最终写成了论文。这是其教科研能力提升的重要表现，教师不仅要教，而且要把教的东西形成理论。这不仅能够为其他教师提供借鉴，也是对自身实践的总结与升华。二是教学实践。常态化的教学研究随时都在进行，学校也非常重视，但问题往往出现在哪儿？就是教师在接受一种新的教学理念，经过周期性学习，并没有把它真正落实到每一节课上。随着项目推进，张友军的确把很多想法变成了真实的教学案例。在参与项目汇报的时候，张友军大概做了两三节基于叙事的历史教学的课例，在做论文课题研究的时候，也做了两三节课例。再加上平时的一些总结，手里积累下来的基于叙事的历史教学设计已经有十多个了。

也就是说通过这样一个项目，张友军不是简单地做一两节公开课、示范课，起一个模范带头作用就结束了。在现实的教学过程当中，他有大量的基于叙事的历史教学课例的积累与呈现，让基于叙事的历史教学从理论走向了实践，从输入走到了输出，准确来讲就是一个理论落地的过程。当然，张友军仍有一些不足之处。首先，在理论学习方面，可能是因为长期在一线教学，他对史学理论前沿包括叙事理论前沿的了解还有不足之处，所以在跟进这些前沿动态包括阅读原著的时候存在一些困难。其次，作为一线教师，他平时忙于日常的教学工作而忽略了对于整体教学设计的提升。张友军敏锐地意识到，随着新历史课程标准的出台，学校历史教学面临着转型，历史教师也要向研究型、学者型教师转变。在参与项目之前，张友军已经很多年没有写过论文了，现在他已经养成了写论文的习惯。

不可否认，张友军是个勤于思考的人。他提出："教师一定要在课程标准的指导下和在教材的基础上进行二次创作。"张友军认为教材适用于全国范围的使用，但各地区有不同的学情，因此教师在进行授课的时候必然要进行二次创作，对教材内容予以整合或进行局部调整，总目标是达成课程标准所倡导的核心素养培养。张友军认为现在过重强化了历史学科本身的实证性，忽视了学生学历史的兴趣。初中生在第一次系统学习历史的过程中就应该体会到文学的趣味性、史学的实证性、哲学的思辨性（文史哲的混溶），而历史叙事是实现文史哲混溶的重要方法。他感慨道："'历史是什么'真的已经不能满足当下中国历史教育的发展需求。"张友军认为中国现在的历史教育处于转型期，"历史是什么"还是在强调培养历史知识层面，而"为什么"才是在强调培养历史思维层面。倘若教育理念滞后，用二十年前积累下来的经验教学生，然后让他们在未来的二十年得以发展，这是非常艰难的，所以教给学生的肯定不是知识，而是能力和素养。

同样不可否认的是，项目培训为张友军提供了一个极佳的教师专业发展的平台，让他能够有契机去接触新的理论，得到专业的训练，进而继续学术研究之路。张友军非常感谢项目组，让他在一线工作多年之后能够重新燃起对教科研的热情，重新拥有了终身学习的底气和能力。张友军说："我时常会想到，如果我到了五十岁左右，在教学思维变缓慢了、知识体系逐渐落后的情况下，我该怎么胜任教师这样一个岗位。真的由衷地感谢这个项目，因为它在我人到中年这个关键期给了我一个机会。在这个项目的帮助下，我会继续在教科研方面保持热情，从而实现对学生的引导。"

人到中年如舟行半途，是随波逐流还是逆流而上，张友军已经给出了自己的答案。

（三）一位迷茫新手的新征程

王雅倩是东北师范大学历史文化学院的公费师范生，大学毕业后便进入了中学工作，在从教的第三年，加入了郑州市基于叙事的历史教学改进项目。王雅倩直言："工作以来，大多数时候是处于摸着石头过河的状态，缺乏一定理论的指引与深度的思考。想突破，不知从何入手！"她觉得她的教学在循规蹈矩地进行着，但背后缺乏生命力与灵魂。

王雅倩曾经在一次汇报中把自己形容为一只小蛙。为什么这样形容呢？因为温水煮青蛙。在接触项目之前，王雅倩在课堂上越来越老练，越来越像一个成熟的教师，但是她能感受到虽然经验在积累，但探索的能力和整体的专业素养却是在慢慢地退步。学生时代，王雅倩一直在学习历史教育相关的知识和理论，这是一个充电的过程。工作以后，作为一名新手教师，王雅倩还处在生存关注阶段，被日常琐事与杂务所扰，在一定程度上忽视了继续学习，整个人处于一个放电的过程。教学背后的支撑与输入不够，王雅倩觉得自己处于一个温水煮青蛙的状态，急需做出改变，却不知如何改变。

转机发生在王雅倩加入项目之后。王雅倩积极参与项目组织的各项活动，抓住机会在项目中锻炼自己，在教师叙事和学生叙事方面都取得了突出的成绩。王雅倩曾多次在活动结束后主动撰写心得体会，即使项目组并没有提出此类强制性的要求。写心得体会是王雅倩记录当下时刻感受的机会，也是一个再次总结、思考的过程。王雅倩说自己这只温水里的小蛙变成了一只蹦跶的小蛙，以往很多惯性的、理所当然的认知被打破，全新的认知在建构、生长。

在参与项目之前，王雅倩没有接触过历史叙事的理论，对"叙事"这个词的理解停留在文学性的层面，当然在实践中也会有历史叙事的一些因素存在，比如上课的时候也会讲故事，但那时所讲的故事跟历史叙事理论提倡的故事是完全不同的。王雅倩曾在一篇心得体会里感慨："以往的故事只是作为调味剂而存在，为了活跃课堂气氛，但这无疑会掩盖故事的深厚内涵，叙事教学中的故事绝不是浅层的、增添课堂乐趣的笑料。以故事来推动历史思考，这才是讲故事的意义，要在趣味之上推动深度思考！"例如在讲"贞观之治"时，王雅倩引用了唐太宗和魏徵关于征兵的一个故事，围绕这个故事设计了层层深入的几个问题，把唐太宗的性格特点、用人特点，以及唐朝的三省六部制全都纳入进去，让学生在感到故事有趣的同时也能进行深入的思考。

参加项目以来，王雅倩设计了许多节契合基于叙事的历史教学理论的课例，和其他教师一起同课异构，还在课堂中进行实践。在这些课中，形式化的举手回答少了，真正的与历史的对话多了；无意义的热闹活动少了，深度的思考与分析多了。理论与实践相结合促使王雅倩对基于叙事的历史教学的理解不断深入。她认为基于叙事的历史教学指向的是学生对历史的深度思考，在故事之后是层层递进的问题，以问题驱动学生思考，搭建起学生思考的脚手架。王雅倩对于史料教学的认识也更加深入，她认为史料教学应当是教师展示一系列不同角度、立场的史料，再通过连续递进的问题，引导学生去分析史料，让学生在分析史料的过程之中，掌握一定的历史思维和历史学习方法，培养学生的批判性思维。

对于历史叙事和史料教学的理解与分析，王雅倩主要是站在了教师叙事的视角，这与她在教师叙事方面的突出表现是密切相关的。王雅倩曾多次设计"明朝的对外关系"一课，对该课的教学立意、叙事起点、叙事终点都进行了较大的改动。一开始的设计是按照教科书的子目顺序来讲述明朝国力强盛与国力衰弱时候的对外交往，整个设计的逻辑和立意是不清晰的。在项目组专家团队的鼓励和帮助下，王雅倩放下顾虑，进行了大胆的修改。最终的设计全部围绕着明朝的海洋政策去讲，引用了很多新的史料，建构起了这节课完整的脉络。修改后的"明朝的对外关系"一课，以明朝的海洋经略为主线，讲了明初的海禁政策，海禁政策之下的朝贡贸易即郑和下西洋，海禁政策愈演愈烈情况下的中日矛盾，以及当时新航路开辟背景下的葡萄牙，最后落脚在了隆庆开关，完整地讲述了从禁到开这样一个历程。整节课的立意非常突出，想要表达的内容清晰明了。①

项目组专家团队一直鼓励教师根据自己手里的真实课例撰写教学论文，王雅倩便想依据这节课的教学设计去写一篇论文。王雅倩最初的打算是把整节课的内容提炼出来写个教学论文，叫《历史叙事中的主角与配角》，后来发现写不下去，难度实在太大了。之后王雅倩转变了思路，聚焦于这节课的郑和下西洋部分，撰写了《多重叙事视角下的郑和下西洋》一文。王雅倩写论文的总体过程还是比较顺利的，因为"明朝的对外关系"一课经过多次修改已经比较成熟了，从中截取郑和下西洋部分进行详细论述并不太难。王雅倩认为最难的是理论层面，因为教学论文如果不结合理论的话，就是一篇教学实践，称不上是一篇论文。怎么结合理论把教

---

① 该课例关于"郑和下西洋"部分的打磨过程，最后与项目组专家团队合作，形成了《"基于叙事的历史教学"的探索——从"郑和下西洋"故事说开》一文。

学设计中无意识的经验、结论抽象出来，这是写论文最难的部分，也是王雅倩向项目组专家寻求帮助最多的部分。至于论文的结构，王雅倩的经验是多看几篇优秀期刊上发表的教学论文，看别人的文章是怎样的结构，先模仿再超越，先把大致的框架建立起来，再根据自己的具体内容和所依据的理论去修改完善论文的结构。

　　通过撰写论文，王雅倩改变了对中学历史教师写论文的认识。王雅倩一开始对教学论文的认识不够深刻，觉得中学历史教师写出的论文很多都是为了写而写，其研究的意义和价值不大。参与项目后，王雅倩逐渐意识到了这是自己的一种偏见。当真正动笔开始写论文之后，王雅倩真正体会到了中学历史教师写论文的价值。王雅倩将自己抽离出来，去审视自己的教学实践，将实践与理论相联系，然后进行专业化的论文写作。论文写作的过程就是一个双向巩固的过程。王雅倩在感悟里写道："在写论文的过程中，你会对基于叙事的历史教学的理论，以及这种理论在课堂中的实践路径有更多的思考。"

　　项目第一年的重心在教师叙事方面，王雅倩在教师叙事上取得了突出的成果。项目第二年重心转移到学生叙事的时候，王雅倩一开始有些不知所措。依据项目组的任务安排，王雅倩带领学生开展了"自我画像：5岁之前的我"学生叙事活动。刚开始做"自我画像：5岁之前的我"学生叙事活动的时候，王雅倩有点迷惘，困惑于这个活动的意义，困惑于如何教会学生划分文学与史学的界限。但当学生作品呈现在她面前的时候，她慢慢放下了这些顾虑。因为这个活动跟以往的作业完全不同，学生非常感兴趣，愿意主动去完成任务，再加上王雅倩为学生提供了基本的方法指导，所以学生进行历史叙事的感悟和收获是非常大的。学生做历史叙事的时候，会主动地把历史课堂中学到的历史学科的思维方式和基本技能都运用进去。学生会去评判什么是史料，以及去克制自己夸张化、文学化的表达，然后进行一些相对史学化的表达。学生叙事带给王雅倩最大的收获就是改变了其以往对学生的看法。王雅倩最开始觉得学生就是一些小孩儿，他们的素养还远远达不到独立进行调研和叙事的程度。事实却完全超出了王雅倩的想象，很多学生都写得非常好，有的学生甚至交上了一份两三千字的报告。王雅倩不仅指导学生完成叙事，还对学生叙事的成果进行评价，对优秀学生成果进行公开展示，让学生从活动中真正体验到了参与感和荣誉感。

王雅倩用"打破、建构、成长"三个词概括自己参与项目的心路历程。"打破"是指打破了以往那些经验性的认知，以及身为新手教师的一些束缚和枷锁。"建构"是指对历史教育认知的重新建构，有了更多兴趣去探索和了解历史教育的相关理论。"成长"是指受项目组专家团队的精神感染，无论在研究层面还是在教学层面，都愿意去进行更多的尝试。王雅倩认为自己的教学实践能力、论文写作能力都有了较大的提升，但在理论学习方面还存在一些不足之处，而中学历史教师想在学术上有所成就，必须筑牢理论基础，否则便是无源之水、无根之木。王雅倩已经决定在今后要继续进行理论层面的学习，不仅包括基于叙事的历史教学的理论，也包括历史教育领域的其他前沿理论。

王雅倩从来没有觉得参与项目是一种负担或者额外的工作，反而觉得是一件有意思、有意义的事情，而且是一件极其幸运的事情。在工作的第三年，在自己的教学没有特别固化和成熟的时候，在自己处于迷茫期想要寻求突破而不得的时候，接触了基于叙事的历史教学这样一个新的理论，拓宽了自己的视野，王雅倩觉得这实在是一件奇妙的事。她曾在心得体会里写下这样一句话："我觉得参加项目是我这一年发生的最好的一件事情、最幸运的一件事情！"她认为这个项目最重要的意义是打开了一个视角、拓宽了一方天地、提供了一种可能，让自己在未来能够一直慢慢地成长，去探索历史教育的更多可能性。王雅倩希望项目在自己心中种下的种子能够生根发芽，让自己能够有勇气在历史教育领域探索更多、尝试更多，然后不断学习、不断成长。

王雅倩在项目中的成长与收获，就像她某份感言中所写的那样，是"一个写不完的故事"。项目的结束不是为她的发展画上了一个句号，然后描了一遍又一遍，而是画下了一串句号，最终连成了一个省略号，代表着未尽的征程和无限的可能。①

---

① 王雅倩老师在项目结束后，没有停止对历史叙事的探索，与项目组专家团队合作发表了多篇论文，有的论文还被人大复印资料全文转载。

【本章小结】

本章着眼于基于叙事的历史教学改进项目开展以来对教师发展的影响。基于叙事的历史教学与传统的上课讲故事不一样，也不是运用讲授法就能够有效驾驭的。基于叙事的历史教学改进项目使教师的教学理念发生巨大转变，并持续更新；促使教师教学设计趋向周全；助推教师教研能力不断提高；促使教师个体不断发展。

第十章　基于叙事的历史教学对学生发展的影响

【本章提要】

历史叙事活动既是教师专业成长的方式，也是学生身心发展的重要手段。当学生参与到历史叙事活动中成为历史叙事活动的主体时，他就是在自我建构历史认识。历史叙事活动让学生将多种叙事方式与史料阅读、知识建构等相互打通，使历史学科原有的认知基础和结构发生了变化，使学生获得了阐释人的思想与行为的机会和能力。

基于叙事的历史教学，对学生发展的影响是显而易见的：提升了学生历史学习的兴趣，增强了学生历史学习的能力，促进了学生身心发展。

为了解基于叙事的历史教学改进项目对学生发展产生了怎样的影响，项目组在活动结束后对参加基于叙事的历史教学改进项目的班级的学生进行了随机抽样调查。调查问卷最终收回有效答卷335份。调查对象年龄多在14~15岁，主要为八、九年级学生。调查问卷的内容主要分为两个部分：一是调查学生历史学习的兴趣变化，二是调查学生历史学习的能力发展。

一、提升学生历史学习兴趣

很多人都喜欢听故事，不论是小时候的童话故事、寓言故事，还是长大后的家长里短、八卦绯闻。但历史叙事的不同在于其对象和事件都是历史上真实存在的人物和事件，因此历史叙事背后的意义追寻便有了真实的基础，简言之，历史叙事之"善"根植于历史叙事之"真"。在基于叙事的历史教学中，常见的表现形式便是历史故事的讲授、理解和演绎。历史故事很容易激发学生对于故事内容和意义的兴趣，从而能够较好地将学生带入历史情境中，产生共情和理解。而兴趣又有直接兴趣和间接兴趣的区分，"直接兴趣是由于觉得事物或活动本身'有意思'而自然引起的，这种兴趣带有明显的情绪色彩"，"间接兴趣是由于认识到活动结果的意义而产生的，这种兴趣带有一定的理性色彩"。① 因此，历史叙事不仅要通过叙事语言的生动性和叙事内容的丰富性来激发学生的直接兴趣，而且要通过叙事意义的启发性来激发学生的间接兴趣，让学生真正理解历史叙事中的结构、内涵和意义，从而产生理性的认知。

历史叙事具有三重意义：一是历史实在意义层面，即历史事件本身，它指向历史叙事的内容；二是言辞结构意义层面，即人对事件的语言加工，它指向历史叙事的话语；三是历史意识意义层面，即客观历史与人主观意识融合过程中生成的产物，它指向人对于历史的认识与重构，背后蕴藏着大量的信息，赋予历史叙事以意义。因此历史叙事对于学生历史学习兴趣的激发也就存在三个层面：第一个层面源于历史叙事的内容，体现为学生对历史事件的直接兴趣；第二个层面源于历史叙事话语的趣味性，体现为学生对教师语言趣味的直接兴趣；第三个层面源于历史叙事背后的意义，体现为学生对于体悟历史叙事意义的间接兴趣。

从学生心理的角度来讲，前两个层面兴趣的激发相对容易，但中学历史教育尤其应该关注第三个层面兴趣的激发。如果我们以历史叙事作为"引子"，在历史教学中关注有效地"讲故事"，这样既贴合了学生的兴趣，调动了他们学习的积极性，也符合学生的认知特点，有助于他们由浅入深地理解历史问题。如果教师能够在讲故事的过程中，更进一步地从历史教育的角度来阐发故事的意义，那么培养学生的历史思维能力或许可以事半功倍。

调查问卷从"好奇""畏难""陌生""厌恶"四个维度，尝试去了解学生对初中历史学习的前印象。学生的前印象其实在无形中制约着学生的兴趣转变和能力形成，间接地影响着项目的实效和结果。在"好奇"这一维度的调查中，希望了解学生是否"感觉历史有些神秘，想要一探究竟"；在"畏难"这一维度的调查中，希望了解学生

---

① 张桂芳：《兴趣 体验 探究 反思——谈新课程实施中的中学历史教学改革》，载《课程·教材·教法》，2004(2)。

是否"感觉历史离他很遥远，面对历史时有些望而却步"；在"陌生"这一维度的调查中，更多指向学生对于"历史是什么"的理解和对全新课程的第一感觉；在"厌恶"这一维度的调查中，试图了解学生前印象中对历史的负面看法。

通过对 335 名学生的调查，结果如下：感到"好奇"的学生有 73.43%，感到"畏难"的学生有 12.54%，感到"陌生"的学生有 11.04%，感到"厌恶"的学生有 2.99%。可以说学生对历史学习的前印象主要是好奇。而在历经近两年的项目之后，93.5% 的学生感到"好奇"，88.1% 的学生不再感到"畏难"，81.8% 的学生不再感到"陌生"，30% 的学生不再感到"厌恶"。可见，基于叙事的历史教学改进项目对激发学生的历史学习兴趣产生了较为显著的积极影响。

(一)增强学生对探索自我过去历史的直接兴趣

增强学生对探索自我过去历史的直接兴趣，主要是借助"自我画像：5 岁之前的我"这一活动。学生在这个模拟史学家探究和还原历史的过程之中，找到的个人史料之多样、历史学习方法感悟之深刻、历史叙事成果之丰富，确实出乎意料，令人惊喜，从中可以看出学生对于探索自我过去历史的高度热情。在学生找到的个人史料中，有自己出生时自己和母亲所佩戴的腕带，里面详细地记录了自己出生时候的体重、性别、血型、床号等信息；有 1~5 岁不同时期的人物照、风景照等；也有手术记录单；还有育儿日记、幼儿园毕业时的成长手册等。

在这个过程中，学生更加深刻地理解历史与史学的不同，历史是过往的实在，而史学则是根据文献史料、实物史料、影像史料等，对过往的实在进行综合考辨而形成的部分样貌。有同学在汇报时说，重塑自己 5 岁前的历史也要"有一份证据说一分话"；也有同学诚恳地谈及自己在口述访谈实录中，对是否把某些过于"羞涩"的往事写进最后的叙事成果报告中感到纠结，最终还是选择抹去这一段往事，以维护自己的光辉形象；还有同学针对口述访谈总结了方法——"针对不同受访者对相同问题的不同答案，我发现历史在形成的过程中，不免会有虚构的成分，因为不同人对待问题的看法不同，与对象人物的关系不同，产生的情感又会有出入，而且对于一件事情的记忆也难免会有偏差"，因此要注意运用"不同史料相互印证"等。当很多历史研究的术语、原则、理念经由学生之口说出来的时候，那种震撼力和学生的成长力是非常令人惊喜的，虽然"说出来"不一定是"真懂了"，但这至少是史学的启蒙。

学生最终的叙事成果报告也让人耳目一新，有的是调查报告，调查目标、调查过程、调查方法和最终的调查结论一应俱全；有的是文学报告，用诗意的语言描述着自己成长的过往和感想。例如，G同学所言"希望当初那个5岁的女孩儿，一点儿也不后悔长大。贾鲁河畔那个光着脚丫子长大的女孩儿，已经踏上了她的人生攀登旅途。她永远不会想到，当她有一天回望自己的1~5岁时，是那样的惊喜和满足。致敬，我过去的童年；致敬，我亲爱的14岁。她走了，而我来了。童年去了，青春到了。希望20岁的时候，回望我的现在，能比此时此刻多一种自豪的情感"。而D同学则以"历史不是史官手中的笔，不是史书上的薄情文字，历史是众人的悲欢，历史是时代的记忆。我们每一个人都是历史的创造者"作为自己叙事成果的结尾。从这些丰富多样的叙事成果中，我们感受到了学生不仅增强了对追溯自我历史的兴趣，习得了一些历史研究的方法，而且对未来自己的成长有着美好的、深切的期待，这是我们希望看到的基于叙事的历史教学改进项目产生超越学科的力量，真正作用于学生个人成长和人格完善。

(二)增强学生对历史事件探究的直接兴趣

增强学生对历史事件探究的直接兴趣，这种兴趣的直接体现就是学生更加想要了解历史事件的前因后果。例如，通过教师对不同作者对于"杯酒释兵权"这同一史实的不同记载的叙述，学生对于"杯酒"如何"释兵权"、"杯酒"何以"释兵权"、谁推动了"释兵权"的发生等的探究兴趣增强了。

再如讲述完唐朝"安史之乱"之后，学生脑海中有种错误印象，以为安史之乱之后的藩镇割据导致了唐朝的灭亡，最明显的就是节度使朱温于907年灭亡了唐朝。但"熟知"并非"真知"，仔细考量之后会发现安史之乱发生于755—763年，历时8年，而唐朝灭亡则是在907年，二者相差了144年。也就是说在藩镇割据局面下，唐朝仍颤颤巍巍存在了近一个半世纪，因此需要教师引导学生加强对

"藩镇"的探究,让学生对"藩镇"的概念和类型划分有更为深入的理解,如这些藩镇节度使是怎么来的?设置的目的是什么?这些藩镇节度使与安史之乱发生前相比有怎样的变化?唐朝皇帝对骄藩会如何处理?唐朝皇帝为什么采取安抚姑息的政策?这种政策带来怎样的后果?安史之乱后藩镇问题解决了吗?张国刚将9世纪初叶《元和郡县志》中所列44个藩镇划分为四种类型,分别是河朔割据型、中原防遏型、边疆御边型和东南财源型①,有拱卫中央的藩镇,也有割据自立的藩镇;有为国家提供赋税的藩镇,也有需要国家重金供养的藩镇。正是这些不同类型的藩镇在唐朝后期的历史舞台上发挥着不同的作用,才上演了一幕幕中央与地方、拱卫与反叛、利益与人性的历史大剧。

(三)增强学生对历史叙事意义的间接兴趣

对学生的进一步调查发现,促使他们兴趣发生变化的主要原因在于"老师讲的故事让我感到历史的背后是活生生的人和事"(87%)、"老师讲的故事让我知道历史事件之间有千丝万缕的联系"(86%)和"老师讲的故事让我对历史产生了很多新的思考"(71%)。从学生的回答可以发现,学生对历史叙事的兴趣超越了最初的历史故事,关注到了历史背后活生生的人和事。之所以产生这种间接兴趣,一是因为历史的真实性本身就具有打动人心的力量,人们常常会将自己代入历史中,设身处地地站在古人的角度思考,在当时的历史环境中自己会做何种选择?会有哪些后果?这是一种"神入"。二是因为历史的联系性容易让学生在中外联系、古今联系等联系中去寻找历史内在关联和规律所在,尤其是当学生学会按时间顺序排列历史事件之后,绵延不绝的历史线索就体现在以线性时序展开的时间轴中了,这些时间轴揭示了历史的前因后果和规律所在。三是因为历史叙事引发了学生的认知冲突,激发了学生的探究兴趣,使学生积极思考纷繁复杂的历史现象背后所隐藏的历史成因。四是因为千百年来共通的人性结构,容易让人产生一种"人同此心""心同此理"的感受,这是一种"共情"和迁移。

---

① 张国刚:《唐代藩镇类型及其动乱特点》,载《历史研究》,1983(4)。

二、增强学生历史学习能力

学习能力的提升不是一朝一夕的事情，不可能一蹴而就。影响学习能力提升的因素有很多，如学生自身的知识储备和学习经验、学习动机（学习兴趣、学习意愿）、学习方式等。学习能力有低阶和高阶的区分，如布卢姆将认知目标中的"知识、领会、运用"三个层次看作低阶的认知水平，把"分析、综合、评价"三个层次视为高阶的认知水平①，而安德森又在其基础上修订为"应用、分析、创造"。② 如何引导学生达到高阶的认知水平，以促进学生历史学习能力的增强呢？一方面需要重视历史课程标准之中对于学生历史学习目标的要求，如《义务教育历史课程标准（2022 年版）》就将其表述为学生"初步学会在唯物史观的指导下看待历史""学会在具体的时空条件下考察历史""初步学会依靠可信史料了解和认识历史""初步学会有理有据地表达自己对历史的看法""形成对国家和中华民族的认同，具有国际视野，有理想、有担当"。③ 这些历史学习目标综合起来说，就是引导学生以科学的理论、适切的方法有理有据地表达对历史的认知和理解。另一方面需要重视历史学科核心素养的五大方面，即"唯物史观""时空观念""史料实证""历史解释""家国情怀"在学生学习起始阶段、过程监测和最终效能形成中的指导和引领作用，关注核心素养在学生学习过程中的有效转化。

能力是综合的而不是分割的，能力是整体的而不是局部的，因此，为更好地探究学生的能力发展，我们通过问卷中的 4 道题目对学生的能力发展进行综合的考查。

第 1 题为排序题，通过创设实际的写史活动情境，考查学生是否具备史

---

① ［美］B. S. 布卢姆等编：《教育目标分类学 第一分册 认知领域》，罗黎辉、丁证霖、石伟平等译，18～19 页，上海，华东师范大学出版社，1986。

② ［美］安德森：《布卢姆教育目标分类学：分类学视野下的学与教及其测评》，蒋小平等译，23 页，北京，外语教学与研究出版社，2009。

③ 中华人民共和国教育部制定：《义务教育历史课程标准（2022 年版）》，6～7 页，北京，北京师范大学出版社，2022。

料收集、时序思维、史料解读和历史解释等方面的意识，从实际运用的层面了解学生的综合能力。问题如下：

1. 假如有一天，历史老师想请你讲一讲学校的历史故事，需要你做一些准备工作，你打算怎么做？请按照自己的计划选择所需要的步骤，并按先后顺序进行排序(选择 3～10 项)。

①向学校老师打听学校过去发生的重大事件。

②按照时间顺序将收集到的资料进行排列。

③通过网络查找学校的相关报道。

④走访校友，收集他们求学过程中的亲身经历。

⑤通过查阅校史档案或询问知情人等方式确认资料的真实性，补正错漏。

⑥拟定故事的主题，设计故事想要表达的中心思想。

⑦分析事件的因果关系，理解事件之间的联系。

⑧如实记录并整理收集到的资料。

⑨组织语言，进行撰写。

⑩选择讲述故事的视角。

在第 1 题的数据分析过程中，将按照学生的选择顺序对各选项进行赋分(顺序为一的选项赋 1 分，顺序为二的选项赋 2 分，依此类推)，最终取平均值，按照学生听讲的认真程度、参与不同历史学习活动的情况进行分类汇总分析。

第 2～4 题以"冷战"期间美苏两国对马歇尔计划的不同宣传考查学生的史料解读和历史解释能力，问题如下：

马歇尔计划是第二次世界大战结束后，美国对被战争破坏的西欧各国进行经济援助、协助重建的计划。小明在学习过程中发现，人们对于同一件事总会有不同的看法。根据以下两则材料，选择你认为正确的选项。

材料 1：电影《我们热爱的家园》是美国在 1950 年拍摄的一部宣传马歇尔计划的名作。影片描述了一个法国小镇的战后生活。最初，在"二战"中被摧毁的小镇难以摆脱战争的痛苦，直到获得美国的财政援助，儿童才回到学校，工厂才恢复生产，小镇居民才可以正常地购买食物。

材料2：漫画"美国最新式战车"（图10-1，1947年发表于苏联某杂志，图中俄文"3AEM"意为财政贷款）。

图 10-1　美国最新式战车

2. 电影和漫画表达了怎样的含义？

A. 电影描述法国小镇在美国财政援助下生活逐渐好转。

B. 电影展现出马歇尔计划有利于欧洲经济的恢复。

C. 漫画中欧洲人被"绑"在美国的战车上，追逐美国的财政贷款。

D. 漫画展现出马歇尔计划是美国控制欧洲的工具。

E. 我看不出它们的含义。

F. 其他看法。

3. 小明很疑惑出现这种差异的原因，请你为他解答。

A. 两则材料的来源不同，电影来自美国，漫画来自苏联，两个国家都是从自己的视角看问题，所以对同一件事的看法也就不同。

B. 两则材料的来源不同，电影来自美国，漫画来自苏联，两个国家的立场不同，因此想要表达的看法也就不同。

C. 两则材料的语境不同，电影以宣传马歇尔计划为目的，因此表达了对马歇尔计划的肯定，而漫画并不抱有宣传马歇尔计划的目的，因此看法存在不同。

D. 两则材料的语境都是基于当时的时代背景，材料分别来源于美国和苏联，当时两国正处于两极对峙的状态，因此对同一件事的态度截然相反。

E. 我不知道为什么会出现这种差异。

F. 其他看法。

4. 你认为这两则材料是否能够反映马歇尔计划的影响？

A. 这两则材料截然相反，无法判断谁说的是真实情况，因此完全无法反映。

B. 这两则材料虽然不同，但是反映了事情的不同方面，二者互为补充，因此可以反映全貌。

C. 这两则材料各自反映了一部分事实，但是并非全貌，还需要补充其他角度的材料才能够反映。

D. 这两则材料截然相反，但可以反映部分情况，需要查找其他角度的材料验证真实性才能够反映。

E. 我不知道是否可以。

F. 其他看法。

在第 2~4 题的数据分析过程中，将对学生听讲的认真程度、参与不同历史学习活动的情况与各选项进行交叉（卡方）分析，判断是否存在显著性差异，以便了解基于叙事的历史教学改进项目对不同学生产生的影响。

(一)听讲认真的学生能力发展更好

学生听讲的认真程度关系到学生能否高效参与课堂的学习活动，通常认为听讲认真的学生在学习活动中的收获更大，受到教师的影响更多；听讲不够认真的学生收获相对更小，受到教师的影响更少。因此，将听讲"非常认真"和"不够认真"的学生作为对照，能够帮助我们判断教师进行基于叙事的历史教学对学生能力发展的影响。调查结果如表 10-1 所示。

表 10-1　学生叙事步骤排序调查结果表

步骤	学生听讲的认真程度	
	非常认真	不够认真
①向学校老师打听学校过去发生的重大事件。	1.432	1.364
②按照时间顺序将收集到的资料进行排列。	3.325	2.418
③通过网络查找学校的相关报道。	2.011	1.091
④走访校友，收集他们求学过程中的亲身经历。	1.746	1.436
⑤通过查阅校史档案或询问知情人等方式确认资料的真实性，补正错漏。	3.232	3.036
⑥拟定故事的主题，设计故事想要表达的中心思想。	3.021	2.836
⑦分析事件的因果关系，理解事件之间的联系。	4.304	3.964
⑧如实记录并整理收集到的资料。	4.461	2.855
⑨组织语言，进行撰写。	6.257	5.000
⑩选择讲述故事的视角。	3.689	3.018

将第 1 道排序题的调查结果按照平均值进行排序可知，听讲非常认真的学生平均选择了其中 6.26 项，排序大致为①④③⑥⑤②⑩⑦⑧⑨，取前 6 项即①④③⑥⑤②；听讲不够认真的学生平均选择了其中 5.00 项，排序大致为③①④②⑥⑧⑩⑤⑦⑨，取前 5 项即③①④②⑥。分析可知，不同认真程度的学生均能够关注到通过不同渠道收集史料，并且体现了较强的时序思维意识。但是，听讲不够认真的学生更依赖直接从网络上查找相关报道，且在史料解读方面的意识有所欠缺；而非常认真听讲的学生整体关注到的步骤更多，更愿意获取口述史料，且能够意识到考证史料真实性的重要意义。由此可以看出，基于叙事的历史教学有助于培养学生的史料实证意识。

将学生听讲认真程度与第 2～4 题的各选项进行交叉（卡方）分析，判断其显著性差异，存在显著性差异的结果如表 10-2 所示。

表 10-2 学生听讲认真程度与各选项的交叉(卡方)分析结果表

题目	名称	学生的认真程度(%)		总计	χ^2	p
		非常认真	不够认真			
2-C	未选中	94(33.57)	28(50.91)	122(36.42)	5.968	0.015*
	选中	186(66.43)	27(49.09)	213(63.58)		
总计		280	55	335		
2-D	未选中	57(20.36)	26(47.27)	83(24.78)	17.869	0.000**
	选中	223(79.64)	29(52.73)	252(75.22)		
总计		280	55	335		
2-E	未选中	274(97.86)	47(85.45)	321(95.82)	17.659	0.000**
	选中	6(2.14)	8(14.55)	14(4.18)		
总计		280	55	335		
3-B	未选中	69(24.64)	24(43.64)	93(27.76)	8.269	0.004**
	选中	211(75.36)	31(56.36)	242(72.24)		
总计		280	55	335		
3-C	未选中	121(43.21)	34(61.82)	155(46.27)	6.400	0.011*
	选中	159(56.79)	21(38.18)	180(53.73)		
总计		280	55	335		
3-E	未选中	271(96.79)	49(89.09)	320(95.52)	6.364	0.012*
	选中	9(3.21)	6(10.91)	15(4.48)		
总计		280	55	335		
4-B	未选中	126(45.00)	33(60.00)	159(47.46)	4.148	0.042*
	选中	154(55.00)	22(40.00)	176(52.54)		
总计		280	55	335		
4-C	未选中	71(25.36)	24(43.64)	95(28.36)	7.560	0.006**
	选中	209(74.64)	31(56.36)	240(71.64)		
总计		280	55	335		

续表

题目	名称	学生的认真程度(%)		总计	χ^2	p
		非常认真	不够认真			
4-E	未选中	274(97.86)	49(89.09)	323(96.42)	10.228	0.001**
	选中	6(2.14)	6(10.91)	12(3.58)		
总计		280	55	335		

注：* $p < 0.05$，** $p < 0.01$。

由表10-2可知，学生听讲的认真程度在"2-C""3-C""3-E""4-B"这4项中呈现显著性差异，$p < 0.05$；在"2-D""2-E""3-B""4-C""4-E"这5项中呈现显著性差异，$p < 0.01$。对比各题E项百分比差异可知，听讲非常认真的学生相比于听讲不够认真的学生，更能理解各题的含义，说明教师的基于叙事的历史教学对学生史料解读和历史解释等方面的能力均产生了相对积极的影响。对比其他存在显著性差异的选项的百分比，基于叙事的历史教学对学生能力发展的影响表现如表10-3所示。

表10-3　基于叙事的历史教学对学生能力发展的影响表现统计表

选项	历史能力	具体表现
2-C：漫画中欧洲人被"绑"在美国的战车上，追逐美国的财政贷款。	史料解读	复述漫画材料呈现的主要内容。
2-D：漫画展现出马歇尔计划是美国控制欧洲的工具。	历史解释	挖掘漫画材料的隐含信息，解释材料意义。
3-B：两则材料的来源不同，电影来自美国，漫画来自苏联，两个国家的立场不同，因此想要表达的看法也就不同。	史料解读	通过材料信息解读史料来源。
3-C：两则材料的语境不同，电影以宣传马歇尔计划为目的，因此表达了对马歇尔计划的肯定，而漫画并不抱有宣传马歇尔计划的目的，因此看法存在不同。	史料解读	通过材料信息解读史料语境。

选项	历史能力	具体表现
4-B：这两则材料虽然不同，但是反映了事情的不同方面，二者互为补充，因此可以反映全貌。	历史解释	从二元的角度对材料进行解释。
4-C：这两则材料各自反映了一部分事实，但是并非全貌，还需要补充其他角度的材料才能够反映。	历史解释	从多元的角度对材料进行解释。

概括而言，听讲认真程度较高的学生，即受到教师基于叙事的历史教学影响较深的学生，能够更好地复述漫画材料的主要内容，解读史料来源和史料语境；能够更好地挖掘漫画材料背后隐含的意义，从二元和多元的角度进行历史解释。

(二)积极参与历史叙事活动的学生能力发展更好

历史叙事活动主要分为三类：一是"自我画像：5岁之前的我"口述史活动，二是历史剧编排与表演，三是参与课堂历史故事讲述。

1. 积极参与"自我画像：5岁之前的我"口述史活动的学生能力发展更好

将参与过"自我画像：5岁之前的我"口述史活动的学生与没参与过的学生进行对照，能够帮助我们判断"自我画像：5岁之前的我"口述史活动对学生能力发展的影响。调查结果如表10-4所示。

表10-4　学生口述史活动参与情况对比表

步骤	口述史活动参与情况	
	参与过	没参与过
①向学校老师打听学校过去发生的重大事件。	1.422	1.419
②按照时间顺序将收集到的资料进行排列。	3.417	2.766
③通过网络查找学校的相关报道。	2.005	1.613
④走访校友，收集他们求学过程中的亲身经历。	1.796	1.524
⑤通过查阅校史档案或询问知情人等方式确认资料的真实性，补正错漏。	3.427	2.815
⑥拟定故事的主题，设计故事想要表达的中心思想。	2.834	3.258
⑦分析事件的因果关系，理解事件之间的联系。	4.384	4.016

续表

步骤	口述史活动参与情况	
	参与过	没参与过
⑧如实记录并整理收集到的资料。	4.332	3.968
⑨组织语言，进行撰写。	6.346	5.548
⑩选择讲述故事的视角。	3.597	3.548

按照平均值进行排序可知，参与过"自我画像：5岁之前的我"口述史活动的学生平均选择了其中6.35项，排序大致为①④③⑥②⑤⑩⑧⑦⑨，取前6项即①④③⑥②⑤；没参与过"自我画像：5岁之前的我"口述史活动的学生平均选择了其中5.55项，排序大致为①④③②⑤⑥⑩⑧⑦⑨，取前5项即①④③②⑤。分析可知，参与过"自我画像：5岁之前的我"口述史活动的学生较没参与过的学生而言，整体关注到的写史步骤更多，能够有意识地关注故事主题的提取和中心思想的设置，意味着这部分学生能够意识到故事背后蕴含的意义，从而有目的地在叙事过程中展开历史解释。由此可以看出，"自我画像：5岁之前的我"口述史活动有助于培养学生的历史解释意识。

将学生参与"自我画像：5岁之前的我"口述史活动的情况与第2~4题的各选项进行交叉（卡方）分析，判断其显著性差异，存在显著性差异的结果如表10-5所示。

表10-5　参与口述史活动的情况与各选项的交叉（卡方）分析结果表

题目	名称	参与口述史活动的情况（%）		总计	χ^2	p
		参与过	没参与过			
4-A	未选中	167(79.15)	86(69.35)	253(75.52)	4.051	0.044*
	选中	44(20.85)	38(30.65)	82(24.48)		
总计		211	124	335		

注：* $p < 0.05$，** $p < 0.01$。

可见，学生听讲的认真程度在"4-A"这项呈现显著性差异（$p < 0.05$），对比百分比可知，参与"自我画像：5岁之前的我"口述史活动对学生能力发展的影响表现如表10-6所示。

表10-6　4-A项对学生能力发展影响呈现表

选项	历史能力	具体表现
4-A：这两则材料截然相反，无法判断谁说的是真实情况，因此完全无法反映。	历史解释	从单一角度对材料进行解释。

概括而言，没参与过"自我画像：5岁之前的我"口述史活动的学生，对于历史真实的理解相对片面，其历史解释的角度仍相对单一化。相对地，参与过"自我画像：5岁之前的我"口述史活动的学生则在历史解释的多维性方面有所提高。

2. 积极参与历史剧编排与表演的学生能力发展更好

将参与过历史剧编排与表演的学生与没参与过的学生进行对照，能够帮助我们判断历史剧编排与表演对学生能力发展的影响。调查结果如表10-7所示。

表10-7　参与历史剧编排与表演的情况分类汇总分析结果表

参与历史剧编排与表演的情况分类汇总分析结果——基础指标（平均值）			
步骤	参与历史剧编排与表演的情况		汇总
	参与过	没参与过	
①向学校老师打听学校过去发生的重大事件。	1.323	1.483	1.421
②按照时间顺序将收集到的资料进行排列。	3.469	2.990	3.176
③通过网络查找学校的相关报道。	1.885	1.844	1.860
④走访校友，收集他们求学过程中的亲身经历。	1.746	1.663	1.696
⑤通过查阅校史档案或询问知情人等方式确认资料的真实性，补正错漏。	3.323	3.122	3.200
⑥拟定故事的主题，设计故事想要表达的中心思想。	3.231	2.839	2.991
⑦分析事件的因果关系，理解事件之间的联系。	4.085	4.351	4.248
⑧如实记录并整理收集到的资料。	4.662	3.902	4.197
⑨组织语言，进行撰写。	6.392	5.834	6.051
⑩选择讲述故事的视角。	3.800	3.439	3.579

按照平均值进行排序可知，参与过历史剧编排与表演的学生平均选择了其中 6.39 项，排序大致为①④③⑥⑤②⑩⑦⑧⑨，取前 6 项即①④③⑥⑤②；没参与过历史剧编排与表演的学生平均选择了其中 5.83 项，排序大致为①④③⑥②⑤⑩⑧⑦⑨，取前 5 项即①④③⑥②。分析可知，参与过历史剧编排与表演的学生较没参与过的学生而言，整体关注到的步骤更多，能够意识到考证史料真实性的重要意义。由此可以看出，基于叙事的历史教学有助于培养学生的史料实证意识。

将学生参与历史剧编排与表演的情况与第 2～4 题的各选项进行交叉（卡方）分析，判断其显著性差异，存在显著性差异的结果如表 10-8 所示。

表 10-8　参与历史剧编排与表演的情况与各选项的交叉（卡方）分析结果表

参与历史剧编排与表演的情况与各选项的交叉（卡方）分析结果					
题目	名称	参与历史剧编排与表演的情况（%）		总计	χ^2	p
		参与过	没参与过			
4-B	未选中	51（39.23）	108（52.68）	159（47.46）		
	选中	79（60.77）	97（47.32）	176（52.54）	5.773	0.016*
总计		130	205	335		

注：* $p < 0.05$，** $p < 0.01$。

可见，学生听讲的认真程度在"4-B"这项呈现显著性差异（$p < 0.05$），对比百分比可知，参与历史剧编排与表演对学生能力发展的影响表现如表 10-9 所示。

表 10-9　4-B 项对学生能力发展影响呈现表

选项	历史能力	具体表现
4-B：这两则材料虽然不同，但是反映了事情的不同方面，二者互为补充，因此可以反映全貌。	历史解释	从二元的角度对材料进行解释。

概括而言，参与过历史剧编排与表演的学生在历史解释方面有所提高，能够从二元的角度进行历史解释。

3. 积极参与课堂历史故事讲述的学生能力发展更好

将参与过课堂历史故事讲述的学生与没参与过的学生进行对照，能够帮助我们判断课堂历史故事讲述对学生能力发展的影响。调查结果如表 10-10 所示。

表 10-10　参与课堂历史故事讲述的情况分类汇总分析结果表

参与课堂历史故事讲述的情况分类汇总分析结果——基础指标(平均值)			
步骤	参与课堂历史故事讲述的情况		汇总
	参与过	没参与过	
①向学校老师打听学校过去发生的重大事件。	1.356	1.491	1.421
②按照时间顺序将收集到的资料进行排列。	3.126	3.230	3.176
③通过网络查找学校的相关报道。	1.649	2.087	1.860
④走访校友，收集他们求学过程中的亲身经历。	1.506	1.901	1.696
⑤通过查阅校史档案或询问知情人等方式确认资料的真实性，补正错漏。	3.224	3.174	3.200
⑥拟定故事的主题，设计故事想要表达的中心思想。	3.218	2.745	2.991
⑦分析事件的因果关系，理解事件之间的联系。	4.649	3.814	4.248
⑧如实记录并整理收集到的资料。	4.069	4.335	4.197
⑨组织语言，进行撰写。	6.282	5.801	6.051
⑩选择讲述故事的视角。	3.759	3.385	3.579

按照平均值进行排序可知，参与过课堂历史故事讲述的学生平均选择了其中 6.28 项，排序大致为①④③②⑥⑤⑩⑧⑦⑨，取前 6 项即①④③②⑥⑤；没参与过课堂历史故事讲述的学生平均选择了其中 5.80 项，排序大致为①④③⑥⑤②⑩⑦⑧⑨，取前 5 项即①④③⑥⑤。分析可知，参与过课堂历史故事讲述的学生较没参与过的学生而言，整体关注到的步骤更多，能够意识到历史时序的重要性。由此可以看出，基于叙事的历史教学有助于培养学生的时序思维意识。

将学生参与课堂历史故事讲述的情况与第 2～4 题的各选项进行交叉（卡方）分析，判断其显著性差异，存在显著性差异的结果如表 10-11 所示。

表 10-11 参与课堂历史故事讲述的情况与各选项的交叉(卡方)分析结果表

参与课堂历史故事讲述的情况与各选项的交叉(卡方)分析结果						
题目	名称	参与课堂历史故事讲述的情况(%)		总计	χ^2	p
		参与过	没参与过			
4-D	未选中	78(48.45)	65(37.36)	143(42.69)	4.205	0.040*
	选中	83(51.55)	109(62.64)	192(57.31)		
总计		161	174	335		

注:* $p < 0.05$,** $p < 0.01$。

可见,学生听讲的认真程度在"4-D"这项呈现显著性差异($p < 0.05$)。对比百分比可知,参与课堂历史故事讲述对学生能力发展的影响表现如表 10-12 所示。

表 10-12 4-D 项对学生能力发展影响呈现表

选项	历史能力	具体表现
4-D:这两则材料截然相反,但可以反映部分情况,需要查找其他角度的材料验证真实性才能够反映	历史解释	从多元的角度对材料进行解释,并同时辨析材料的真实性。

参与过课堂历史故事讲述的学生在历史解释方面有所提高,不仅能够从多元的角度进行历史解释,并能关注到对材料的真实性加以辨析。

概括而言,积极参与历史叙事活动,学生的叙事作品有文本叙事作品、图像叙事作品、口头话语叙事作品和音视叙事作品四类。文本叙事作品多以历史学术小论文、历史非虚构写作和原创历史剧本为代表,强调以基于史料的非虚构性文字来呈现历史叙事;图像叙事作品以历史漫画创作、历史海报展览、历史图像制作、历史族谱图像为代表,强调以基于历史真实的图像创作来呈现历史叙事,加入自我对历史的理解;口头话语叙事作品强调以口头话语表达为中介来呈现历史叙事;音视叙事作品基于史料创作相应的音频、视频作品,凸显学生的历史整体认知和理解。学生参与历史叙事活动对于学生的史料解读和历史解释等方面有积极的作用。

一是提高学生对史料的解读能力。史料解读的前提是对史料能够进行辨析。

学生通过参与历史叙事活动，其对史料的解读能力得到了一定程度的增强。一方面学生加强了对史料基本要素的把握，如对时间、地点、人物、事实等要素的梳理；另一方面学生能够对史料进行追问和对话，对史料的来源、作者、对象、创作意图、史料价值有追问和更深的理解，最终实现了与史料、与他人和与自己的有效对话。

二是增强学生对历史的解释能力。历史叙事活动能够引导学生在写史活动中知晓"搜寻和对比史料—合理选择可靠史料—形成自己对历史的个性理解—建构适切的历史解释"的过程，引导学生像史学家一样去思考，理解"历史在很大程度上就是一种逻辑自洽的解释"，增强对历史的探究兴趣和解释能力。

三、影响学生个体身心发展

(一)学生个人基本情况

A同学是郑州市龙门实验学校2019级学生，参加"自我画像：5岁之前的我"口述史活动时为九年级的学生，参加口述史活动之前和家长的亲子关系有些紧张，其他学生反映其在校比较有个性，学习较为自主，性格比较沉稳。

(二)"自我画像：5岁之前的我"口述史活动的实践

自我画像，顾名思义，就是为自我描绘一幅肖像画。只不过这一幅肖像画的绘制不是通过画笔和颜料，而是通过学生搜集各种和自己相关的史料，来重建自己5岁前的历史。

研究表明，人类会丧失3岁之前的记忆，而对于3岁之后的事情，人类会保留一些记忆。也就是说，要重建5岁之前的历史，需要分两段重建：对于丧失记忆的0~3岁(相当于人类的古代史)，学生只能通过搜集3岁前的照片或视频等史料，间接复原历史；而对于保留记忆的4~5岁(相当于人类的近代史)，学生则可以结合自己脑海残存的记忆和存世的相关史料，努力重构历史。

那我们为什么要开展学生历史叙事活动呢？因为告诉学生，学生会忘记；展示给学生看，学生只能记住；只有让学生亲身参与其中，学生才能够真正地理解透彻。从出生到 5 岁，是学生人生的起点，是他们学会吃饭、学会走路、学会说话的重要时期。这一时期所沉淀的亲子感情和深厚的亲子记忆会随着时间的流逝、青春期学生自我意识的觉醒和中考升学压力的叠加而有所淡化。亲子关系是家庭中父母与子女的关系，其本身既是一种深厚的人际关系，又是主要的家庭关系之一，在这一关系之中是伦理责任而非道德责任。因为"'道德关乎尊重和羞辱'，'伦理则关乎忠诚和背叛'。伦理主要是对'自己人'的，道德则是也兼及'外人'。伦理总是有一个'我'的中心，因此有倾向和偏好；而道德则是普世的，不偏不倚，我他无别是道德的条件。对'自己人'的要求是和对'外人'有差别的"①。对于这段话的理解：一是道德和伦理的要求对象不同，道德是普遍的要求，伦理是自我的要求；二是道德和伦理要求的标准不同，个人伦理的要求标准高于普世道德的要求标准；三是道德和伦理的评判标准不同。

追溯 5 岁前的历史，其实也是在追溯 5 岁前和父母一起成长的历史，试图让学生回到过去，去回忆和感受亲子朝夕相处以及相互关爱所形成的感情记忆。这一历史真实地发生过，只不过由于时间流逝和生理限制而遗忘了，通过这一口述史活动可以唤醒学生和家长曾经的共同记忆。因为"记忆不只是'知道'（如记住孩子的生日），而且是'感受'。感情的记忆留住的是对共同事件的感受。这种感受是可以与他人分享的，它可以是愉悦的（例如欢欣、怀念、喜悦），也可以是不愉悦的（如愤怒、厌恶、恐惧）"②。

了解人生的起点，一是有助于学生更好地认识自我；二是有助于发展学生的社会性和情感性能力，促进学生和家长的亲子交流，这对于处于青春期的初中学生来讲尤为重要；三是引导学生像史学家一样思考学习，真正感受历史研究的过程，习得历史研究的方法，珍视历史研究的价值。

"自我画像：5 岁之前的我"口述史活动主要分为"选题—搜集—制作—留存"四大步骤。

---

① 徐贲：《人以什么理由来记忆》，序 2～3 页，长春，吉林出版集团有限责任公司，2008。

② 徐贲：《人以什么理由来记忆》，序 3 页，长春，吉林出版集团有限责任公司，2008。

一是"选题"。学生在教师的帮助下，通过拟订采访提纲，初步掌握社会调查的方法，如列提纲法、访谈法和调查法等。A同学在总结自己的访谈经验和教训时说道："一是设备没有进行很好的调试，收音效果不是很好，导致语音转文字失败，只能靠听力来打字，且这些资料没有得到很好的呈现，下次应用耳机等设备进行收音，并提前预演，使资料更好地呈现。二是关于问问题方面，有时候被访谈者可能会直接把追问的问题也答了，所以追问应该更加灵活与更加有深度。三是有时候被访谈者可能会偏题，这时候需要把话题拉回来，要见缝插针，或者等被访谈者说完后再换个问法问，显得不那么尴尬，这次没有很好地做到拉回话题、掌握时间、掌握问题，也没有很好地引导方向，导致一些问题我想要的侧重点被访谈者没有答到，下次再做访谈时，可以事先标好侧重点，尽力让答案在我的掌控范围内。四是可以在提问前让被访谈者熟悉问卷，防止访谈过程中出现不知道怎么答的尴尬局面。"

B同学也总结了访谈法的步骤：一是确定合适的采访问题，二是选择合适的采访对象，三是采用合适的采访方式，四是适时进行引导和追问。比如他在采访奶奶的时候，因奶奶文化水平不高，他多用口语化的方式访谈，访谈也多涉及具体的事情。而在采访妈妈的时候，他除了对妈妈提及的基本事情再次证明或证伪之外，还追问了不少意义和价值层面的问题。依据采访对象实际情况而采集不同的信息内容，不仅让采访简洁、有效，也便于后期的文字整理。

二是"搜集"。学生搜集各种史料，了解史料的类型，掌握史料互证的方法。在指导学生历史叙事活动的过程中，我们直接进入学生成长历史的具体场域，不仅听见了学生与父母、长辈进行的访谈，而且看见了学生过去的老照片、出生证明、亲子手环、出院证、育儿日记等实物史料。像亲子手环和出院证至今已经有10多年的历史，当学生妈妈拿出来的时候，我们从变淡的笔迹和个别的褶皱中仿佛看见了时光的年轮，看见了那一份彼此珍惜的爱。

当学生通过不同史料的互证和互异，审慎地、批判地重建自己的历史大厦和记忆宫殿，自然而然地说出"孤证不立""有一份证据说一分话""论从史出，史论结合""文献材料和口述史料相互印证"等历史术语的时候，教师的内心是喜悦的，因为历史不再漂浮在半空中，不再迷失在背诵里，而是真实地生长在学生的实践经验之中了。

三是"制作"。学生把搜集的各种史料整理成文字实录稿，对人物、事件与其他相关因素进行某种文字组合和修饰，使之对自己有一定的价值和意义。

四是"留存"。学生撰写 5 岁前的自画像项目报告，制作 PPT，进行班级汇报。这个留存记忆的过程一方面通过重塑学生 5 岁前的记忆，更好地强化了其对父母的感恩和对家庭的认同；另一方面在有关家庭记忆的争夺和选取、抗衡的过程中，学生也在经历像史学家一样的研究过程，即审视哪些家庭记忆被选择性失忆，哪些家庭记忆被提取并重塑成家庭集体记忆，最终留存下来。

(三)"自我画像：5 岁之前的我"口述史活动的反思

1. 帮助学生更好地认识自我

2021 年 12 月 20 日，项目组老师收到了一封 A 同学家长的来信。家长说："今年(2021 年)国庆节，女儿突然向我和她妈妈提出要采访我们，让我们说说她小时候的一些事。这件事让我略感意外，同时又有一丝惊喜。意外的是女儿平常不愿意让我们说她小时候的糗事，惊喜的是女儿能主动提出来交流，让我们觉得甚是高兴。"

女儿通过"采访总结认识到了自己的不足"，她的转变很大，她真正得到了成长。家长说："最近女儿的一些做法，让我和她妈妈感觉到了她的一些变化，而这些变化是以前我们不敢想也不敢奢望的。"具体而言，"为了让自己提高学习效率，她制订了严格的学习计划；为了不沉迷于手机游戏和短视频，她除了需要查看作业、资料外，其余时间把手机交由妈妈看管；除了保证学习时间外，她还挤出了一点儿时间来培养自己的兴趣爱好——画画和手工制作，这样既陶冶了情操，又释放了学习的压力；最大变化就是，她现在主动地和我们沟通，特别是愿意讲在学校的一些有意义的事和自己参加的一些活动"。

孩子为什么会发生这么大的变化？可能这次的学生历史叙事活动提供了一次成长的契机。这不仅是一次学生自己搜寻史料、鉴别史实、形成史识的契机，而且是一次打破青春期亲子隔阂、开启亲子沟通、融洽亲子关系的契机，更是一次学生自我追溯、自我发现、自我发展的契机。幸运的是，这一次的契机变成了塑造更好自我的开始。

A同学说："可以很明显地发现，5岁之前，我是以自我为中心的，总是过于理想化，标准的熊孩子，屡教不改，不会为他人考虑，就算有，也仅是在外人面前收敛，像三姨所说的那样'这个小姑娘挺听话，也不缠着大人买东西，让干什么就干什么'。然而在父母眼中，我却是一个'固执的、倔强的'小姑娘。由此可见，我在外人面前会收敛，但在父母面前肆无忌惮，伤害了我最亲爱的人。我比较专注于做某件事，但当别人的观点与我的不一样时，我会生气发怒，会以暴力的方式强迫别人改变观点，非常暴躁、固执。"

A同学这种年幼时期的"听话"与"不听话"的复合状态其实是人年幼时的不自觉的行为，可以看出她以"现在之我"对"过去之我"提出了较高的要求。她总结了现在的行为与5岁前的行为的不同："因为与外界的接触变多，我现在脾气好了一些，会为他人考虑，不那么暴躁，不再只会用暴力解决问题，也不再以自我为中心，但还是无法轻易接受别人的观点，同时也失去了一些专注力与耐力。"她反思说："自己脾气上仍有一定缺陷，没有时刻保持虚心，倾听他人，尤其是面对父母，并没有在外面的虚心与善解人意，也可能是因为，家里是我最不需要伪装的地方，便会释放本性，自以为是。时刻压制住自己的暴躁与自以为是是我应该改进的，同时也应该重新捡起专注，在这个浮躁的世界上静下来，还应该接纳他人与新的事物，而不是故步自封，保留小时候的固执。"

A同学最初面对"自我画像：5岁之前的我"的历史重塑任务时充满着困惑，她说："这次关于5岁前自画像的调研报告，我思考了很久它的意义到底是什么，它到底能让我收获些什么。"但伴随着她全身投入其中，她有了感动和收获。"在本次活动过程中，我好像突然发现了它的意义，我很久没有跟父母这样谈话了，融洽温馨，回忆过往，感叹岁月。知道过去，不仅仅是为了有趣，而且是为了了解自己的性格，探究、认识自己，对自己有一个更深的认知，以史为鉴，面向未来，努力成为一个更好的自己。"

2. 帮助学生发展社会性和情感性的能力

A 同学与父母的关系其实刚开始并不太好，一方面是因为青春期躁动与更年期压力的相互遭遇，孩子比较喜欢玩手机游戏、刷短视频；另一方面是因为弟弟、妹妹的诞生，孩子感觉父母的爱被分割了。A 同学家长说："面对女儿的正式面对面的采访，我从刚开始的激动到最后犹如打开闸门的江水，把她小时候的点点滴滴都一一道来。她妈妈的采访更是让人感动，她妈妈一度感动得流下了眼泪，女儿也是眼泪在眼眶中打转……"值得一提的是，通过两次采访，A 同学更加知道她在父母心中的地位——永远是一块宝，爸爸和妈妈养育她充满着艰辛和不易。以前她对弟弟、妹妹很反感，现在她会主动照顾弟弟、妹妹，有好吃的会主动分享给弟弟、妹妹，同时还给弟弟、妹妹讲道理、立规矩。

A 同学在最后的叙事作品中除了谈及自己关于做访谈的经验，还提及自己情感性的收获。她写道："以前我跟父母很缺乏沟通，关系降到了冰点，正因此矛盾不断激化。当我开始迫切地探索发现自己时，我开始发现自己的问题，开始慢慢地改正，慢慢地与父母交流，慢慢地与父母共同成长。现在我的家也算回到正轨了，因此十分令人感慨。在谈及我的变化的时候，我妈妈真的直接哭了，很心酸，很感动，头一次，我体会到了父母复杂深沉的感情。在翻看老照片时，那种年代感，那种小孩子独有的活力、独有的天真，仍然令人动容，我头一次发现父母老了，他们的头发不再乌黑浓密。"

过去是怎样的？也许有太多东西无法去探究，有太多东西随风而去，但是，父母们都留存了关于孩子的独特的记忆。就像被父母小心翼翼保存的照片，每一张的背后都有一段独特的记忆，饱含着父母无言的爱。我们翻找这些记忆，为的是面向仍有无数可能的未来。

其实，在整个活动过程中不仅 A 同学发展了情感性的能力，其他同学也有类似的感受。例如，当 G 同学看到父母精心整理的她每一个成长阶段的资料和照片时，她说："家是一个很抽象又很具体的概念。它是我温暖的港湾。哪怕我长大了、远离了，它也一直等待着我归港。一个人真的很像一叶小舟，而世界和社会又很像波涛汹涌的大海。我们绝不可能囿于自己的舒适圈，然而踏出去却又要面对千难万险。家的作用可能不仅仅是给予温暖，也是提供一种支持。我们在奋斗和拼搏的时候，不要忘记身后有它。那什么是家呢？家人们把心聚在一起，形成的温暖小天地就是家呀！我们在小的时候，是在家的保护下长大的，享受着家提供的条件和资源。但我们长大了，同样也要为家提供一份支持，成为家的顶梁柱。代代传承，家才能屹立不倒。被家人关心，是人生的一份幸运，要珍惜与他们相伴的时光，也同样给予他们关心。你给予我关心，我也给予你关心，在你我之间彼此传递的爱和亲情会形成一张网——一张保护的网，一张支撑的网。"

在"自我画像：5岁之前的我"口述史活动开展过程中，看着学生一张张的成长照片、一段段的成长视频，我们感受着过去历史与记忆汇聚的洪荒之力。同时，我们帮助学生采访着一个个亲人、录制着一段段视频、修改着一个个汇报文档，体会到了暖暖的师生情。当我们事后回忆学生在活动任务布置时的无奈接受、采访受挫时的苦闷彷徨、撰写文案时的专心致志和作品完成时的欢呼雀跃时，我们相信现实与未来变革是铿锵有力的。因为有真情的汇聚，所以才有智慧的碰撞；因为有智慧的碰撞，所以我们才能一起走向更好的未来。

行笔至此，也更加理解了这句话："学生获得的知识须满足其认同人类共同价值观的需要，学生获得的技能和能力须满足其——作为公民社会的主体——参与社会事务、适应社会并使个人生活有意义的需要。"①

【本章小结】

本章着眼于基于叙事的历史教学对学生发展的影响。我们基于问卷调查、教育观察、数据测量以及师生访谈等方式，发现通过基于叙事的历史教学，学生的发展是显而易见的。参与历史叙事活动后，学生历史学习的兴趣得以提升，历史学习的能力得以增强，能够更好地认识自我了，并且发展了社会性和情感性的能力。

---

① 赵亚夫：《中学历史教育学》，3页，北京，北京师范大学出版社，2019。

后 记

向不甘历史教育平庸的教师们致敬

2020 年秋天，北京师范大学中国基础教育质量监测协同创新中心"郑州市中小学教育质量健康体检与改进提升项目"正式启动，张汉林教授将教学改进主题设定为"基于叙事的历史教学"，旨在改变传统的故事教学模式。每一个历史教师都会讲故事，但是从叙事的视角讲故事，或许让很多教师感到陌生，甚至发怵。究其原因在于，叙事主义历史哲学那套理论让人望而生畏，要将其内化甚至指导自己的故事教学更是不可想象的事。

本项目历经近两年，郑州样本校的教师们在繁重的工作之中，抽出紧张且宝贵的时间，每个月至少参加一次集中研讨活动，为我们呈现出一个个精彩的教学设计，创造出一个又一个有价值的叙事课例。我们强烈地感受到他们对历史教育的热爱，以及从中迸发出来的聪明才智，这使他们不甘历史教育的平庸。纵观百年中国历史教育发展史，中小学校历史教师就有这样的优良传统。翻阅近现代诸多中国历史教育史料就会惊喜地发现，推动中国历史教育向前发展的有三股不可或缺的力量：一是史学家、教育家群体的热情参与，让中国历史教育有了浑厚的原动力；二是书籍、杂志编辑群体的积极加入，让中国历史教育有了宽阔的学术舞台；三是中小学历史教师群体的踊跃投入，让中国历史教育有了朝气蓬勃的生命气息。

在百年中国历史教育发展的长河中，本项目近两年的时间显得十分短暂；在我们当下的中学历史教师群体中，本项目参与教师所占的比例显得微小，但他们却代表着一个数量庞大的不甘历史教育平庸、专业发展不想躺平的历史教师群体。在今天核心素养的时代背景下，我们更需要这样的教师！因为有什么样的教师就有什么样的历史教学，日复一日的高质量历史教学直接关乎着学生的未来发展，进而关乎着中华民族的伟大复兴。

本项目得以顺利推进，离不开郑州市教育局教学研究室、金水区教育发展研究中心各位领导和专家的大力支持，也得益于项目组专家团队的全身心投入和样本校教师的积极参与。在项目实施中，诞生了诸多充满教育智慧且经典的案例，为本书的编写提供了素材。本书的编写具体分工为：第一章第一节由陈德运撰写，第一章第二、第三节由李嘉雯、张汉林撰写；第二、第三章由张汉林撰写；第四章由陈德运撰写；第五章第一、第二、第三、第四、第五、第六节由张汉林、陈德运撰写，第五章第七节由刘梦莹、陈德运撰写；第六章由刘梦莹、陈德运撰写；第七章由李嘉雯撰写；第八章第一、第二、第三节由刘波撰写，第八章第四节由陈德运撰写；第九章第一、第二节由程璨撰写，第九章第三节由王红兵、乔二虎、段立群、孙鹏、张友军、刘梦莹、王雅倩、陈雨、何一帆、季禾子、贺笑笑、李百栋、朱雷雷撰写，第九章第四节由王子怡、孙思铭撰写；第十章由邱朴智、程璨撰写。全书由陈德运、张汉林统稿。此外，李佳妮、潘庆云两位博士生，以及李梦影、汪雨珊、肖礼涵、李林春、王雨佳等硕士生为本书的校对付出了辛勤努力。

本书在构思和编写过程中，恰逢四川省教育科研资助金项目重点课题"基于叙事的历史教学理论与实践"（SCJG23A021）立项，这既是改进项目经验外溢的表现，也是延续改进项目并持续探索基于叙事的历史教学方式的契机。

由于种种原因，并非所有的专家、教师参与执笔撰写，也没有收录样本校教师创造的所有案例，甚有遗憾。不过，我们仍旧视本书为改进项目集体智慧的结晶。借北京师范大学中国基础教育质量监测协同创新中心"郑州市中小学教育质量健康体检与改进提升项目"的春风，我们有机会为一线历史教师撰写本书，向不甘历史教育平庸的教师们致敬！

陈德运

2024 年 9 月于四川师范大学